本书为国家社会科学规划基金西部项目（项目号09XZS012）

陕西理工学院学术著作出版基金资助出版

陕西农村妇女的日常生活（1949—1965）

李巧宁　陈海儒◎著

中国社会科学出版社

图书在版编目(CIP)数据

陕西农村妇女的日常生活(1949—1965)/李巧宁,陈海儒著.—北京:中国社会科学出版社,2014.4
ISBN 978 - 7 - 5161 - 4018 - 5

Ⅰ.①陕…　Ⅱ.①李…②陈…　Ⅲ.①农村—妇女—日常生活社会学—研究—陕西省—1949—1965　Ⅳ.①D442.7

中国版本图书馆 CIP 数据核字(2014)第 044419 号

出　版　人	赵剑英
责任编辑	李炳青
责任校对	韩天炜
责任印制	王　超

出　　　版	中国社会科学出版社
社　　　址	北京鼓楼西大街甲 158 号(邮编 100720)
网　　　址	http://www.csspw.cn
	中文域名:中国社科网　　010 - 64070619
发 行 部	010 - 84083685
门 市 部	010 - 84029450
经　　　销	新华书店及其他书店

印　　　刷	北京市大兴区新魏印刷厂
装　　　订	廊坊市广阳区广增装订厂
版　　　次	2014 年 4 月第 1 版
印　　　次	2014 年 4 月第 1 次印刷

开　　　本	710×1000　1/16
印　　　张	17.5
插　　　页	2
字　　　数	269 千字
定　　　价	55.00 元

凡购买中国社会科学出版社图书,如有质量问题请与本社联系调换
电话:010 - 64009791

目　录

第一章　导论

一　研究的意义

　　1949—1965 年是中华人民共和国成立"头 17 年"，是建立"新"中国、确立"新"秩序的重要时期，也是高呼"妇女解放"、"男女平等"的时期，妇女的观念、精神面貌、生活方式发生了前所未有的变化。占中国妇女绝大多数的农村妇女，这个时期发生的变化尤为明显，她们被普遍地从"内人"、"屋里人"提升为和"男人"一样的人，或主动、或被动地走出家门，参与公共事务，参加户外劳动，学习文化。因此，研究这个时期的农村妇女生存状态，既有利于认识新秩序在农村的建立，又有助于理解 20 世纪后半期以来中国妇女的"解放"之路。

　　20 世纪 80 年代以来，中国妇女史研究逐渐受到学界重视，在研究方法呈现史学、社会学、心理学、人类学等多学科融合借鉴趋势的同时，研究的内容与视野也不断拓展，海内外涌现出许多有价值的成果。从总体上来看，这些成果有两个特点：其一，大多着眼于 1949 年以前的妇女史，对 1949 年以后研究较少，台湾和香港的中国妇女史成果在这个方面更加明显一些；其二，很大一部分关于 1949 年之后中国妇女史的研究成果，如 Andors, Phyllis. *The Unfinished Liberation of Chinese Women*, 1949—1980[1]（安德《未完成的中国妇女解放：1949—1980》）、Diamond, Neil Jeffrey. *Revolutionizing the Family*：*Politics, Love, and Divorce in Urban and Rural China*, 1949—1968[2]（戴尔蒙德《革命化的家庭：

---

[1]　Indiana University Press, 1983.

[2]　University of California Press, 2000.

1949—1968 年中国妇女的政治、爱情与离婚》)、Zhong Xue-ping, *Some of Us : Chinese Women Growing up in the Mao Era*[①]（钟雪萍《成长在毛时代的中国女性》)、高大伦等编译《中国女性史：1851—1958》[②] 等，虽然系统地勾勒了新中国成立后一定时期中国妇女发展的基本线索以及她们生活的一些方面，为后来者的研究提供了有意义的借鉴，但是它们大多笼统地以"妇女"为研究对象。实际上，在新中国成立后迅速形成的城乡二元体制下，农村妇女与城市妇女的生活环境及生存状态有很大差异，将她们统而概之地讨论是不够严谨的。

　　在为数不多的关于 1949 年以后农村妇女史的研究成果中，加拿大学者宝森的《中国妇女与农村发展：云南禄村六十年的变迁》[③] 以扎实的口述资料为基础，对 20 世纪 30—90 年代社会变迁中的云南禄村女性的生活进行了多方位的描述与分析，颇受学界关注。

　　以 1949—1965 年间的农村妇女为研究对象的成果中，高小贤《"银花赛"：20 世纪 50 年代农村妇女的性别分工》[④]、郭于华《心灵的集体化：陕北骥村农业合作化的女性记忆》[⑤]、杜俊芳《集体化时代农村妇女劳动探讨：基于南关村村级档案的研究》[⑥]、陈海儒等《口述史料中陕西农村妇女的日常生活：1949—1965》[⑦]、胡桂香《1950 年代的新法接生与农村妇女生育记忆》[⑧]、张志永《建国初期华北农村妇女家庭地位的变迁》[⑨]、郭子涵《20 世纪 50 年代中国农村妇女地位角色转换研究——以〈中国妇女〉（1950—1959）为主要依据》[⑩]，以及海外学者贺萧《生育的故事：1950 年代农村接生员》[⑪]、《重获新生：20 世纪 50 年

---

① Rutgers University Press, 2001.
② 三秦出版社 1987 年版。
③ 胡玉坤译，江苏人民出版社 2005 年版。
④ 载《社会学研究》2005 年第 4 期。
⑤ 载《中国社会科学》2003 年第 4 期。
⑥ 山西大学 2009 年硕士论文。
⑦ 载《山西师大学报》（社会科学版）2012 年第 4 期。
⑧ 载《山西师大学报》（社会科学版）2010 年第 3 期。
⑨ 载《河北科技大学学报》（社会科学版）2008 年第 1 期。
⑩ 西北大学 2011 年硕士论文。
⑪ 王政、陈彦主编：《百年中国女权思潮研究》，复旦大学出版社 1999 年版。

代陕西农村妇女劳动模范的产生》①等论文，不仅研究的切入点新颖独特，而且大多将口述史料与文献史料相结合，内容充实生动，从不同侧面展示了1949年以后一定阶段农村妇女的生存状况，或对重大历史活动的记忆，对史料的多方挖掘和分析颇有独到之处。

在一定程度上，与农村妇女走出家门后一边参加农业生产、大型工程修建等，一边见缝插针地操持家务、抚育儿女，在家庭与社会生产中起到的不可或缺的作用相比，对1949—1965年间的中国农村妇女的研究至今没有引起学术界足够的重视，研究成果寥若晨星。甚至可以说，1949—1965年间的农村妇女和其他"芸芸众生"一样，在历史书写中基本上是缺席的。

之所以出现这种基本缺席的现状，原因有三：其一，她们的生活普通而琐碎，缺乏风云人物一呼百应的影响力，所以在一些史学工作者眼里，她们是微不足道的。其二，虽然她们中涌现出了不少劳动模范，但从总体上来说，农村妇女是"沉默的大多数"，她们中绝少有人想到用日记、回忆录、口述来记录自己的生活，展现自己作为历史一分子的地位，渐渐地，因为"不发声"，她们便被大多数史学工作者"视而不见"。其三，史学的灵魂是史料，要书写历史，史料是基础，关于农村妇女的史料并不是唾手可得的：档案中、媒体中有关农村妇女的记录点点滴滴，非常分散，需要耐心地搜寻；农村妇女自己很少留下相关的文字记录，影像资料也微乎其微，这些问题给书写农村妇女的历史增加了难度。

实际上，历史是人类的往事，"人类"的丰富性并不是大人物所能代表得了的。芸芸众生是人类的绝大多数，他们作为个体虽然似乎微不足道，作为群体却显示了一种大海般难以被忽视的力量。一部没有芸芸众生的历史书写，一定是缺血少肉的骷髅架，再高大也没有温度，产生不了让人亲近的欲望。因此，尝试着去触摸建立新秩序的"宏大背景中小人物真实的生活和真切的情感"②，做有关1949—1965年的农村妇女研究是有意义的。

---

① 游鉴明、胡缨、季家珍主编：《重读中国女性生命故事》，江苏人民出版社2012年版。
② 向继东2008年10月为"新史学丛书"所作的"总序"，见高华《革命年代》，广东人民出版社2010年版。

然而，中国地域广阔，各地不同的自然环境、社会习俗、革命传统等使得妇女的生产生活方式与内容具有很大的地域差异，新中国的妇女政策对不同地域妇女的影响程度也不同，笼统地研究农村妇女无疑会影响认识的客观性与准确性。更何况，这种整体性的研究需要到全国各地搜集史料，不仅对研究的时间、经费有很高的要求，而且要求研究者对各地的历史、地理、风土人情等有深入了解。所以，选择一定的地域来研究1949—1965年的农村妇女有较强的可操作性。陕西省地跨黄河、长江两大流域，兼有黄河与长江两种文明，陕北、关中、陕南因为不同的地理、人文与革命传统，不仅形成了不同的社会性别意识、社会性别关系以及妇女的不同生活方式，而且新中国的妇女政策所产生的冲击与影响也不相同。可以说，1949—1965年的陕西农村妇女具有较强的代表性，对它的研究在一定程度上是观察这一时期农村妇女生活状况与思考中国式妇女解放道路的重要切入口。

二　研究内容与史料来源

如前所述，本书试图去触摸建立新秩序的"宏大背景中小人物真实的生活和真切的情感"，展示1949—1965年间陕西农村妇女的日常生活，包括生存的外部环境如何、日常生活的内容有哪些、妇女们是怎样承担这些生活内容的、这样的承担对妇女的身心产生了怎样的影响等。为此，本书第二章至第七章主要着眼于婚姻、生育、生产劳动、家务、物质生活、文化学习等方面，以时间为轴，对陕西农村妇女的日常生活进行论述。

在1949—1965年的陕西农村，婚姻是女性的必然归属，一个女性，无论主动还是被动，总会走入一桩婚姻。因此，书稿第二章即从"婚姻"入手，在简要介绍民国时期陕西农村婚姻状况的基础上，分1949—1953年、1954—1958年、1959—1965年三个阶段考察新婚姻法颁布后，陕西农村婚姻艰难迈出的自由之步。有"婚"即有"育"，生育伴随妇女婚后的大部分生涯。书稿第三章以"生育"为题，先交代民国时期的生育状况，再分节叙述1949—1965年的生育政策变化、陕西农村的生育宣传与农民的反应、生育状况与特点。新中国成立后，妇女政策方面的一个显著变化就是动员妇女走出家门参加生产劳动，所以书稿第四章分 1950—1955 年、1956—1957 年、1958—1960 年、1961—
1965 年四个阶段，从劳动内容、强度、特点等角度论述妇女的生产劳
动情况。虽然要走出家门参加生产劳动，但妇女的家务负担却从来没有
减轻过，她们在户外劳动之余，仍忙里偷闲，从事家务劳动，维持全家
人生活的正常运转。本书第五章主要从子女照顾、一日三餐、做针线活
等方面论述妇女的家务负担，以及她们的劳忙与无奈。民以食为天，
1949—1965 年间陕西农村妇女的物质生活是本书第六章的主题，讨论
中拟分 1949—1957 年、1958—1965 年两个阶段叙述物质生活的有限改
善与低水平。新中国成立后陕西农村扫盲的口号年年喊，妇女是扫盲的
重点对象。第七章以"文化学习"为题，在叙述扫盲活动的基本运作
的同时，分析扫盲效果的有限性，并以一个典型个案对整个叙述与分析
作补充。此外，本书对女性接受正规的学校教育的情况也作了简要介
绍。第八章分"余论"和"结语"两个部分。"余论"对七章没有论
述，但有必要述及的陕西农村妇女休闲生活、农村医疗卫生条件、妇女
着装、妇女面对政治运动的被动等问题进行简单讨论。"结语"简要地
概括农村妇女对 1949—1965 年间日常生活的总体感受。

　　作为一项史学研究，史料是基石，只有以扎实的史料为基础，才可
能得出站得住脚的结论。本书所依据的史料主要有以下几种：

　　其一是档案史料。档案是历史活动发生时的记录，能比较真实地反
映社会生活的内容，是史学研究的重要基础。陕西省档案馆、陕西各
市、县档案馆对 1949—1965 年的档案都已经进行了分卷、分类整理，
绝大多数对外开放，查阅相当方便。其中省、市、县级妇联组织的档案
包含有大量集中反映农村妇女生活的内容，各级农村工作部、宣传部
门、民政部门、党委办公室、政府办公室的档案中有关农村妇女的信息
也非常丰富。本书以查阅的陕西省、市级档案馆和部分县级档案馆的相
关档案近 2000 卷为基石之一。

　　其二是报刊史料。1949—1965 年间的报刊史料虽有较强的政治性，
但不难从中剥离出现实生活的影子。1948 年 1 月，创刊于 1940 年的
《边区群众报》改名为《群众日报》，在延安出版。1949 年 5 月 20 日西
安解放后，《群众日报》（西安版）于 5 月 27 日在西安创刊。与此同
时，1950 年 7 月 1 日，中共中央西北局批准，群众日报社原留在延安出

版《群众日报》(陕北版)的人员迁移至西安出版中共陕西省委的机关报——《陕西日报》,《群众日报》(陕北版)不再出刊。1952 年 12 月 31 日,中共中央西北局批准将《陕西日报》合并到《群众日报》[即原《群众日报》(西安版)],以全力办好《群众日报》,使之成为西北局和陕西省委的机关报,以报道陕西为主,同时担负大区报道任务。1954 年 10 月 16 日,《群众日报》更名为《陕西日报》,专为陕西省委的机关报,一直延续至今。1953 年,群众日报社又创办了《陕西农民》,初为周报,后来改为一周出两期,1959 年底至 1963 年初一度停刊,1963 年初复刊后,更名为《陕西农民报》。

《陕西农民》和《陕西农民报》是面向农村的主要报纸,紧扣农村的各种现实问题,从中既能看出政府的各种农村政策,又能反映农村生活的许多方面。1949—1954 年的《群众日报》、1950 年 7 月—1952 年 12 月及 1954 年 10 月—1965 年的《陕西日报》紧随形势,每期都有版面刊载有关农村面貌的内容。陕西省图书馆和《陕西日报》社资料室对这些报纸均有收藏,《陕西日报》社资料室保存得更完整。

其三是口述史料。口述史料的内容是立体的、无比丰富的,它反映出个体独特的经历、鲜活的感受,能够弥补文字史料的平面性。通过对经历过 1949—1965 年陕西农村生活的妇女进行访谈,可以获得大量的当时生活的经历、见闻和真切感受。尤其是在做访谈的过程中与农村妇女面对面的交流能极大地增强研究者的现场感。在一定程度上,这种"感同身受"的体验有助于减少研究中"隔靴搔痒"的弊端。本书的另一重要基石就是对近 300 位 1949 年以前出生的陕西农村妇女和男子进行深度访谈所获得的口述史料。

其四是方志史料。方志的记述虽是线条式的,极简略,但它给我们展示了事物的基本轮廓。20 世纪 80—90 年代,陕西省志、各市市志、各县县志均完成了重修,其中对婚姻、生育、妇幼保健与卫生、生产劳动、妇女教育等方面都有一定的勾勒。最为便捷的是,"陕西省地情网"的"地情资料库"收录了最新版的所有陕西省志、市志、县志电子文本,点击便可查阅。

本书正是以对这四种史料进行"地毯式搜阅"为基础,几种史料相互补充,相互印证,架构起 1949—1965 年陕西农村妇女日常生活的一幅幅图景。

需要说明的一点是，书稿在论述中秉承的宗旨是"述而少作"，以扎实的史料为基础，做判断，但少评论，即尽量还原 1949—1965 年妇女的生存环境与生存状态，避免做过多评价。

三　陕西概况①

陕西简称"陕"或"秦"，位于中国腹地，北接内蒙古，西倚宁夏和甘肃，南邻四川、重庆，东连湖北、河南、山西。全省地域狭长，南北长约 870 公里，东西宽 200—500 公里，从北到南，依次为陕北黄土高原、关中平原、陕南秦巴山区，总面积 20.58 万平方公里。

因南北狭长，北至北纬 39°35′，南达北纬 31°42′，且作为中国南北气候分界线之一的秦岭从西到东贯穿陕西，陕西气候南北差异较大：陕南为亚热带气候，四季湿润，冬季无霜期长；关中平原和陕北黄土高原的大部分为暖温带气候，四季分明，降雨量主要集中在夏秋季节，冬春干燥、多风；陕北黄土高原最北部为中温带气候，降雨量小，冬夏温差大，冬季寒冷而漫长。

基于不同的地形和气候特点，陕西各地的作物种植和人口密度也有差异。20 世纪 90 年代以后，陕西的农业发展呈现出极强的多样性，各地之间差异性比较明显。但在此前，尤其是在 1949—1965 年间，虽然陕南、关中、陕北三大区域各成特色，但是在每个区域内部，有很明显的相似性。由于本书的主题着眼于 1949—1965 年间的陕西农村，因此下一自然段介绍的主要是 1949—1965 年间陕西农业的基本状况和人口分布。

陕南既有秦岭山地和巴山山地，又有位于秦岭和巴山之间的汉中盆地。秦岭山地和巴山山地有"八山一水一分田"之称，山占十分之八，水、田各占十分之一，因此人口主要集中在有水有田的地方，农作物主要有水稻、玉米、薯类；田间劳作，无论是往田间送种送肥还是作物收获，几乎全靠人力担挑。汉中盆地平坦肥沃，农作物以水稻、小麦为

---

①　本节参考了"陕西省地情网"（网址：http://www.sxsdq.cn/sqgk/index.htm）的"省情概况"以及"地情资料库"中的"陕西省志·行政建置志"的相关内容。

主，兼种花生、薯类、油菜等，劳作主要靠人力，辅以板车、独轮手推车等运输工具。关中平原沃野千里，很适合农作物的生长与种植，是陕西最主要的小麦、玉米、棉花、油菜产区，架子车、马拉的木质大车是主要的农业运输工具。它和汉中盆地一样，人口居住集中，密度大。陕北黄土高原多丘陵与沟壑，水土流失严重，农业生产条件差，主要种植一些耐旱的作物，如冬小麦、高粱、糜谷、玉米、荞麦、土豆等，往往广种薄收；田间劳动除了靠人力担挑外，也依靠毛驴驮运。相对艰苦的生存条件，使得陕北丘陵地带人口稀少。无论陕南，还是关中、陕北，耕地主要靠畜力（如牛、马、驴）拉犁。

陕北是革命老区，关中大部分地区是 1949 年春夏解放的，陕南的解放则迟至 1949 年底至 1950 年初。

陕西的行政建置，在新中国成立后调整比较频繁。就 1949—1965 年间的行政建置来说，据三秦出版社 1992 年出版的《陕西省志·行政建置志》考证，1949 年 10 月中华人民共和国建立时，现陕西省的辖地属陕甘宁边区，有 106 个县市，划分为陕北行政区、陕南行政区、咸阳分区、三原分区、渭南分区、大荔分区、彬县分区、宝鸡分区、西安市；1952 年 2 月，设陕西省，省人民政府驻西安市，西安市在行政上独立于陕西省，和陕西省同归西北军政委员会（1953 年 1 月改建为西北行政委员会）管辖；1952 年 5 月，陕西省整编为榆林、绥德、延安、渭南、咸阳、宝鸡、商雒、南郑、安康 9 个分区和长安 1 个省辖县，共分管 96 个县市，每个分区设置行政专员公署，为省人民政府的派出机构，县市均设县市人民政府，行使行政职权；1953 年 1 月咸阳专区撤销，其所属县有的改为省辖，有的划归宝鸡专区，有的划归渭南专区；1954 年 6 月西北行政委员会撤销，西安市改属陕西省；1955 年 5 月，陕西省人民政府改称陕西省人民委员会，各县市人民政府亦改称人民委员会。1956 年 10 月撤销绥德、渭南、宝鸡 3 个专区，它们所辖各县归省人民委员会管辖；1958 年 12 月在"大跃进"的形势下，全省行政区划也作了大的变动，撤销了府谷等 49 个县（区），合并成 5 个专区、4 个省辖市、11 个省辖县，共 52 个县市；1960 年 12 月，在 1958 年行政区划的基础上，将咸阳市、宝鸡市上升为地级市，咸阳市领盩厔县、兴平县、乾县、彬县 4 县，宝鸡市领凤翔县、陇县、凤县 3 县，其余基本不变；1961 年 9 月，1958 年撤销的县（区）基本全部恢复，行政建置大体沿用了 1952 年 5 月的划分，将太白中心区新设为"太白县"。这种建置一直到 1969 年才有改变。

此处选几个变动较大的时间点（如 1952 年 5 月、1956 年 10 月、1958 年 12 月、1960 年 12 月）进行切面式展示（见表一至表四），并列举现行的行政区划作为参照（见表五）。①

表 1－1　　　　　　　1952 年 5 月调整后的陕西省行政建置

陕西省	榆林专区	榆林县、横山县、神木县、府谷县、靖边县、定边县
	延安专区	延安县、延长县、安塞县、志丹县、吴旗县、甘泉县、鄜县、洛川县、宜川县、黄陵县、宜君县、黄龙县
	绥德专区	绥德县、子洲县、米脂县、葭县、延川县、子长县、吴堡县、清涧县
	渭南专区	渭南县、临潼县、蓝田县、华县、华阴县、潼关县、大荔县、朝邑县、郃阳县、韩城县、澄城县、蒲城县、白水县
	咸阳专区（1953 年 1 月撤销，所属兴平县、盩厔县划归宝鸡专区，鄠县、咸阳县、铜川由陕西省直辖，其他县划归渭南专区）	栒邑县、淳化县、醴泉县、兴平县、盩厔县、鄠县、高陵县、泾阳县、三原县、咸阳县、耀县、富平县、铜川县
	宝鸡专区	宝鸡县、凤翔县、岐山县、扶风县、武功县、陇县、汧阳县、眉县、麟游县、长武县、邠县、永寿县、乾县
	商雒专区	商县、丹凤县、雒南县、商南县、山阳县、镇安县、柞水县
	安康专区	安康县、岚皋县、紫阳县、石泉县、汉阴县、宁陕县、洵阳县、白河县、平利县、镇坪县
	南郑专区	南郑县、褒城县、沔县、留坝县、凤县、略阳县、宁强县、城固县、洋县、佛坪县、西乡县、镇巴县、黎坪中心区
	长安县	
西安市		

---

① 以下四个表格中的前四个是根据"陕西省地情网"中的《陕西省志·行政建置志》之第四章第十九节（网址 http://www.sxsdq.cn/dqzlk/sxsz/xzjzz/）的内容编制而成的，第五个表格是根据"陕西省地情网"中的《陕西省志·行政建置志》之第四章第十九节和陕西各市级政府官方网站中与行政区划相关的内容综合而成的。

表 1 - 2　　　　　　　　　　1956 年 10 月调整后的行政建置

陕西省	西安市、宝鸡市、咸阳市、汉中市（1953 年南郑市改名汉中市）、长安县、临潼县、蓝田县、渭南县、华县、华阴县、潼关县、大荔县、朝邑县、澄城县、韩城县、郃阳县、蒲城县、白水县、铜川县、耀县、富平县、咸阳县、三原县、泾阳县、高陵县、鄠县、盩厔县、兴平县、乾县、永寿县、醴泉县、淳化县、栒邑县、邠县、长武县、麟游县、宝鸡县、凤翔县、岐山县、扶风县、武功县、陇县、汧阳县、郿县、太白中心区	
	榆林专区（辖 12 县）	榆林县、横山县、神木县、府谷县、靖边县、定边县、绥德县、子洲县、米脂县、葭县、吴堡县、清涧县
	延安专区（辖 12 县）	延安县、延长县、安塞县、志丹县、吴旗县、甘泉县、鄜县、洛川县、宜川县、黄陵县、宜君县、黄龙县
	商雒专区（辖 7 县）	商县、丹凤县、雒南县、商南县、山阳县、镇安县、柞水县
	汉中专区（辖 12 县 1 区）	南郑县、褒城县、沔县、留坝县、凤县、略阳县、宁强县、城固县、洋县、佛坪县、西乡县、镇巴县、黎坪中心区
	安康专区（辖 10 县）	安康县、岚皋县、紫阳县、石泉县、汉阴县、宁陕县、洵阳县、白河县、平利县、镇坪县

表 1 - 3　　　　　　　　　　1958 年 12 月调整后的行政建置

陕西省	西安市（辖 7 区 4 县）	莲湖区、碑林区、新城区、阿房区、未央区、雁塔区、灞桥区、长安县、鄠县、临潼县、蓝田县
	咸阳市	
	盩厔县（郿县和岐山县撤销，两县渭河以南部分并入盩厔县）	
	兴平县（将扶风、武功 2 县撤销并入）	
	乾县（将醴泉、永寿 2 县撤销并入）	

续表

陕西省	邠县（将长武、枸邑 2 县撤销并入）	
	宝鸡市（将宝鸡县和太白中心区撤销并入）	
	凤翔县（将麟游县撤销并入，原郿县和岐山县渭河以北地区并入）	
	陇县（汧阳县撤销并入）	
	凤县（留坝县撤销，其武关河以北地区并入）	
	铜川市（原铜川县、耀县、富平县撤销并入）	
	三原县（原泾阳、淳化、高陵三县撤销并入）	
	渭南县（华县、华阴县、潼关县撤销并入）	
	大荔县（朝邑县撤销并入）	
	蒲城县（白水县、澄城县撤销并入）	
	韩城县（郃阳县撤销并入）	
	榆林专区（辖 6 县）	榆林县（横山县撤销并入）、神木县（府谷县撤销并入）、米脂县（葭县撤销并入）、绥德县（子洲、清涧、吴堡 3 县撤销并入）、靖边县、定边县
	延安专区（辖 7 县）	延安县（撤销甘泉县、安塞县，甘泉县及安塞县南部并入）、志丹县（吴旗县撤销并入）、子长县（原安塞县北部并入）、延长县（延川县撤销并入）、宜川县（黄龙县撤销，其一部分并入）、洛川县（鄜县撤销并入，黄龙县一部分也并入）、黄陵县（宜君县撤销，大部分并入）
	商洛专区（辖 5 县）	商县（丹凤县撤销，部分并入）、商南县（丹凤县部分并入）、山阳县、雒南县、镇安县（柞水县撤销并入）
	汉中专区（辖 1 市 7 县）	汉中市（撤销南郑县、黎坪中心区，大部并入）、沔县（撤销褒城县，将其褒河以西部分和黎坪中心区的部分地区并入）、略阳县、宁强县、城固县、洋县、西乡县、镇巴县
	安康专区（辖 6 县）	安康县（岚皋县撤销，其一部分并入）、紫阳县（岚皋县一部分并入）、石泉县（汉阴、宁陕两县撤销并入）、洵阳县、白河县、平利县（镇坪县撤销并入）

表 1-4　　　　　　　1960 年 12 月调整后的行政建置

陕西省	西安市	阿房区、未央区、雁塔区、灞桥区、长安县、鄠县、临潼县、蓝田县
	咸阳市	盩厔县、兴平县、乾县、邠县
	宝鸡市	凤翔县、陇县、凤县
	铜川市	
	三原县	
	渭南县	
	大荔县	
	蒲城县	
	韩城县	
	榆林专区（辖6县）	榆林县、神木县、米脂县、绥德县、靖边县、定边县
	延安专区（辖7县）	延安县、志丹县、子长县、延长县、宜川县、洛川县、黄陵县
	商洛专区（辖5县）	商县、商南县、山阳县、雒南县、镇安县
	汉中专区（辖1市7县）	汉中市、沔县、略阳县、宁强县、城固县、洋县、西乡县、镇巴县
	安康专区（辖6县）	安康县、紫阳县、石泉县、洵阳县、白河县、平利县

表 1-5　　　　　　　　　现行行政建置

陕西省	西安市（辖9区4县）	莲湖区、碑林区、新城区、未央区、雁塔区、灞桥区、阎良区、长安区、临潼区域、户县（即原鄠县，1964 年改为户县）、周至县（即原盩厔县，1964 年改为周至县）、高陵县、蓝田县
	咸阳市（辖3区1县级市10县）	秦都区、渭城区、杨陵区、兴平市、武功县、乾县、永寿县、礼泉县、泾阳县、三原县、淳化县、旬邑县（即原栒邑县，1964 年改为旬邑县）、彬县（即原邠县，1964 年改为彬县）、长武县
	宝鸡市（辖3区9县）	渭滨区、金台区、陈仓区、凤翔县、岐山县、扶风县、麟游县、陇县、千阳县（即原汧阳县，1964 年改为千阳县）、眉县（即原郿县，1964 年改为眉县）、太白县、凤县
	铜川市（辖3区1县）	王益区、印台区、耀州区、宜君县
	渭南市（辖1区8县2个县级市）	临渭区、合阳县、澄城县、潼关县、大荔县、蒲城县、白水县、富平县、华县、华阴市、韩城市

续表

陕西省	榆林市（辖1区11县）	榆阳区、神木县、府谷县、佳县、吴堡县、米脂县、绥德县、清涧县、子洲县、横山县、靖边县、定边县
	延安市（辖1区12县）	宝塔区、安塞县、志丹县、吴旗县、子长县、延川县、延长县、宜川县、甘泉县、富县（即原鄜县，1964年改为富县）、黄陵县、洛川县、黄龙县
	汉中市（辖1区10县）	汉台区、南郑县、勉县、留坝县、略阳县、宁强县、城固县、洋县、佛坪县、西乡县、镇巴县
	安康市（辖1区9县）	汉滨区、岚皋县、紫阳县、石泉县、汉阴县、宁陕县、旬阳县（即原洵阳县，1964年改为旬阳县）、白河县、平利县、镇坪县
	商州市（辖1区6县）	商州区、丹凤县、洛南县（即原雒南县，1964年改为洛南县）、商南县、山阳县、镇安县、柞水县
	杨凌示范区	杨陵区

需要特别说明的是，1964年依据新的《汉字简化方案》，并经国务院批准，陕西省的"商雒"改为"商洛"、"雒南"改为"洛南"、"郿县"改为"眉县"、"汧阳县"改为"千阳县"、"鄠县"改为"户县"、"盩厔县"改为"周至县"、"鄜县"改为"富县"、"栒邑县"改为"旬邑县"、"洵阳县"改为"旬阳县"、"邠县"改为"彬县"等。为了叙述方便，书中除"导论"中叙述陕西概况时，根据不同时间段，对上述县的名称有所区分外，其他部分在述及上述县时，均采用1964年改变过的新称呼、新字体。

第二章　婚姻:艰难迈开的自由之步

一　民国时期:我的婚姻我做不了主

传统所言"男大当婚，女大当嫁"，说明婚姻是人生的一项重要内容。民国时期，在陕西农村古老的土地上，人们依然循规蹈矩地生活着：父母为儿女订婚事，是父母的义务；儿女为父母养老送终，是儿女的责任。一代一代，婚姻生生不息，人口繁衍更替，生活的基本含义围绕着"生存"简单而不屈地轮回。

多子多福、人丁兴旺，是每个家庭的渴盼。其中的"子"、"人丁"主要指男性，因此，许多人家生了儿子叫"喜得贵子"，举家甚至举族欢庆，但生了女儿，淡然处之，有的甚至称为生了"贱货"、"赔钱货"、"人家的人"。对生儿、生女的不同态度，导致人们对男婴、女婴的重视程度与照顾多少大为不同，甚至产妇也会受到不同的待遇。女婴得不到重视，也就不会得到精心的护理，夭折的几率远大于男婴；再加上普遍存在着的溺死女婴的现象，造成男女比例严重失衡——男性远远多于女性。为了保证儿子长大后能顺利地婚娶，也为了了却做父母的为儿子娶妻的义务，许多父母在儿子幼年时期就为儿子订亲，民间直白地称之为"占媳妇"。一个"占"字，活脱脱地展示出"抢占"的心理：早下手为强。难怪群众中流传着"早栽秧子早打谷，早接媳妇早享福"[①] 的说法。于是，指腹为婚、等郎媳、童养媳等应运而生。

---

① 镇巴县妇联 1957 年 8 月 7 日关于镇巴县山区妇女情况的调查，陕西省档案馆档案，全宗号—目录号—案卷号—存期：178—2—127—长期。

指腹为婚，即两方家长为尚在腹中的胎儿约定婚姻。有的为了表示郑重，将家长的衣襟裁为两幅，各执一半，作为婚约凭证，即所谓"指腹裁襟"或"指腹割襟"；也有的用其他的物件作为守诺凭证。

等郎媳，也称"望郎媳"，指男孩尚未出生，甚至母亲还未怀孕，父母就抱养一个女婴等待男孩出生、长大后为妻。

童养媳，是在男孩的婴儿或儿童阶段，父母领养一个女孩，只等男孩到一定年龄与之同房为妻。

等郎媳、童养媳，女孩年龄都长于男孩。等郎媳等多长时间能等到"郎"出生，是未知的，也许一年半载，也许四五年或更久。童养媳年龄一般也长于男子三岁以上。这和人们普遍存在的一种观念有关：女子的天职在家庭，在料理家务，在生儿育女，在伺候老人、丈夫，年长一些的女孩有能力照顾男孩，也可以较早地替男方家庭承担家务。

"占媳妇"的另一种表现形式，是"转房"（陕北称之为"转搓"）的习俗：一个女子一旦成为寡妇，不能自由改嫁，只好嫁给丈夫的兄弟，继续做丈夫家族内的媳妇。

轻视女婴、"占媳妇"，均体现了女性的弱势地位。婚前、婚后皆如此。婚前，无论在娘家还是未婚夫家，女孩子都更多地是服从者和劳动者，外界要求她们的是忍耐、韧性；婚后，在夫家，女性是人口再生产和家务的主要承担者，在琐碎中度过一日又一日，被要求默默无闻、任劳任怨。自由择偶、退婚、离婚，对大多数女性来说，几乎是不曾想过的，"接受"是深入她们血液的生活态度，用她们的话来说就是："这是命!"

妇女的这种弱势地位和流行于农村的妇女观念有着千丝万缕的联系。比如，陕北民间有"打倒的婆姨揉倒的面"、"女人不是人，母猪不敬神"的说法，[①] 关中有"把喇叭不要当铜，把妇女不要当人"、"茅鬼神不是神，妇女不是人"、"对朋友不说假话，对妇女不露真言"等民谚，[②] 陕南有"娶到的媳妇，买到的马，与我骑来与我打"、"打到的

---

① 秦燕：《抗日战争时期陕甘宁边区的婚姻家庭变革》，《抗日战争研究》2004 年第 3 期。

② 扶风县八区西韩乡东韩村曹五甲口授，魏锦章代笔：《毛主席给我的家庭带来了幸福》，《群众日报》1952 年 8 月 17 日 2 版。

媳妇揉到的面，买就的骨头典就的肉"、"活着是男家的人，死了是男家的魂"、"灰土打不了墙，生女养不了娘"、"女穿三篇衣，说话没高低"、"一马不配双鞍，一女不嫁二夫"、"男人不要女人一张纸，女人不要男人除非死"、"世上三不羞：官打民不羞，父打子不羞，夫打妻不羞"之类的说法。①

在人们看来，妇女是下贱的，只配生育、劳作，不可与男人平起平坐。因此，男人打骂妻子，公婆打骂儿媳的现象非常普遍。流传久远的民歌《碰上娘家亲哥哥》、《头顶人家天来脚踏人家地》等，很形象地描绘了妇女婚后的生活：

《碰上娘家亲哥哥》：

　　日头出来照西坡，背上背篓摘豆角；背篓豆角没摘满，碰上娘家亲哥哥。端块圆石让哥坐，妹妹有苦对哥说：自从妹妹过门去，早累死来晚累活。白天织布一丈多，晚上纺线三更过；一觉瞌睡没睡醒，公婆又在责骂我。右手连忙开抽匣，左手急将木梳摸；梳好头，缠好脚，急急忙忙进灶火。柴又湿，水又多，洗脸水舀了半大锅。使起劲，去吹火，三口四口没吹着；扑地一口吹着了，眉毛燎了个大豁豁；公公看见烟锅打，婆婆看见拧耳朵。你看这日子我咋过？②

陕北信天游《头顶人家天来脚踏人家地》：

　　头顶人家的天来脚踏人家的地，哪一天不受人家老小的气。高一碗来低一碗，轮到我这做媳妇的没一碗。人家吃肉来我喝汤，张不开口口呀泪水水淌。十七十八到婆家，由人家打来由人家骂。缸里没水井子里担，你看我们做媳妇的难不难。干石板上栽葱扎不下个根，我在这鬼人家里活不成个人。③

---

① 城固县妇联 1953 年 2 月 8 日《周公区张家营乡宣传贯彻婚姻法典型试办工作总结报告》，城固县档案馆档案，全宗号—目录号—案卷号—存期：34—30—1—长期。
② 柳菁主编：《汉中民间歌谣集成》（下），陕西省内部图书，第 464—465 页。
③ 党音之、于志明编：《信天游 500 首》，陕西人民出版社 1993 年版，第 24 页。

　　繁杂琐碎的家务再加上公婆家人的随意责骂,使得做媳妇绝不是一件易事、乐事,因此民间有"多年媳妇熬成婆"的说法。一个"熬"字,包含了多少做媳妇的辛酸和苦楚!

　　一位1935年出生于河南,1942年逃荒到陕西礼泉农村的妇女这样说起20世纪40年代礼泉地区"媳妇"的遭遇:

　　　　以前的,打死媳妇的人可不少!这种现象较多。咱们这里有个女子出嫁后,丈夫对待她就像对待狗一样,用一条铁链子把她拴在墙角,不给吃,不给喝。我去她家串门闲逛的时候,就趁她丈夫不注意,在他们厨房里偷出两碗水,女子喝得光光净,因为口渴极了。最后才知道,那水竟是淘菜水!就那,我被她丈夫和她丈夫他妈凶了一顿。到后来,她丈夫不要她了,把她给了村里的外来客。就那样,她原来的丈夫还不放手,隔一段时间,去人家家里一趟,把女子欺负得整个腿被钉子戳好多个洞,女子在第二个丈夫家养了好多天才养好。时间不长,第二个男的又把她给另一个男的了。这第三个丈夫也不把她当人看,让她住狗窝,吃呀、睡呀都在里面,不给吃。后来,第三个男的要埋她,当时她还活着呢,就把她卷在席子里面,她还在里面哼哼唧唧,都能听得到。但第三个男的呵斥她不让她出声,怕被人听到知道了。我当时也听到她在里面虚弱地哭:"求你,不要埋我了,我还没死,我还活着呢……"离坟墓不远了,快到了的时候,男的使劲大喊了一声,一下子用镢头砸下去了,把她砸死了,埋了……唉,真是可怜得不行了!还有一媳妇被人见不得(注:指不讨人喜欢。),也被打死了。在旧社会,打死的、糟蹋的媳妇多很![1]

　　当然,上述情况在1939年以后的陕甘宁边区有所松动。

　　1937年9月抗日民族统一战线形成后,根据国共两党的协议,原陕甘宁革命根据地被建为国民政府行政院的一个直辖行政区——陕甘宁

------

[1]　杨妙化2010年8月对陕西省礼泉县石潭镇杨铁村田清珍珍的采访记录。

边区，辖陕西省之延安、安塞、保安（今志丹县）、安定（今子长县）、延长、延川、旬邑、淳化、定边、靖边、甘泉、富县、米脂、绥德、佳县、清涧、吴堡，甘肃省之庆阳、合水、环县、镇原、宁县、正宁等23县，以及宁夏的花马池（今盐池县）及神（木）府（谷）区、关中区部分地区。其主要区域是陕北。

1939年4月4日，陕甘宁边区颁布了《陕甘宁边区婚姻条例》①，规定"男女婚姻照本人之自由意志为原则"，"实行一夫一妻制，禁止纳妾"，"禁止包办强迫及买卖婚姻，禁止童养媳及童养婚（俗名站年汉）"，"婚姻年龄，男子以满20岁，女子以满18岁为原则"，"结婚之双方得向当地乡政府或市政府请求结婚登记，发给结婚证"，男女双方中的一方具有"重婚之行为者"、"感情意志根本不合，无法继续同居者"、"与他人通奸者"、"虐待他方者"、"以恶意遗弃他方者"、"图谋陷害他方者"、"不能人道者"、"患不治之恶疾者"、"生死不明过一年者，但在不能通信之地方以二年为限"、"有其他重大事由者"十种情况之一，他方可以向政府提出离婚。

这一婚姻条例从制度上动摇了陕甘宁边区传统上买卖、包办、一夫多妻、离婚不自由的婚姻状况。一些大胆的女青年开始勇敢地反对父母包办婚姻，正如当时一首新民歌里所唱："从前的礼法太古董，男婚女嫁都由老人，实实我难受得很。现在的婚姻由自己，自由婚姻没毛病，真是我畅快得很。"② 有的妇女甚至提出离婚。从1939年到1943年，边区各县的离婚案件逐年上升，而且绝大多数由妇女提出。比如，子长县90%的离婚案是妇女提出的。③

虽然以实际行动争取婚姻幸福的女性只占极低的比例，但她们倡风气之先，向妇女的心窗里射进了一道明媚的自主之光。

妇女争取婚姻自由与男女平等的行为引起了相当一部分男性的不满，他们说："八路军什么都好，就是让离婚不好"；有的地方甚至发

---

① 人民网，http://acwf.people.com.cn/GB/99041/100695/6181983.html。
② 陕西省妇联编：《陕甘宁边区妇女运动专题选编》，内部资料，1984年版，第112页。转引自秦燕《抗日战争时期陕甘宁边区的婚姻家庭变革》，《抗日战争研究》2004年第3期。
③ 秦燕：《抗日战争时期陕甘宁边区的婚姻家庭变革》，《抗日战争研究》2004年第3期。

生政府判决离婚后，村人联名要求撤销判决的现象。①

　　在贯彻《陕甘宁边区婚姻条例》的过程中，怎样界定"买卖婚姻"对各级法院来说并不是一件易事，因为民间早已经接受了男方给女方送"财礼"的做法，认为这既是对女方家庭养育女儿长大成人的一种经济补偿，是帮补女方准备结婚所用衣物及饰品的方式，也算一种礼节。怎样把民间习惯与买卖婚姻区别开来？1942年8月11日，陕甘宁边区政府主席林伯渠和副主席李鼎铭联名发布的《关于严禁买卖婚姻的具体办法》②的命令，对此做了说明："对于婚姻习惯上由男方出备财礼于女方，外表近似买卖婚姻者，应采取以下之办法：（一）非经当事人亲告，法院不得受理；（二）即经亲告而成为诉讼，法院只审查婚姻本质上有无瑕疵，有瑕疵至不能成为婚姻者，应认为无效；否则，所纳财礼虽多，仍无碍于婚姻之成立，财礼不能予以没收，但如贩卖妇女与他人做妾或婢，或令操娼妓营业之行为，不属于婚姻范围之内，自不能援以为例"，"所谓婚姻有瑕疵者，如重婚、未达法定结婚年龄、女方不同意及有威胁、抢夺、诱骗情形等均是"。

　　与此相配合，边区政府1944年3月20日公布的《修正陕甘宁边区婚姻暂行条例》③取消了"禁止买卖婚姻"的提法。这样，民间议婚出财礼的行为得到边区政府的默许。一些贫家子弟因为拿不出财礼，娶到媳妇的机会大大降低，有的甚至一辈子打光棍；有的家庭因为财礼负担，给生活造成了困难。

　　直到1946年4月23日陕甘宁边区第三届参议会第一次大会通过的《陕甘宁边区婚姻条例》④，才完全恢复了1939年4月4日公布的《陕甘宁边区婚姻条例》禁止买卖婚姻、一夫一妻、男女平等、婚姻须当事人双方自愿的基本原则，继续为冲破陕北农村传统的婚姻形式打开

---

①　陕西省妇联：《陕甘宁边区妇女运动文献资料续编》，内部资料，1985年版，第367页。转引自秦燕《陕甘宁边区婚姻法规变动及其启示》，《妇女研究论丛》1994年第4期。
②　陕西省档案馆、陕西省社科院编：《陕甘宁边区政府文件选编》（第6辑），档案出版社1988年版，第297页。
③　韩延龙、常兆儒主编：《中国新民主主义革命时期根据地法制文献选编》第四卷，中国社会科学出版社1984年版，第810页。
④　陕西省档案馆、陕西省社科院编：《陕甘宁边区政府文件选编》（第10辑），档案出版社1991年版，第82—83页。

缺口。

　　然而，应该注意到，由于陕甘宁边区偏僻、闭塞，农民的交往范围十分有限，婚姻的缔结离不开媒人的穿针引线，也就是民间所说的"无媒不成婚"。再加上观念上的一些原因，比如家庭大事由父母定度，子女应该顺从父母等，媒人主要和双方父母进行交流，这样的婚姻很难摆脱"父母做主"的局面，在很大程度上存在父母包办的意味。同时，贫穷的生活使边区农户把嫁女儿收财礼作为改善生活的重要途径，以男方拿出财礼的多少作为了解男方家境以及对婚事重视程度的标尺，财礼的多少作为议婚的重要内容长期存在。

　　值得注意的是，陕西跨纬度大，地跨黄土高原、关中平原、秦巴山区，婚姻习俗与状况既有相同之处，也有较大差异。如秦巴山区的某些地方，民国时期男女关系极为混乱，这种情况在传统文化比较发达的关中大部分地区几乎是不可思议的。如洋县小华阳一带的流行语"宁要个偷人的，不要个看门的"①，就很典型地反映了当地男女关系混乱、人们不以女性乱搞男女关系为耻反以为荣的观念和现象。在柞水县一些地方，男女通奸、父媳通奸、父女通奸、母子通奸、一夫多妻、一妻多夫相当普遍，很多儿媳公开与公爹通奸，社会上不仅不歧视，反而说某某儿媳孝顺，经常给公爹暖脚、暖炕，是二十四孝之一；儿子对其父这种行为也默许。② 新中国成立前夕，镇巴县观音区巴庙街上 46 户群众，除了三个妇女作风比较好一点之外，其余妇女在丈夫之外都有三个以上的男人。③

二　第一部婚姻法：颁布与宣传

　　早在 1925 年，中国共产党第四次全国代表大会通过的《对于妇女

---

　　①　西北婚姻检查组陕南分组 1952 年 9 月 11 日《南郑区婚姻法执行情况检查总结报告》，陕西省档案馆档案，全宗号—目录号—案卷号—存期：178—2—26—长期。
　　②　柞水 1953 年《从三干会与代表会发现柞水县婚姻问题的特殊性与复杂性》，商洛市档案馆档案，全宗号—目录号—案卷号—存期：17—2—12—长期。
　　③　镇巴县妇联会 1957 年 8 月 7 日给陕西省妇联的《报告》，陕西省档案馆档案，全宗号—目录号—案卷号—存期：178—2—127—长期。

运动之议决案》就提出了"男女社会地位平等"、"结婚离婚自由"、"反对大家庭制度"、"打破奴隶女性的礼教"等口号。① 此后，中国共产党一直致力于这方面的工作。1950 年 4 月 30 日，新中国成立几个月后，颁布了《中华人民共和国婚姻法》（1950 年 5 月 1 日施行）（以下简称"新婚姻法"），以法律的形式确立了新型的婚姻家庭关系。

"新婚姻法"共八章二十七条。

第一章"原则"，提出"废除包办强迫、男尊女卑、漠视子女利益的封建主义婚姻制度。实行男女婚姻自由、一夫一妻、男女权利平等、保护妇女和子女合法权益的新民主主义婚姻制度。禁止重婚、纳妾。禁止童养媳。禁止干涉寡妇婚姻自由。禁止任何人借婚姻关系问题索取财物"。

第二章规定了结婚的条件和程序。指出：结婚须男女双方本人完全自愿；法定最低结婚年龄为男 20 岁，女 18 岁；结婚应男女双方亲到所在地（区、乡）人民政府登记。男女有下列情形之一者，禁止结婚：一为直系血亲，二为同胞的兄弟姊妹和同父异母或同母异父的兄弟姊妹者⋯⋯有生理缺陷不能发生性行为者；患花柳病或精神失常未经治愈，患麻风或其他在医学上认为不应结婚之疾病者。

第三章和第四章分别规定了夫妻之间、父母子女之间的权利和义务。

第五章在提出离婚自由原则的同时，对离婚的程序，以及孕妇和革命军人配偶离婚问题做了规定。指出："女方怀孕期间，男方不得提出离婚；男方要求离婚，须于女方分娩一年后，始得提出；但女方提出离婚的，不在此限"；"自本法公布之日起，如革命军人与家庭两年无通讯关系，其配偶要求离婚，得准予离婚。在本法公布前，如革命军人与家庭已有两年以上无通讯关系，而在本法公布后，又与家庭有一年无通讯关系，其配偶要求离婚，也得准予离婚"。

第六章为"离婚后子女的抚养和教育"，对子女的抚养问题做了详细的规定。

---

① "新华网"之"新华资料"，网址 http：//big5. xinhuanet. com/gate/big5/news. xinhuanet. com/ziliao/2003 - 01/19/content_ 696088. htm。

第七章"离婚后的财产和生活",规定了夫妻双方债务承担的办法,一方未再行结婚而生活困难时,另一方负有帮助维持生活的义务。

第八章为"附则"。

"新婚姻法"颁布之初,许多新区忙于组建与完善新的地方政权,以及进行清匪反霸、土地改革等工作,只对新婚姻法做了一般的宣传,没有进行有组织、有计划、有系统的学习,各级民政部门仅做了一些离婚与结婚的登记手续,干部的思想仍大多停留在旧的认识层面。如,1951 年,渭南市民政部长认为:"本市今年 13 个离婚的女人全是作风不正派。"渭南专区普遍存在民兵违反婚姻政策集体捉奸,干部利用行政职权不给要求离婚者写介绍信、有意阻止、强迫斗争等现象,甚至出现了因婚姻问题逼死人命的事情。①

为了督促各地对新婚姻法的宣传与贯彻,1951 年 9 月,政务院发出了《关于检查婚姻法执行情况的指示》②,指出:在中国这样一个曾长期受封建主义统治的社会中,婚姻法的执行,是一件艰巨的社会改革工作,为此,各级人民政府一方面必须把贯彻婚姻法的执行和对于干部与人民的思想教育,当作相当长时期内经常的重大政治任务;另一方面,必须对于因干涉婚姻自由而伤害、虐杀妇女或逼致妇女自杀的严重罪行,采取严肃的法律手段予以制裁。政务院指示发出后,同日,最高人民法院、司法部发出《关于认真执行中央人民政府政务院关于检查婚姻法执行情况的指示的通知》。

1952 年 11 月和 1953 年 2 月,中共中央和中央人民政府政务院又分别发出《关于贯彻婚姻法的指示》③,并决定 1953 年 3 月至 8 月在全国(少数民族地区和尚未完成土改的地区除外) 开展贯彻婚姻法运动月活动。

陕西省响应中央号召,将 1953 年 3 月确立为"婚姻法宣传月",并迅速于 1953 年 3 月成立了"陕西省贯彻婚姻法运动委员会",同时指导

①　陕西省妇联赴渭南工作组 1951 年 9 月 26 日《渭南区婚姻法执行了解情况总结报告》;陕西省档案馆档案,全宗号—目录号—案卷号—存期:178—2—16—长期。

②　中央人民政府法制委员会编:《中央人民政府法令汇编》(1951),法律出版社 1982 年版,第 45 页。

③　《人民日报》1953 年 2 月 2 日。

榆林专区、延安专区、渭南专区、咸阳专区、宝鸡专区、南郑专区、安康专区、商洛专区,以及各专区下辖的县,都各自成立了贯彻婚姻法运动委员会。各级贯彻婚姻法运动委员会是宣传、贯彻婚姻法运动的指导机构,都设有专门的办公室。专区、县还同时成立了婚姻法宣传小组,分别由各专区、县贯彻婚姻法运动委员会领导。

这次婚姻法宣传月活动是新中国成立以来对新婚姻法宣传力度最大、最深入的一次。这里以位于陕南的南郑专区(即今汉中市)婚姻法运动月活动为例,来展示当时婚姻法宣传运动的基本情况。

南郑专区的宣传、贯彻运动大体上分三步:第一步,逐级下达宣传任务及宣传精神。主要是各宣传、贯彻婚姻法的指导机构和具体执行机构的领导及工作人员学习上级关于宣传、贯彻婚姻法的文件,掌握并领会婚姻法运动的宣传任务和宣传精神。第二步,培训干部,学习婚姻法,准备宣传工具、方式。各县(市、区)举办学习班,组织干部(其中包括专门的宣传干部、农村宣传员和农村党员、团员、积极分子)学习婚姻法,使之熟悉婚姻法,为宣传、贯彻婚姻法运动准备一支有效的工作队伍。同时,准备好各种宣传材料及相关工具。第三步,摸底、宣传。主要是在了解各地具体婚姻家庭状况的基础上,采用适合本地民众意识及实际情况的宣传方法。

南郑专区在以上三个主要步骤中一般每一步务必事先订计划,每一个阶段结束前都要做出检查报告,总结该阶段工作中的经验和教训。比如,城固县在宣传、贯彻婚姻法运动中有 1950 年 2 月以来宣传婚姻法情况的检查报告、准备工作报告、组织干部学习婚姻法报告、宣传准备计划、宣传贯彻婚姻法总结。[①]

在这三步工作中,最为复杂、细致的工作是第三步,即面向广大群众的宣传。为了使群众最大限度地认识、理解并接受婚姻法,南郑专区采用了以下宣传方式:

1. 宣传人员向群众全面交代政策。1953 年 2 月,南郑专区把经过专门的婚姻法学习和训练的干部分派到各县(市、区),由他们分片包干,向群众宣传婚姻法的精神。在宣传中,他们或是组织报告员利用农

---

① 参考汉中市档案馆"中共汉中地方委员会宣传部"档案,全宗号为 001。

闲时间给群众做婚姻法专题报告,如从 1953 年 3 月到 5 月,共派出 259 名报告员,其中的 189 名给群众做了 616 次婚姻法报告;[①] 或在群众会上给群众讲解婚姻法;或针对某些家庭的具体问题入户讲解;或召开典型家庭座谈会,让他们回忆旧婚姻、了解新家庭,对比新旧婚姻和家庭,从而树立起拥护新婚姻法的信念;或通过介绍、评选模范夫妻及家庭,使群众自觉追求新式婚姻家庭;或组织一些不和睦的家庭分别召开家庭会,让他们把问题讲开、说透,并帮助他们全家一起订立家庭公约(也称和睦公约)。凤县在运动月中共有 85 户订立了家庭公约。

当时订立的家庭公约一般都结合生产与国内形势,以凤县一区凤河乡高正茂和曹春林一家订立的家庭公约为例,其约定共有六条:一、响应政府一切号召;二、保证做到家庭和睦,不打架吵闹,有事商量,坚决做到互敬互爱,搞好生产;三、生产:小麦回搓连犁带种、锄草各两次,底肥、追肥各一次,每亩施肥 200 担,苞谷连种锄耱各三次,每亩上肥 120 担;四、加强抗美援朝做好优抚工作,军属有活我一定去做,公粮要晒干扬净,早日入仓;五、做好爱国卫生工作,保持屋内外清洁,七天洗一次衣服,购铁猫一个(打老鼠),厕所随便随垫,猪圈两天垫一次;六、积极参加听报,上春学每天要认字一个。[②]

2. 利用电影、墙报、幻灯、广播筒、收音机、图片展等宣传婚姻法。在贯彻婚姻法运动中,南郑专区有两处电影院和 53 架幻灯机,先后放映 416 次;除略阳外,13 处收音站均移至农村巡回乡间组织收听婚姻法广播 251 次;留坝县的两个收听工作小组,曾先后到达 31 个乡(全县共 32 个乡)组织了收听,到会人数达 13900 余人,占全县总人口的 42% 以上;广播筒、黑板报也大张旗鼓地宣传。[③] 汉中电影院在婚姻法运动中,不仅放映了《赵晓兰》、《儿女亲事》等影片,而且绘制了宣传婚姻法的大幅标语,广播了报纸杂志上有关婚姻法宣传的歌曲,映

---

① 中共南郑地委宣传部所做的《南郑地区贯彻婚姻法运动中宣传工作总结报告》,汉中市档案馆档案,全宗号—案卷号:001—015。

② 凤县婚姻法办公室所做的《凤县宣传贯彻婚姻法运动月工作基本总结》(1953 年 4 月 9 日),汉中市档案馆档案,全宗号—案卷号:001—034。

③ 中共南郑地委宣传部所做的《南郑地区贯彻婚姻法运动中宣传工作总结报告》(1953 年 5 月 11 日),汉中市档案馆档案,全宗号—案卷号:001—015。

出了《邵秀英婚姻自主》等一系列五彩幻灯片。① 各县（市、区）文化馆也积极配合贯彻婚姻法运动，组织多种形式的宣传。洋县文化馆搞了六个放映队，给群众放幻灯片，如《婚姻法图解》、《婚姻法救了张亚兰》、《王老汉认识了自由婚姻的好处》、《终身大事自己做主》、《孙田均和邵秀英自由结婚》等；逢农村集日，文化馆组织人在集市上地势较高的地方用土广播宣讲新婚姻法，常常吸引很多群众。②

　　3. 运用民间文娱形式加深群众对新婚姻法的了解。在贯彻婚姻法运动中，南郑专区的民间文娱形式如秦剧、皮影、快板等因为其通俗、活泼而发挥了巨大作用。当时，南郑专区各县（市、区）都有至少一个剧团或剧社，它们排演的婚姻法剧很受群众喜欢。如南郑市天汉秦剧学社在宣传婚姻法运动中排演了《二巧离婚》、《罗汉钱》、《刘巧儿》、《新劈山救母》、《豆汁记》等，还上演了旧剧《白蛇传》、《山姑贤》、《三击掌》等。③ 南郑市（今汉中市）文化馆组织和领导下的群众业余文娱组在 1953 年春季以民间文艺形式演出了《罗汉钱》、《田春生结婚》、《当面订亲》、《娃的婚姻莫包办》、《虐杀媳妇要严办》、《二巧离婚》等近十种关于婚姻家庭的节目；文化馆还在自己组织的群众业余短期学习班中教学员唱赞颂新婚姻法的歌曲，造成了歌唱运动的气氛。④ 皮影在山区很受群众欢迎。一些皮影社辗转山区，在丰富山区人民文化生活的同时，也在一定程度上宣传了新婚姻法。

　　南郑专区个别县（市、区）创造的在物资交流大会上搞"婚姻法宣传棚"的办法，把宣讲、图片展览、放幻灯片、表演婚姻法剧目等多种宣传方式结合并集中起来，在宣传婚姻法运动中起到了不可忽视的作用。比如洋县县委宣传部在马畅（注：地名）物资交流大会上的婚姻法宣传棚放有收音机、曲子、快板、鼓词、桌上拉话（即相声）、快板

---

　　① 南郑市人民文化馆：《汉中电影院一九五三年全年工作总结报告》，汉中市档案馆档案，全宗号—案卷号：002—061。

　　② 洋县文化馆：《洋县文化馆一九五三年工作总结》，汉中市档案馆档案，全宗号—案卷号：002—062。

　　③ 南郑市人民文化馆：《南郑市天汉秦剧学社工作会议材料报告书》，汉中市档案馆档案，全宗号—案卷号：002—061。

　　④ 南郑市人民文化馆：《南郑市人民文化馆五三年上半年工作总结经验》，汉中市档案馆档案，全宗号—案卷号：002—062。

中夹道白、一问一答、板报、图片等宣传形式；此外，还有用真人真事创作的连环画《朱定鹏幸福的家庭》和《朱存风离婚》供群众翻阅。①

经过这次宣传，大多数群众对婚姻法有了一定了解。据南郑市（今汉中市）在一个乡及三个组的不完全统计，586户中，除15岁以下的小孩外，共有成年人口983口，总计受到婚姻法教育的有583户、896人，分别占总户数和总人口的99.3%和91.1%。其中基本上懂得新婚姻法的有296人，占总人数的33%；知道一部分的有555人，占总人数的62%；一点儿也不懂的有45人，占总人数的5%，且多为老弱病残。即使是最偏僻的萧家巷村，在全村21户36人当中，基本上懂得新婚姻法的有7人，占总人数的26%；知道一部分的有13人，占总人数的36%；一点也不懂的有7人，占被调查总人数的19%。② 从总体上来看，绝大多数群众对新婚姻法有了一定程度的了解。

1957年春季，陕西省又开展了一次宣传贯彻婚姻法运动，各级妇联和婚姻法宣传贯彻委员会在调查走访群众婚姻家庭状况的基础上，通过座谈、开会讲话等形式向群众重申了新婚姻法的精神。以后的几年，一直没有进行大规模的婚姻法宣传。

到1962年、1963年，由于1959—1961年的严重经济困难，婚姻中论财礼、长辈包办、童养媳、早婚、不履行结婚登记手续的现象大量复苏，贩卖妇女、男女关系混乱也沉渣泛起，宣传婚姻法、提高群众的法律意识显得非常迫切和必要。于是，1962年春，各专区、市、县再次展开婚姻法宣传运动，有的还专门成立了婚姻法运动委员会，下设办公室。在婚姻状况未能得到普遍好转的情况下，1963年春，陕西省高级人民法院、陕西省民政厅、陕西省高教局、陕西省文化局、陕西省总工会、共青团陕西省委、陕西省妇女联合会共同下发了《关于在全省范围内开展宣传贯彻婚姻法的联合通知》，要求在1963年3、4月份，集中力量、全面深入地在全省范围内开展提倡婚姻自主，反对买卖婚姻，反对虐待遗弃老人，反对借婚姻关系索取财物和草率结婚、离婚，提倡民

---

① 中共洋县县委宣传部所做的《洋县马畅物资交流大会上婚姻法宣传棚工作总结》（1953年5月15日），汉中市档案馆档案，全宗号—案卷号：001—033。

② 汉中市档案馆档案：《中共南郑市委关于宣传贯彻婚姻法运动的报告》，全宗号—案卷号：001—035。

主和睦、团结互助的新家庭，反对虐待遗弃老人现象，提倡俭朴办婚事，反对铺张浪费，提倡晚婚，反对早婚的婚姻政策大宣传。① 各地纷纷响应号召，如，商洛专区在 1963 年"三八"节前后至 4 月底，以整党整社、春耕生产、社会主义三大教育为中心，结合进行了婚姻法宣传活动。② 渭南地区各县也通过开群众大会、做婚姻法报告等开展了又一次婚姻法宣传运动。

1964 年，各专区、县再次结合社会主义教育运动对婚姻法进行了宣传，同时处理了一些婚姻家庭方面突出存在的问题。

三　1949—1953 年：打开婚姻自由之窗

（一）新婚姻观念破茧之难（1950—1952）

1950 年 5 月 1 日新婚姻法虽然开始实施，但在 1953 年春季的贯彻婚姻法运动前，农村中旧有的婚姻观念仍占主导地位，干部和群众对新婚姻法所宣传的观念有许多难以认同之处，新婚姻法观念的破茧显得异常艰难。

新婚姻法提出的离婚自由，是干部和群众疑虑的焦点所在。延安地区一些群众因此说婚姻法是"女人法"，把女人抬得太高了，说"离婚不正经，正经不离婚"，反对女人离婚；宜君一区思弥乡乡长张望计甚至威吓要求离婚的妇女："你要离就要押你！不然把你送到县上推磨子。"③ 商洛专区群众也普遍说："毛主席什么都好，就是婚姻法不好"，"婚姻法是离婚法"，"婚姻法对穷人没利"，"穷人翻了身，老婆离了婚"等。④ 柞水县以往有招女婿的习俗，即缺乏劳动力、有女儿的人家，招个劳动好、家贫的小伙子，在家里干二三年活，甚至六七年，然后与主家的女儿成婚。新婚姻法颁布后，一些主家的女儿到了结婚年

---

① 见渭南市档案馆档案，全宗号—案卷号—存期：20—43—长期。

② 陕西省妇联商洛专区办事处 1963 年 6 月 1 日《陕西省妇联商洛专区办事处宣传贯彻婚姻法总结报告》，商洛市档案馆档案，全宗号—目录号—案卷号—存期：17—2—85—长期。

③ 《延安分区三年来执行婚姻法情况总结》（1953 年），延安市档案馆档案，全宗号—目录号—案卷号—存期：（1—1）—1—16—永久。

④ 商洛专区妇联 1952 年《商洛专区妇联结合土改宣传婚姻法的一点体会》，陕西省档案馆档案，全宗号—目录号—案卷号—存期：178—2—26—长期。

龄，以招的女婿是父母包办为由，提出离婚，这类男子因而对新婚姻法很不理解："给人家干了一辈子活，没工钱，出尽了血汗，把他们好些人养大了，今天一脚踢开，让滚蛋，妇女太没良心了"；柞水县两河乡一个老太太甚至说："儿子给人家干了五六年，吃尽了苦，国民党时候我儿没离婚，共产（党）来了我儿离了婚"。① 在汉中专区（1953 年 10 月以前称"南郑专区"；1953 年 11 月至 1969 年 1 月称"汉中专区"；1969 年 2 月至 1996 年 2 月称"汉中地区"；1996 年 3 月以来称"汉中市"。），有的群众说："女人家嫁给人家，活是人家的人，死是人家的鬼，咋能叫她离婚哩?"② 有的说："实行婚姻法，媳妇不听话，姑娘管不下"；③ 有的老年人认为把妇女权利提得太高了，如城固县周公区张家营乡徐永庆的母亲说："婚姻法把女权提得太高了，喔些（注：那些）媳妇脚挺大，野马一样，一天不做活光跑，跑跑都要学瞎，把婆婆和丈夫弄得和龟头一样，不对人家就要离婚。"④ 有的干部认为群众花钱娶媳妇很不容易，支持妇女离婚对不起男方家庭；有的怕妇女有了离婚自由引起社会混乱，如城固县古路区天明乡农会主任王万清认为："我乡女权再提高就成了阴盛阳衰，不敢让牛比马走得快。"⑤ 有的群众认为支持妇女离婚就是干缺德事，是让男方家里断子绝孙。城固县一个老婆对贯彻执行婚姻法的干部说："你们办公的人，也倒积点阴德嘛!"⑥ 商洛地区有的婆婆丈夫怕媳妇离婚，不让开会，不让上学，不让上速成识字班，不让参加集体活动。⑦

---

① 柞水：《从三干会与代表会发现柞水县婚姻问题的特殊性与复杂性》（1953 年），商洛市档案馆档案，全宗号—目录号—案卷号—存期：17—2—12—长期。

② 中共城固县委会：《城固县关于开展宣传贯彻婚姻法运动训练干部情况的报告》，汉中市档案馆档案，全宗号—案卷号：001—035。

③ 《南郑县委书记杨久良给南郑专区贯彻婚姻法运动委员会办公室的信》（1953 年 3 月 11 日），汉中市档案馆档案，全宗号—案卷号：001—030。

④ 城固县妇联：《周公区张家营乡宣传贯彻婚姻法典型试办工作总结报告》（1953 年 2 月 8 日），城固县档案馆，全宗号—目录号—案卷号—存期：34—30—1—长期。

⑤ 中共城固县委会 1953 年：《城固县关于开展宣传贯彻婚姻法运动训练干部情况的报告》，汉中市档案馆档案，全宗号—案卷号：001—035。

⑥ 城固县妇联 1953 年 2 月 8 日：《周公区张家营乡宣传贯彻婚姻法典型试办工作总结报告》，城固县档案馆档案，全宗号—目录号—案卷号—存期：34—30—1—长期。

⑦ 商洛分区妇联办事处 1950 年 7 月 21 日《商洛分区婚姻问题报告》，商洛市档案馆档案，全宗号—目录号—案卷号—存期：17—1—3—永久。

对婚姻法提出的反对包办婚姻，许多群众想不通。在他们看来，儿女年轻、没有社会经验，婚事不由父母做主是不负责任，年轻姑娘自己谈恋爱是作风不正派。正因此，陕西农村广大地区长期以来有"无媒不成婚"的说法，媒人介绍、父母做主、儿女听从，是普遍的成婚形式。新婚姻法颁布后，一些群众限制儿女自由恋爱，认为"自由恋爱是丢人败门风"[①]。有的订了婚未结婚的，父母担心女儿自己重新找对象，于是不让女儿上学、开会，尽量限制其外出。[②] 有的男农民以为以后只有自由恋爱才能结婚，于是忧心忡忡，怕自己或儿孙以后找不到对象，他们说："庄稼汉不会恋爱，泥巴腿没相（注：陕西方言，意为没门、没办法）"，"婚姻法好是好，但受苦人长得不端正，穿的衣服破烂，恋爱不下"，受苦人"不买卖就不得有婆姨"；[③] 有的说："自由恋爱是乱爱"，"婚姻法是整穷娃的"，"新婚姻法实行了，世事要大乱"。[④]

至于新婚姻法所谓"买卖婚姻"，群众很费解：以往人们常说"养女济困"，为什么到了新中国，辛辛苦苦把女儿养育大了不能卖钱？为什么要白白地把女儿嫁给人家？在农村人眼里，男方给女方钱财是"礼节"，不给钱财是不懂礼节、缺乏人情世故，更何况，父母把女儿养育那么大，男方给女方财礼是对女方父母的一种酬谢。因此，当听说新婚姻法不许买卖婚姻后，有的群众说："毛主席像都卖五千元（注：中华人民共和国 1955 年 3 月实行了币制改革，发行新币。此前的货币民间称之为旧币，旧币一千元相当于新币的一角，旧币一万元相当于新币的一元。此处为旧币）一张哩，一年养一个猪也卖几十万元（注：旧

---

① 《延安分区三年来执行婚姻法情况总结》（1953 年），延安市档案馆档案，全宗号—目录号—案卷号—存期：（1—1）—1—16—永久。

② 《南郑县委书记杨久良给南郑专区贯彻婚姻法运动委员会办公室的信》（1953 年 3 月 11 日），汉中市档案馆档案，全宗号—案卷号：001—030。

③ 中共南郑地委宣传部：《南郑地区贯彻婚姻法运动中宣传工作总结报告》（1953 年 5 月 11 日），汉中市档案馆档案，全宗号—案卷号：001—015；陕西省婚姻问题宣传调查组 1952 年 8 月 29 日《延安专署延安县四区四乡六个村子婚姻调查材料》，陕西省档案馆档案，全宗号—目录号—案卷号—存期：178—2—25—长期。

④ 陕西省妇联赴渭南工作组 1951 年 9 月 26 日《渭南区婚姻法执行了解情况总结报告》，陕西省档案馆档案，全宗号—目录号—案卷号—存期：178—2—16—长期。

币)，一个女子长十几年都不卖一个钱，我老通不过。"① 有的说："公家雇个保姆每月都得三斗米，人家把女子养了十几年，一年吃一石都吃十几石，还能干送给人?"② 为了少受些"损失"，有女初长成的人家赶快给女儿找婆家，多少捞点财礼，以防婚姻法严格执行以后一点财礼都要不到。③

对新婚姻法禁止公婆丈夫虐待媳妇，且最低法定婚龄为男 20 岁、女 18 岁的规定，一些群众认为，政府连这些家庭私事都要管，是多管闲事。有的群众说，自古就有"世上有三不羞，官打民不羞，父打子不羞，夫打妻不羞"的说法，棒头上出好汉，媳妇不打不成人，有的女的不打不得了。因此，打骂、虐待妇女的现象还很普遍，甚至明目张胆。《群众日报》仅 1952 年就接到许多反映农村打骂妇女的群众来信，且看 9 月 13 日 3 版"来信综述"栏目《许多地方发生严重虐杀妇女事件》反映的点滴情况。读者王秦善来信说：蒲城一区润平乡姚村孙江娃和其母魏氏、其弟孙鱼娃经常打骂江娃的妻子陈秋娃。秋娃 1930 年生，15 岁就被父母包办结婚，她很聪明，各样活都能干，只是说话咬字不清楚，被男方家里看不起，经常虐待她。孙鱼娃说："兄弟打嫂，一顿打饱。"秋娃受不了虐待，几次跑回娘家，但她娘家妈说她"丢人、丧德"，又把她送回婆家给磕头、赔礼道歉。秋娃目前已经骨瘦如柴，成个呆子了。人们问她话，她目瞪口呆，只流泪。据她娘家妈说，秋娃一只胳膊已经被打坏了，婆家不给看，她娘家妈经常给吃止痛片。群众哀叹："把人都打成那样子了，政府咋不管呀?"可是当地政府一直没有人管。读者白应华来信说：扶风县四区四乡桶张村张山德嫌他妻子王氏（注：具体名字不详）不会织布、线纺得不好，不爱她，常为小事打骂她。王氏打了两下娃，张山德就给王氏左右两耳光子；一次嫌王氏炒菜把油倒多了，又是一顿耳光子；又一次，张山德要一块布，王氏说了一

---

① 咸阳市民主妇女联合会 1953 年 4 月 22 日《咸阳市宣传贯彻婚姻法运动月妇女工作总结》，陕西省档案馆档案，全宗号—目录号—案卷号—存期：178—2—33—长期。

② 陕西省婚姻问题宣传调查组 1952 年 8 月 29 日《延安专署延安县四区四乡六个村子婚姻调查材料》，陕西省档案馆档案，全宗号—目录号—案卷号—存期：178—2—25—长期。

③ 商洛分区妇联办事处 1950 年 7 月 21 日《商洛分区婚姻问题报告》，商洛市档案馆档案，全宗号—目录号—案卷号—存期：17—1—3—永久。

句"布还没织呢，这次寻谁织呀"，张就把她毒打了一顿。1952年农历五月十九日下午，张山德的嫂子说王氏把她家的鸡蛋收了，骂王氏，王氏和她嫂子吵了一架。因为平时张山德常为小事打骂王氏，王氏想这次张山德肯定又要打她，就上吊自杀了。读者大力、鸣之来信说：蒲城县第四区四乡樊家村樊土成的母亲经常虐待儿媳妇。1952年6月3日又为一点小事找媳妇的麻烦，媳妇觉得自己没法活下去了，便抱着四岁男孩跳水窖自杀，等人们发现去打捞时，小孩已经被水淹死了。这个消息传开后，群众莫不义愤填膺，但当地政府除了问过一两次外，再也没管了。读者郭建轩、韩金让来信：淳化县马家山中嘴后堡王彦春夫妇经常虐待儿媳邹彩云，白天把她锁在厨房里，晚上把她锁在里屋，让她过着监狱般的生活。就这样，王彦春还经常打邹。一次，王用皮绳打了邹一顿，还罚跪一夜，两天不让她吃饭。王还挑唆儿子用红缨枪刺邹彩云的腿、脚，邹被刺断了脚筋而致残，经常疼痛难忍。读者郑正平来信反映：陕南留坝县武关区上西沟乡佛爷坝村因在土改中放火烧山而被判刑六个月的富农高顺吉，在交到乡上执行时，竟与全家人经常虐待童养媳段秀英。从1951年腊月二十九日到1952年6月25日，就毒打了三次。一次是嫌秀英推磨推慢了，就让他女儿和儿子堵住门，由秀英的婆婆按住秀英打了很长时间，直打得满身是伤，脚上流血。读者刘振南来信：陕西大荔一区六乡上太白山头常海经常毒打虐待弟媳刘淑霞（丈夫参军）。刘淑霞想买点棉花纺线不但不行，还遭毒打。一次因为刘淑霞套磨套迟了，常海就毒打她一顿，还把她锁在屋里。这样的情形很多见。淑霞常暗里啼哭。

总之，当《新婚姻法》与农民故有的观念发生冲突时，他们明白国家的法律必须执行，但思想上有许多疙瘩，大多数人对婚姻法的第一感受是把妇女提得太高了，又让自由离婚，又让寡妇改嫁，又让自己选对象；对丈夫公婆倒有许多制约。所以，有的农民说，新婚姻法颁布后，"驴驹子乖了，媳妇威了"。有的男农民和老年农民甚至把检查、调查、贯彻执行婚姻法的干部叫作"妇女的娘家"，说："婚姻法为了解放妇女，但妇女都不好好过光景，男人不敢说，动不动就要离婚"，"政府光给妇女撑腰，不让男的说话"，"婆姨离了婚，男人生产回来没人做饭，自己做饭要耽误时间，这还能提高生产?"①

　　当然，由于利益不同，面对新婚姻法，不同的群体各有喜忧。喜，是因为自己的利益可以得到保护；忧，是怕自己的利益受到损害。因而，当1953年春，贯彻婚姻法运动开始后，群众顾虑重重：对媳妇平时比较苛刻的家庭怕媳妇离婚，未婚的男子怕自己不会自由恋爱找不到媳妇，已经收了财礼的未婚女子家庭怕退还财礼，平时男女关系不太清白的怕被斗争，寡妇怕违背自己的意愿一律要改嫁，早婚的怕被要求分居……于是，各种规避行为纷纷出现。比如在渭南地区，普遍出现以下新情况：1. 未婚夫妇照相成风。许多未婚夫妇在父母或其他长辈的催促下，纷纷去照相馆照相，以表明自己是自由婚。据合阳县城内两个照相馆统计，1953年3月的前半月，未婚夫妇去照相的竟达157对。2. 许多家庭阻止妇女特别是青壮年妇女参加会议和其他社会活动，以免受新婚姻法的影响。澄城县二区段庄村开妇女群众会，170多户中，只去了32个老婆应付差事；大荔六区营池乡帖明娃把妻子关在家里不让开会。3. 群众普遍对婚姻法工作组避而远之。华县一区六乡古子英因儿媳守寡，不敢让工作组同志在他家住，唯恐工作组煽动儿媳改嫁。4. 家庭不和睦或是在男女关系上有问题的坐卧不安，寻死觅活。大荔二区丰家乡某妇女因之前在男女问题上比较放纵，婚姻法运动开始后，她紧张不安，自缢未遂。②

　　同时，有少数妇女听说婚姻法支持男女平等，反对丈夫公婆打骂媳妇，便开始耍起威风来。比如，柞水县有个妇女对要和她结婚的男子提出五个要求：1. 野男人来要给我腾床；2. 要一个烟袋纸烟不断；3. 要一间好房子；4. 要两套新衣服；5. 我说十句话只许你说两句话。直到1953年3月在"婚姻法运动月"仔细学习了婚姻法以后，她才不好意思地说："以前那五条算没有。"③

---

　　① 陕西省婚姻问题宣传调查组1952年8月29日《延安专署延安县四区四乡六个村子婚姻调查材料》，陕西省档案馆档案，全宗号—目录号—案卷号—存期：178—2—25—长期。

　　② 渭南专区贯彻婚姻法运动委员会办公室1953年3月25日《渭南专区贯彻婚姻法运动半月来工作报告》，渭南市档案馆档案，全宗号—目录号—案卷号—存期：1—1—334—永久。

　　③ 商洛专区妇联1953年：《发动妇女参加生产和互助合作中存在的问题》，商洛市档案馆档案，全宗号—目录号—案卷号—存期：17—2—13—长期。

（二）史无前例的离婚潮

虽然新婚姻观念的破茧异常艰难，但新婚姻法的精神给陕西农村妇女们扬起了追求婚姻自由的风帆。

以前，妇女对痛苦的婚姻主要是忍气吞声，她们普遍的婚姻态度是"嫁鸡随鸡飞，嫁狗随狗叫，嫁个扁担顺墙靠"。然而，新婚姻法颁布后，一些姑娘不再满足于父母包办的婚姻。如白河县四区店子村乔老二的女人给女儿包办订了婚，连结婚日期都给订好了，女儿知道后坚决反对，并说："现在婚姻自由了，我不愿意（你订的婚），谁答应谁去！想把我当从前的女子看，可不行。"①

对不满意的婚姻现状，也有妇女大胆地进行反抗。比如，朝邑县第八区七乡河西村妇女李桂珍，1930 年由父母卖给农民张春道，结婚后，她一直受公婆和丈夫打骂；有一次，因为她把饭做迟了，就被丈夫打了一顿，把两把镰把都打断了，丈夫还让她在火辣辣的太阳下跪了一个多小时。新婚姻法公布后，她不再甘于被打骂的生活，向法院提交了离婚请求，获得批准。② 再如，府谷县高石崖区狼窝岔村媳妇王翠兰（1932 年生）15 岁时因娘家家贫，给同村富农李常甫家的儿子（1934 年生）做童养媳，1950 年完婚。王翠兰经常遭到李常甫老婆的虐待和打骂。从 1949 年 6 月到 1950 年 4 月，王翠兰被全家人打过 7 次。1951 年 3 月，婆婆又打了王翠兰，王翠兰受不了，告到区上，区署把她婆婆叫去批评了一顿，她婆婆恼羞成怒，回来后让儿子把王翠兰打了一顿。这次王翠兰坚决提出离婚，得到法院支持。③

从 20 世纪 50 年代初的报刊报道和档案资料可以看出，李桂珍、王翠兰这样的例子不胜枚举。正是由于在新婚姻法的教育下，像她们一样的女性自我意识的觉醒，农村掀起了一股前所未有的离婚潮：渭南县法院 1951 年 1—8 月接到民事诉讼案 277 件，其中因父母包办婚姻造成的

---

① 安康分区妇联办事处 1950 年 9 月 25 日《婚姻问题补充材料》，陕西省档案馆档案，全宗号—目录号—案卷号—存：178—2—5—长期。

② 《桂珍得救》，《陕西日报》1950 年 7 月 13 日。

③ 《恶婆虐待媳妇，法院判决离婚》，《群众日报》1950 年 5 月 31 日 2 版。

纠纷案 134 件，由女方提出者 123 件，男方提出者 11 件。① 兴平县法院 1952 年 1—7 月受理的民事案件 449 件，婚姻案件占 53%，其中离婚案件 239 件，女方提出的有 215 件，判决离婚的 118 件，和解未离的 11 件。② 大荔县法院 1952 年 1—7 月受理婚姻案 172 件，其中女方提出的 131 件，占到婚姻案的 77%。③ 南郑专区法院 1952 年 1 月份收到民事案 362 件，其中婚姻案 284 件（离婚案 250 件，解除婚约 23 件，其他婚姻纠纷 11 件），占全部民事案件的 78% 强；2 月份婚姻案占到民事案件的 80%，3 月份为 86%，到 5 月份即占到民事案的 92% 强。④ 据商洛专区洛南、商南、柞水三个县不完全统计，1952 年 1—11 月经法院判决离婚和解除婚约的 3108 起，且大部分是女方提出的。⑤ 1953 年，各地的离婚率更是迅速攀升。

大多数农村妇女自我意识一旦觉醒，摆脱不幸福婚姻的态度非常坚决。如丹凤县西苍房妇女何秀英，在出生两个多月后就被婆家抱去做了等郎媳，她 4 岁时，婆婆才生下了儿子——秀英的丈夫；这儿子从小就得了肺病，13 岁和何秀英结了婚。新婚姻法颁布后，何秀英多次提出离婚，乡政府总是不同意；何秀英没有放弃，不断提出离婚请求，终于在 1951 年冬到 1952 年春的土改中得到解决。⑥ 宁强县四区玉泉坝乡的朱秀英，同样不畏种种困难，任死也要离婚。朱秀英提出离婚请求后，受到玉泉坝乡农会主任的野蛮阻拦，他召开了 200 多人的群众大会对朱秀英进行斗争审判，并用脱衣服、捆绑、关押等办法来威胁她，不许她

---

① 陕西省妇联赴渭南工作组 1951 年 9 月 26 日《渭南区婚姻法执行了解情况总结报告》，陕西省档案馆档案，全宗号—目录号—案卷号—存期：178—2—16—长期。

② 陕西省妇联咸阳专区办事处 1952 年 8 月 23 日《婚姻问题报告》，陕西省档案馆档案，全宗号—目录号—案卷号—存期：178—2—25—长期。

③ 陕西省民主妇女联合会驻渭南专区办事处 1952 年 8 月 28 日《关于婚姻法执行的基本情况与目前存在问题》，陕西省档案馆档案，全宗号—目录号—案卷号—存期：178—2—25—长期。

④ 陕西省妇联南郑专区办事处 1952 年 6 月 26 日《土改中妇女工作总结报告》，陕西省档案馆档案，全宗号—目录号—案卷号—存期：178—2—7—长期。

⑤ 商洛专区妇联办事处 1953 年 1 月 15 日《商洛专区两年来贯彻执行婚姻法基本情况及今后意见》，陕西省档案馆档案，全宗号—目录号—案卷号—存期：178—2—32—长期。

⑥ 商洛分区妇联办事处 1952 年 5 月 17 日《土改中妇女工作基本总结》，商洛市档案馆档案，全宗号—目录号—案卷号—存期：17—1—12—永久。

离婚，但朱秀英不屈不挠，最终得到了离婚自由。①

　　令人遗憾的是，并不是所有想摆脱不幸婚姻的妇女都能如愿以偿。新婚姻法虽已颁布，但不少人的观念并未能与时俱进，他们依然抱守"娶到的媳妇买到的马，任我骑来任我打"的观念，认为妇女提出离婚不仅是男方的耻辱，说明男人没有制服妻子的能力，而且也造成了财产损失，因为妻子是用财礼"买"来的。因此，当妇女提出离婚时，有些男子往往恼羞成怒，对妇女进行毒打。商县一区四乡刘家沟男子谢双宝，1919 年生，对自家用四斗麦子、二斗苞谷从 10 岁就买来、11 岁就成婚的童养媳赵桂兰一直打骂、虐待。新中国成立后，赵桂兰至少有二、三十次向乡、区干部提出要和谢双宝离婚，但干部只是单方面劝她回去过日子。1953 年 4 月 8 日，赵桂兰在叫谢双宝去区上办离婚手续时，被谢用菜刀砍了 20 多下，伤势惨重。② 此类情况各地均有不同程度的发生。

　　一些妇女甚至因提出离婚而被毒害致死。富平县仅 1951 年秋到 1952 年春就发生了三起这样的恶性事件：五区一乡妇女张美美因为要求解除封建婚姻的痛苦，被丈夫用剃头刀割断食管而死；六区六乡冯三娃因受不了婆婆的虐待，向乡上报告，乡上粗糙地召开了斗争会，不但没有打垮封建婆婆的威风，还让冯三娃向婆婆赔罪，结果冯三娃被她婆婆勒死投入井中；八区三乡吴三光，因不堪公婆丈夫的虐待，要求离婚，被毒打，并被锁在房中戴上脚镣，致死。③

　　在其他各县，这样的事例也不胜枚举。且看莪县妇女符翠莲与合阳县妇女王凤兰的遭遇。符翠莲是莪县五区符家畔村妇女，1931 年生，16 岁时由父母包办和本区黄家圪塔村 28 岁的牛生清结婚，婚后两人感情很不好，经常打架。符翠莲提出离婚，可是她父母说："为人不敢昧良心，想离婚办不成。"牛生清对符翠莲的离婚意愿也怀恨在心。1952

---

　　① 陕西省妇联南郑专区办事处 1952 年 6 月 26 日《土改中妇女工作总结报告》，陕西省档案馆档案，全宗号—目录号—案卷号—存期：178—2—7—长期。

　　② 丁一：《商县一区干部用官僚主义态度对待群众婚姻问题，致使赵桂兰惨遭丈夫伤害》，《群众日报》1953 年 4 月 30 日 3 版。

　　③ 富平县民主妇女联合会 1952 年 4 月 2 日《富平县妇联宣传工作简报》，咸阳市档案馆档案，全宗号—案卷号—存期：019—15—长期。

年 7 月 4 日，两人打架，孩子无人照管从炕上跌下来摔死了，牛生清更加气愤，用锄把符翠莲拉倒在地，从头到脚砍了十四处，活活地把翠莲砍死了。①

合阳县四区独店村妇女王凤兰，1933 年生，1950 年由父母包办与该区七峰村男子刘坤学（1931 年生）结婚。婚后刘尿床病久治不愈，王又遭家庭虐待，即起离婚之意，1953 年正月十五过后，王正式向乡上提出。乡上调解无效，王于二月初转至向法院起诉。法院干部 3 月 10 日亲自到当地调查，调解无效，由区上发给离婚证，王、刘两人分头回家时，刘赶上王，将王惨杀，刘投井自杀。②

妇女艰难的离婚路上，不仅有如上述丈夫的迫害，更有丈夫家族力量和基层干部的阻挠。葭县妇女米桂英、丹凤县妇女张桂英的离婚之路就是典型的例子。米桂英 11 岁时由父母包办和本县九区三乡断桥村李发祥结婚。婚后两人感情很不好，经常吵嘴打架。1951 年米桂英设法逃到已经移居志丹县的娘家，不久被李发祥找了回来。从此，两人感情更加恶化。米桂英坚决要求离婚，李发祥便经常打她。1952 年 3 月的一天，米桂英乘李发祥给他的兄弟、退伍军人李发兴代种包耕地的机会，跑到村长李生厚家里要求离婚，李发祥得知后赶过来，李生厚对二人均加训斥。过了一会儿，怒气冲天的李发兴也来到村长家，李生厚立马改了态度，任李发兴对米桂英百般辱骂。天晚了，米桂英不敢回李发祥家，李发兴给李发祥出主意，让用绳捆住米桂英，一边拉着走，一边毒打。李发兴还嫌李发祥打得不够狠，给拿来镢头让打，直打得米桂英叫苦连天，苦苦哀求。结果，米的脚腕被打断，腿上四处骨头被打坏，并有五块小骨头露出肉外，昏迷了四五天。后来，此事被群众告到区上，人民法院判处李发祥有期徒刑六年，李发兴有期徒刑五年，李生厚管押教育，并判李发祥与米桂英离婚。③

---

① 陕西葭县民主妇女联合会：《牛生清杀死妻子符翠莲已被逮捕法办》，《群众日报》1952 年 8 月 19 日 2 版。

② 渭南专区贯彻婚姻法运动委员会办公室 1953 年 5 月 13 日给陕西省贯彻婚姻法运动委员会的报告，渭南市档案馆档案，全宗号—目录号—案卷号—存期：1—1—334—永久。

③ 陈新善、刘士亮：《李发祥等毒打妇女被判处徒刑》，《群众日报》1952 年 8 月 17 日 2 版。

陕西丹凤县六区佃户张明仓之女张桂英，被本区宋传哲威胁，1949年7月嫁到宋家，婚后常遭虐待，因此她1950年向区、乡政府提出要和宋离婚，区干部拖延不管，乡农会主席陈开书、村长陈之申不仅不支持张桂英的合理请求，还百般阻挠，在群众大会上斗争她，叫她保证不再提出离婚。这更助长了宋传哲的凶焰，他不许桂英出门，不许她参加任何社会活动。一次，张桂英见宋不在家，去参加了妇女会。宋知道后，用斧子将桂英砍倒，经邻居发现后抢救才得以免去一死，但已成残废。虽然人民法院后来判决张桂英与宋传哲离婚，并分给张桂英一部分财产用于以后的生活，但张桂英被打致残的事实令人痛心不已。①

有的基层干部明目张胆地压制妇女的离婚请求，威胁、打骂、开斗争会，甚至让离婚妇女坦白是不是与他人通奸、让群众给要求离婚的妇女吐唾沫等。安康九区罐沟乡乡长卜有先，妇女找他离婚时他就发脾气，说："都离了婚叫穷人去到南山当和尚？"他说，谁要离婚要先交三石二斗白米，再满足48个条件。因此，没人敢找他离婚。②

如果说一般家庭的妇女离婚不易得到基层干部的支持，那么，地主、富农家庭妇女的离婚要求想要得到基层干部的支持更加困难。其中当然有基层干部出于自保而不愿授人以"阶级观念模糊"、"阶级立场不明"的把柄的因素。旬阳县六区帽顶乡妇女刘鸾凤（1930年生）7岁时被父母包办和该县五区明义乡破产地主刘丙水（1934年生）订婚。1951年3月两人由父母包办结婚，婚后刘鸾凤生产很积极，但夫妻感情一贯不和，从1951年6月到1952年2月打架五六次。每次打架后，刘鸾凤都去请村长刘炳合给写介绍信，想到县上去办离婚手续，但刘炳合一直不理不睬。土改中，她又请求工作员刘显恩帮他写介绍信，不料刘工作员说："地主媳妇还有离婚的资格？"仍不给写介绍信。刘鸾凤虽然碰了一连串钉子，但她离婚的信念没有动摇。1952年4月30日，适逢刘工作员开妇女会，她又央求给她写个介绍信，刘显恩推托说："找刘村长去！"刘鸾凤知道刘村长不会给她开，就再央求刘显恩，刘

---

① 陕西省人民法院商洛分院李晋川：《丹凤县六区乡干部陈开书等，压制妇女离婚已被判处徒刑》，《群众日报》1952年9月3日2版。

② 《安康专区土地改革中的妇女工作总结和土改后农村妇女工作任务》（没有日期，估计为1952年），安康市档案馆档案，全宗号—目录号—案卷号—存期：6—1—4—永久。

斥责说："地主的媳妇子，少麻烦我！"刘鸾凤看到离婚无望，回家上吊自杀了。①

离婚的道路艰难甚至血腥，解除婚约同样不容易。新婚姻法使一些年轻女性试图反抗长辈包办的婚姻，解除婚约，但由于婚约的解除牵涉到财礼的退还、男女双方的面子等，妇女退婚的精神付出是惨重的。1949年，三原县五区鱼池乡马厂村马南房给女儿马瑞玲与本村雷发祥之子订婚，1952年10月，马瑞玲向政府提出解除婚约。因财礼争执，当地政府数次调解无效，即转至法院；法院多次调解亦无效，于是在1953年2月28日判决解除婚约，按马南房家的情况退还不起财礼。雷发祥不服判决，乡长劝说他，他说："政府不讲理，整穷人哩。政策是个锤子，反正不给我财礼不行。"雷发祥从1953年3月11日起住在马南房家不走，要求马南房既然解除儿女婚约就必须退还所有财礼。贯彻婚姻法小组多次调解无效。3月27日，雷发祥吊死在马家的炕边。②

马瑞玲的退婚遭到男方的威逼，甚至是以生命为代价的威逼。婚约解除了，但留给当事人心理上的创伤恐怕不是一时半会儿所能消除的。更多的未婚女性解除婚约，首先会遭到自己家族的极力反对，一是怕退还财礼，二是怕有伤家族的信誉。下面是兴平县的两个例子。其一，兴平县第三区茂陵乡陈竹村赵金广的妹妹赵秀花，见过未婚夫（为家庭所包办）的面后，嫌对方大自己十几岁，要退婚；赵金广因为用赵秀花未婚夫家的麦子过多，不让秀花退婚，对她又打又骂，眼睛都打肿了。③其二，兴平县五区晁庄乡晁东村贫农郝山的女儿郝伶巧（1936年生）12岁时由父母以8老石麦子包办卖给武功县长宁区庄子村农民习江海（1922年生）；学习婚姻法后，伶巧向父亲提出退婚，不但没得到答应，还被她父亲大骂了一顿；伶巧无奈，只好到乡政府去请求退婚，半路上被她父亲强拉了回来；男方知道此事后，便以财礼诱惑，又给伶巧父亲

①　陈星：《刘鸾凤受封建婚姻压迫被迫自杀，希旬阳县人民法院调查处理》，《群众日报》1952年5月30日2版。

②　渭南专区贯彻婚姻法运动委员会办公室1953年5月13日给陕西省贯彻婚姻法运动委员会的报告，渭南市档案馆档案，全宗号—目录号—案卷号—存期：1—1—334—永久。

③　赵侠云：《兴平县第三区人民政府应赶快解决赵秀花王玉芳的婚姻问题》，《群众日报》1952年8月19日2版。

送了七十多万元（旧币）的财礼；由于她父亲怕给男方退财礼，一直不允许伶巧退婚。[①]

可以说，1949—1953 年，在新中国的宣传以及新婚姻法的推动下，一些农村妇女勇敢地迈出了摆脱不满意婚姻的步伐，但人们长期以来形成的婚姻观念却仿佛是一条条锁链，绊着妇女的双脚，使她们每向前迈出一步，总得付出很大的勇气与代价。

当然，从不满意的婚姻中解放出来的妇女对新中国、对共产党充满了感激之情。前述丹凤西苍房妇女何秀英离婚后很高兴，积极地参加土改，并被选为妇女代表、乡妇联委员，她时常对人说："婚姻法救了我，我以后一定要好好工作。"[②] 延安县离婚的一个婆姨说："我们挨打受气多年，现在人民政府就是我们的娘家，能为我们做主。"[③]

更有妇女因逃离了不满意的婚姻而身心"焕然一新"的奇迹。镇安县云盖寺黑窑沟村妇女刘当英，1921 年出生，10 岁时被父兄以几块银元、两匹布卖给柞水县七坪乡半岔河村农民陈家兴（1913 年生），11 岁时被迫结婚；婚后 20 多年刘当英和陈家兴感情一直不好，刘常受陈的虐待和打骂；解放前，刘当英忍无可忍，曾两次逃跑，也两次上吊过，均被救，但婚姻折磨得她精神失常，身体瘦弱，有时胡言乱语，不是求神救命，就是叫"老天爷救命"；解放后，刘当英提出离婚，却遭到村干部的威吓和丈夫变本加厉的虐待，实在想不出法子跳出苦海，刘当英只好消极对抗，1951 年 2 月，她以腰腿痛病装成"瘫子"，连上厕所也要丈夫背着出入，到 1953 年，她丈夫觉得守着个"瘫子"实在没用，同意了刘当英的离婚请求，背着她到区上扯了离婚证；扯了离婚证的第三天，刘当英就下地活动，能走路了。当地群众称："婚姻法治好了三年瘫病的刘当英。"[④]

---

① 兴平县五区团工委张海发:《兴平晁庄乡人民政府不重视处理农村婚姻问题》,《群众日报》1952 年 9 月 13 日 3 版。

② 商洛分区妇联办事处 1952 年 5 月 17 日《土改中妇女工作基本总结》,商洛市档案馆档案,全宗号—目录号—案卷号—存期:17—1—12—永久。

③ 延安专区妇联 1951 年 10 月 9 日《婚姻材料》,陕西省档案馆档案,全宗号—目录号—案卷号—存期:178—2—16—长期。

④ 1953 年柞水通报《婚姻法治好了三年瘫病的刘当英》,商洛市档案馆档案,全宗号—目录号—案卷号—存期:17—2—12—长期。

　　值得注意的是，在这个离婚潮中，大多是真正需要摆脱的不和谐婚姻，但也有一些轻率的离婚行为。1931 年生、现居陕西省洋县龙亭镇高原寺村二组的张秀兰女士至今记得 1953 年的贯彻婚姻法运动中，发生在高原寺村的一件离婚闹剧。她说：

　　　　一个农会主任叫田水清，我们差不多在一块住着哩，离得不远，他爱说凉话（注：指怪话）（得）很，（是个）老农会主任，麻子。他骚轻（注：此处指爱闹着玩），人家贯彻婚姻法哩，他回去跟他女人说风凉话了，他说人家说那话哩，咱俩就去离（婚）去，算说（注：一边说）俩人笑得啥似的。（县上来的贯彻婚姻法的干部）老于不了解情况，他也没有了解别人的情况，（对田水清）说你是干部哩，你说离就离，给俩人离了。离了后，老于说这下子离了嘛，你们俩人同居可就是违法的，给俩人办了个招呼。俩人在家里哭得啥似地，连日子也过不成了。他们两人本来当要哩，离了俩人才在屋里哭哩。哭了有半个月，连啥都干不成了，也过不成日子了，俩人就在屋里哭哩……法院老于说，我就是来贯彻婚姻法的，你要来离我就给你离么，不然我就成违法的了。①

　　贯彻婚姻法的干部为了避免被认为不贯彻新婚姻法的精神，未做详细调查就给一对开玩笑的夫妻离了婚。当这对夫妻面对生效的离婚证书时，只能以泪洗面，最终的复婚之路一定充满了尴尬。
　　另一件发生在商县黑龙口的婚姻离合，也给我们观察 20 世纪 50 年代初的离婚潮提供了一个有趣的视角。据 1931 年出生、1931—1957 年生活在陕西商县黑龙口的妇女张氏讲：1953 年，黑龙口离婚的人较以往明显增多。有些人本来婚姻生活不错，但看到别人离婚，就不安心了，想着自己离婚后或许能找个更好的对象，便向丈夫提出离婚。有的妇女离婚后找到了称心的对象；有的则找来找去总不如意，自然怀念起前夫的种种好处，有了复婚的念头。如果前夫尚未再婚，复婚则可；如果前夫已婚，妇女则徒然留下遗憾与悔恨。有一个小名叫"毛蛋"的

---

① 熊乐 2010 年 8 月对陕西省洋县龙亭镇高原寺村张秀兰的采访记录。

年轻女性，在对婚姻有更高期望的心理支配下与原本相处不错的丈夫离婚后，相了几次亲都不满意，冷静地想想还是原来的丈夫好，于是想复婚。可是，前夫已经和别人谈婚论嫁了，怎么办？勇敢的"毛蛋"不愿放弃与前夫复婚的机会！就在前夫再娶的那一天，宾客将至，前往迎娶新娘的花轿也已经启程，"毛蛋"穿一身干净衣服跑到前夫家，坐到为新人准备的大炕上。前夫家的人一看，"毛蛋"回来了，赶紧通知去迎接新娘的轿子迅速撤回。[①]"毛蛋"的婚姻先离而后合，终以喜剧收场，但能如"毛蛋"这样走错一步之后勇敢地拉下"面子"挽救婚姻的女性毕竟不多见。

无论是农会主任夫妻的婚姻闹剧，还是"毛蛋"婚姻的先离后合，都有助于我们看到建国初期陕西农村史无前例的离婚潮的多重面相。

（三）民主与平等渗入婚姻关系

经过对新婚姻法的宣传与贯彻，民主、平等的因素渐渐渗入婚姻关系中。

首先，买卖婚姻由明转暗，财礼有所减少。民国时期，陕西一些农村把给姑娘找婆家叫"寻主儿"、"卖女子"。"主儿"和"卖"字，赤裸裸地表明了妇女在婚姻中的附属关系和金钱关系。既然是"卖"给"主儿"，就有卖价，即民间所谓"礼"、"财礼"或"婚礼"。礼钱高低，各地有所不同：有的按姑娘的年龄，"一岁一石粮"，或是小米，或是麦子；有的按份数要礼，一份礼为240万元（旧币），姑娘越漂亮、越能干，礼的份数越大，男子越有本事、家境越好，礼的份数一般越小；有的以牛、羊等为财礼。新婚姻法颁布后，尤其是1953年春季的婚姻法运动月后，男女议婚的财礼不再明目张胆地讨价还价，开始由明转暗，由多减少。在延安地区，有的假借帮助、借贷等方式谈论财礼，有的避开介绍人，男女双方家长当面谈财礼，有的地方（如延安四区一乡）双方家长把手藏在袖子里以捏指头的方式暗中议礼钱；财礼的数目也由根据女子年龄"一岁一石麦"降到总共给女方七八石到十石麦子左右，还有不少地方以少量的

---

① 李巧宁2012年5月对现居陕西省眉县金渠乡金渠村张氏的采访记录。

小米、白洋、布匹、耕牛作为财礼。①

　　也有的地方，表面上不再讲财礼，但女方索要各种各样的东西，实际上男方的负担有增无减。如，渭南地区，女方娘家理直气壮地向男方要戒指、雨鞋、手电、皮袄、皮箱、绸缎被子、衣料等东西，认为"女儿长那么大，难道还不值那点吗"？面对这种情况，大部分群众说：男婚女嫁"不买卖是假的，（女方）要那么些东西还不值四五石麦子吗？"②

　　其次，自由婚姻如早春的小草破土而出。这与政府的大力宣传不无关系。且看 1953 年刊登在《群众日报》1 月 29 日 2 版上李海舟作的歌谣《模范婚姻》对自由婚姻的宣传：

　　　　扁豆角，开红花//桂姐儿，去年正十八//鼻子高，眼睛大//红脸蛋儿黑头发//能织布，会纺纱//针线茶饭都不差//做庄稼，劲儿大//劳动模范人人夸//参加小组搞生产//常提意见订计划//西村媒婆王大妈//常给说媒找婆家//桂花姐，不理她//给媒婆，说了话//婚姻不能由爹妈//政府颁布婚姻法//如今婚姻自当家

　　　　马兰草，开蓝花//桂姐夜夜学文化//会拼音，会搬家//学会速成识字法//桂花姐，找婆家//自己主意自己拿//别人再好她不爱//爱上劳模王三娃//王三娃，也爱她//两人说了知心话//桂姐心思告爹妈//爹妈都说由你吧//不要嫁妆不要啥//封建一套连根拔//两人区府去登记//结婚证儿手中拿

　　　　小喜鹊，叫喳喳//桂花三娃结婚啦//不坐轿，不骑马//不搽粉，不戴花//村政府里开个会//亲戚朋友都参加//毛主席像墙上挂//群众拍手笑哈哈//新郎新妇并肩站//各戴一朵大红花//刘村长，讲了话//男也夸，女也夸//结婚先拜毛主席//恭恭敬敬行礼啦//小

　　① 延安专区妇联 1951 年 11 月 5 日《延安专区婚姻法执行情况检查报告》，陕西省档案馆档案，全宗号—目录号—案卷号—存期：178—2—16—长期；中共延安地委办公室 1953 年《延安分区三年来执行婚姻法情况总结》，延安市档案馆档案，全宗号—目录号—案卷号—存期：（1—1）—1—16—永久。
　　② 陕西省民主妇女联合会驻渭南专区办事处 1952 年 8 月 28 日《关于婚姻法执行的基本情况与目前存在问题》，陕西省档案馆档案，全宗号—目录号—案卷号—存期：178—2—25—长期。

两口儿手拉紧//脸上有些羞答答//新事新办多热闹//新式结婚好办法

　　石榴树，结疙瘩//桂姐到了婆婆家//见了婆婆叫妈妈//婆婆亲热叫好娃//桂姐结婚第二天//参加小组下地啦//到地里，把锄拿//只听锄头响嚓嚓//桂姐三娃来挑战//比比赛赛争上下//两口生产真带劲//晚上抽空学文化//日子过得甜蜜蜜//一家和气笑哈哈//婆婆很是爱媳妇//媳妇说话就叫妈//桂花去年结了婚//今年生个胖娃娃//这对夫妻真不差

　　在政府倡导与支持下，有少数青年男女像桂花与三娃那样在你情我愿的基础上自由结婚，幸福生活，积极生产。据渭南县民主妇女联合会统计，从1951年12月到1952年2月，渭南县登记结婚的240多对夫妇中，其中48对是完全自由结婚的，如四区一乡北董村妇联委员董玉梅和张海村民兵邓天民在土改中常一起开会、一起工作，由认识、了解到恋爱，自由结婚时啥都没买，就简简单单地结婚了，婚后日子过得很和气。[①]

　　完全自由恋爱的婚姻在各地所占比例虽不高，但作为新事物，它们的示范效应是不可忽视的。延安县四区四乡李登荣之妹从小童养给白凤得，14岁结婚，夫妇感情一贯不合，经常吵闹，两人都无心生产，1951年离婚后，李登荣之妹与罗家沟康厚山自由恋爱结了婚，两人感情很好，积极劳动生产，成为罗家沟的模范家庭之一，受到年轻夫妻的羡慕。[②] 西安市郊西辛庄姑娘胡惠琴，是父母的好帮手，地里、家里的活基本都能干，参加了业余学校的学习后，进步很快，1951年，17岁的惠琴经人介绍，认识了中堡子20岁的健壮青年石献亭，两人经过了解，你情我愿。1952年3月结婚时，惠琴坚决不要父母陪嫁妆，只缝了几身随身衣服，也没请亲戚坐席。献亭也只缝了一身蓝色制服。结婚那天，中堡子村团支部、妇女代表和业余学校的同学组织了秧歌队，陪

---

　　① 渭南县民主妇女联合会：《陕西渭南县宣传贯彻婚姻法后，广大青年男女获得了婚姻自由》，《群众日报》1952年5月20日2版。

　　② 陕西省婚姻问题宣传调查组1952年8月29日《延安专署延安县四区四乡六个村子婚姻调查材料》，陕西省档案馆档案，全宗号—目录号—案卷号—存期：178—2—25—长期。

献亭去接新娘。西辛庄也组织了秧歌队欢迎新郎。当秧歌队陪着新郎新娘经过沿途的村庄时，群众一街两行称赞："谁说咱庄稼汉恋不成爱？只要你劳动好、学习好，就能找下好媳妇。"婚后，二人不仅订了学习计划，还订了生产计划，一同学习，一同下地。惠琴对公婆也非常孝敬，喜得老两口合不拢嘴。①

大多数婚姻，议婚虽依然主要由双方父母和媒人进行，但有些比较开明的父母开始让当事人双方见面、谈话或照相。当然，由于长期以来形成的观念，多数人认为结婚之前男女双方在一起说话显得女方不够"正派"、"严肃"，所以见面只是打个照面，扫视一下对方的长相而已；谈话，仅是简单的问候；一起照相，充其量一前一后走进照相馆，在工作人员的指挥下照一张生硬的合影。

再次，寡妇再婚的自由有所增强。民国时期，陕西农村对寡妇再嫁有许多限制：有的寡妇自己有"一女不嫁二夫"的思想，以再嫁为耻；有的由户族"卖寡妇"，即由已故丈夫的户族以高价将寡妇卖给他人为妻；有的地方，寡妇再嫁要向已故丈夫的户族交"出境钱"和"出户钱"。如商县有的地方，直到1950年还要收"寡妇再嫁税"②。新婚姻法颁布后，买卖寡妇和收取"寡妇再嫁税"的行为有所收敛，一些年轻寡妇也打消了改嫁羞耻的顾虑。长安县王曲区黄浦村刘芝秀的改嫁是一个典型的例子。1950年，23岁的刘芝秀结婚已5年，丈夫因崖塌而死，她成了寡妇，婆家找媒人想卖掉她，她不愿意被卖，想离开婆家住到娘家，可是娘家家贫，长住不像话。她想到了和自己一起长大的同村男子——27岁、还未娶妻的蒋满福，托人一问，满福很高兴。但芝秀婆家要满福给四石八斗麦子才行，满福只有五亩半地，给不起，芝秀就让别人担保夏收后还清给婆家的麦子。1950年五月初五，没有花轿、没有请客，芝秀就和满福结婚了。婚后，她和满福一起下地、一起碾场，两人有尊有让，很是和气。前夫家的婆婆看芝秀过得还不错，也不再逼满福给足四石八斗麦子了，芝秀也像从前一样待前夫家的公婆。③

---

① 李森：《石献亭和胡惠琴自由结了婚》，《群众日报》1952年11月13日3版。

② 1950年8月24日陕西省妇联筹委会商洛分区妇联办事处答陕西省妇联筹委会的一封信，陕西省档案馆档案，全宗号—目录号—案卷号—存期：178—2—5—长期。

③ 迟竹森：《寡妇改嫁自由了》，《群众日报》1950年6月25日5版。

刘芝秀的改嫁在当地传为美谈。在新政府的宣传下，各地不乏刘芝秀这样的例子。比如，在富平县，分别守了3年、7年、19年寡的赵玉娥、杨秀英、张玉兰，在婚姻法保障下都自由结婚了。[①]

最后，公婆、丈夫的公然打骂有所收敛。新婚姻法颁布后，妇女有了"离婚"这一武器，对丈夫和公婆的打骂虐待行为是很有力的威慑。如，安康一些老太婆和男人指着媳妇说："咱现在不敢说人家，一说人家就要离婚。"因此，他们也开始把媳妇当人看待了，家中有啥事也和媳妇商量了。[②]《群众日报》1953年1月24日第3版迟竹森的文章《尊婆爱媳的好家庭——访长安窑家滩村的模范婆婆阎惠》所报道的长安县五星区窑家滩村53岁的妇女阎惠就因为从不任意责骂媳妇，场里、屋里总是帮助媳妇，一家人和和气气过日子，引来了邻居们的羡慕，成为当地新的婆媳关系的模范。

这种新气象极大地改善了年轻妇女的生存处境。正如1935年出生、1950年嫁到陕西礼泉县石潭镇杨铁村的田女士晚年谈起新中国成立前后的婚姻时所说："在旧社会，打死的、糟蹋的媳妇多（得）很！解放后，打媳妇的现象没那么严重了，但刚解放的时候还是那样的。以前人常说：'打死骨头，卖死肉'，女子嫁人了就是别人的人了，别人想咋样就咋样。再一个，解放后，女人说话的时候有点地位了，（解放）以前，人都看不起女人，如果来客人了，婆婆说什么就是什么。"[③]

四　1954—1958年：平等互助新风尚

1953年，中共中央提出，从新中国成立到社会主义改造基本完成这个过渡时期的总路线和总任务，是要逐步实现社会主义工业化，并实现对农业、手工业和资本主义工商业的社会主义改造。陕西农村的互助合作运动从1954年3月陕西省第二次农业生产互助合作会议之后开始

---

① 富平县民主妇女联合会1952年4月2日《富平县妇联宣传工作简报》，咸阳市档案馆档案，全宗号—案卷号—存期：019—15—长期。

② 安康分区妇联办事处1950年9月25日《婚姻问题补充材料》，陕西省档案馆档案，全宗号—目录号—案卷号—存期：178—2—5—长期。

③ 杨妙化2010年8月对陕西省礼泉县石潭镇杨铁村田清珍的采访记录。

全面部署，在 1954 年 11 月 15 日至 12 月 5 日的陕西省第三次农业生产互助合作会议之后掀起高潮。但是，由于工作粗糙、办法简单生硬，1955 年春，农民闹退社、生产自流、乱砍树木、宰杀牲口，农业生产受到很大影响，农村人心惶惶，不满情绪严重。陕西省委及时调整，对初级农业合作社实行"控制发展、着重巩固"的方针，缓和了紧张局面。不料，1955 年 7 月 31 日，毛泽东在全国省、市、自治区党委书记会议上作了《关于农业合作化问题》的报告，批评了农业合作化运动中"小脚女人走路"的右倾保守思想。在反右倾的思想指导下，陕西再次掀起了农业合作化的高潮，重新训练建社干部和骨干分子 20 余万人，许多地方不管条件是否成熟，群众是否自愿，纷纷联组建社。到 1955 年年底，陕西省农业生产合作社已发展到 6.1 万个，入社农户占总农户的 60% 以上。

从 1956 年 1 月起，陕西省又普遍试办高级农业生产合作社。经过冬季的扩社、并社、升级工作，到 1956 年底，全省参加高级农业生产合作社的农户占总农户的 87.4%。

1957 年冬到 1958 年春，全省范围内掀起了以兴修水利和积肥为中心的生产高潮，农村出现了"大跃进"的势头。

1958 年 9 月，陕西省开始建立农村人民公社，在一个多月时间内，全省 99.2% 的农户加入了人民公社，实现了公社化。在人民公社"一大二公"的思想支配下，什么都"大办"、"大干"，表面上热火朝天，实际上造成"人困、马乏、地瘦"的严重状况。

1954—1958 年间，在生产组织和生产方式不断发生剧烈变化的大背景下，陕西农村的婚姻状况也有许多新的变化。

（一）夫妻平等

1953 年的全面宣传贯彻婚姻法运动，对陕西农村的婚姻观念有较大推动，婚姻家庭关系中的民主、自由因素渐渐增加。加之，由于妇女参加了互助组、农业社和人民公社的集体劳动，可以挣工分贴补家用，在家庭中的经济地位提高，夫妻关系趋向平等、互助。

议婚过程中，女性有了有限的自主权。以陇县晁家坡乡与耀县寺沟乡为例。这两个乡 1956 年 3 月至 1957 年 3 月登记结婚的 238 对青年，均能在父母、亲友介绍与同意下见面、谈话，逢节、遇事互相来往，个别姑娘可做三四次挑选，或对父母在自己幼年时包办的亲事，提出反对意见。①

在婚后的家庭生活中，和男子一样挣工分使女性的价值显性化，男性对女性的态度、看法发生变化。《陕西农民》1955年《有这么一对夫妻》② 所报道的华阴县一对夫妻的事例颇有代表性：华阴县丁家窑村有一对1951年结婚的年轻夫妻，男的杨九娃，女的李淑云，最初，媳妇在杨九娃跟前根本说不起话，杨九娃总说一年365天是他把媳妇当猪当狗一样养活着，媳妇饭一做迟，他就打，小两口成天摔碟子拌碗。可是，自从1953年冬天入了农业社后，勤劳的淑云除了做饭奶娃，跟着村里的一伙伙妇女摘棉花、割麦子，一年做了41个劳动日。一天，淑云故意问杨九娃，你看这41个劳动日能折合多少钱？杨说：五、六十万元（旧币）吧。淑云问他这些钱够不够她自己一年的吃喝？杨很不好意思。淑云理直气壮地说："你常骂我不如狗不如猪的。我问你：吃的我挣着，娃娃我管着，衣服我纳着，屋里活我做着，到底谁养活谁？"从此，杨再不打骂媳妇了，夫妻俩关系越来越好。村里人都说，是农业社把淑云的腰杆撑硬了。应该说，农业合作化以后，像李淑云这样的家庭逐渐增多。陕西省妇联1957年对陇县晁家坡乡第三社、第四社的调查印证了这一点。这两个社共有379户，其中有48户男女共同管理家事，平等处理家庭经济，其余的虽主要是男人管家事，但女方的衣服用品及少量零花钱家里会供给。③

家庭中男女关系的平等互助还体现在一些男子开始参与家务，减轻妇女的家务负担。以前，虽然在陕西很多农村，女性有参加农业生产的习惯，有"糜黄谷黄，绣女下床"的说法，即农忙时节连大姑娘都参加收割，但是，人们一直把做饭、洗涮、洒扫、看管孩子、喂养家禽家

---

① 陕西省民主妇女联合会1957年5月6日《陇县、耀县婚姻与家庭问题的宣传情况与转入经常化的意见》[总号（57）040，意见字006号]，陕西省档案馆档案，全宗号—目录号—案卷号—存期：178—1—171—永久。

② 山川、德兴：《有这么一对夫妻》，《陕西农民》1955年1月1日2版。

③ 陕西省民主妇女联合会1957年5月6日《陇县、耀县婚姻与家庭问题的宣传情况与转入经常化的意见》[总号（57）040，意见字006号]，陕西省档案馆档案，全宗号—目录号—案卷号—存期：178—1—171—永久。

畜、做针线活等家务当作女性的责任，男子很少参与。1953 年以后，随着女性参加农业生产的增多，以及夫妻观念的变化，一些男性开始参与家务的料理。比如，1956 年，长安县龙口村青年夫妻程生安和李翠英有两个孩子，以前没入社的时候，有时生安下地了，翠英忙孩子，还要经管牲口，到做饭的时候，两个孩子你哭他喊，生安从地里回来看见翠英饭没做熟，就把眼一瞪："你就是能吃！"两口子为此没少吵闹。自从入了社，翠英把孩子放进托儿所，下地挣工分了，因为能劳动，她说话也理直气壮，生安再也不要态度了，从地里回来，生安也知道帮翠英做饭干家务，翠英让他歇着，他说："都一样干活，谁不乏？"两口子小日子过得和和气气。①

夫妻平等，家庭和睦，妇女体验到了在家庭中受到尊重的喜悦，生产劲头更足，生活信心高涨。群众用快板和歌曲描述这种喜悦心情："毛主席的婚姻法顶呱呱，劳动人民接女人一文钱都不花，自由恋爱团结和睦一大家，生产劲头真是大……""天上的云彩，云套云，咱们妇女翻了身，不用金钱自由婚，各人爱上心上人。"② 难怪 1956 年，西安市草滩区沟上村农业社的生产队长王玉琴很自豪地说，她之所以能带领 47 个妇女一天完成三天的修河堤任务，被评为"修堤模范"，而且半年间与丈夫挣了 2400 多工分，夏收中分到 1700 多斤麦子，就是因为她得到了丈夫的家务支持：她家八口人，老的老，小的小，家务负担很重，她当了生产队长后，丈夫很支持她，她忙的时候，丈夫总是帮她把家务料理好。③

然而，一些观念守旧的人却看不惯这种夫妻互助的新风尚，他们嘲笑积极帮助妻子看管孩子、打水、拉风匣的男性是"婆娘孝子"④。同时，有的男农民囿于传统的男尊女卑思想，讽刺男女平起平坐的现状，说："毛主席领导好，农民吃的是菜草，蒋介石是坏蛋，农民吃的是米

---

① 王英侠：《龙口村夏收预分方案公布了，人人眉开眼笑，家家喜气洋洋》，《陕西农民》1956 年 6 月 7 日 1 版。

② 略阳县妇联会 1957 年 7 月 2 日《略阳县妇女工作调查报告》，陕西省档案馆档案，全宗号—目录号—案卷号—存期：178—2—127—长期。

③ 西安市草滩区沟上村农业社王玉琴口述、黄玉敏记录：《我忙，丈夫帮助我》，《陕西农民》1956 年 10 月 27 日 3 版。

④ 康庸：《由"婆娘孝子"想到的》，《陕西农民》1956 年 12 月 17 日 1 版。

面，毛主席实行婚姻法，男人把女人都叫妈。"①

妇女家庭地位的提高有利于家庭的民主、和谐，但是，有个别妇女对婚姻不严肃，在家庭生活中过于自我，一有矛盾或婚姻稍不如意就提出离婚。如，黄陵县太贤乡北村杨金仓和张令香结婚不到两个月就离婚，杨金仓的妹子杨银玉一年多的时间就离了三次婚。② 对这种情况，群众很不满。有的说："妇女自由了，爱穿好的，游逛，怕做活，公婆、丈夫不敢说，夫妇吵个嘴就提出要离婚，政府就批准。"③ 也有的说："娶下个媳妇请下个神丁，待不好就离婚。"④

(二) 婆媳互助与摩擦

在夫妻关系趋向平等的同时，婆媳之间的尊卑关系有所松动。

随着合作化的推进，青壮年妇女成了家里挣工分的重要劳力，她们在家庭中的经济地位日益提高，有了更多的话语权，不再事事听命于公婆；同时，由于参加农业生产劳动，媳妇不仅不可能过多地侍候公婆，而且把一部分原本由她们承担的家务如做饭、照管年幼的孩子等，留给公婆，婆媳之间原有的尊卑关系开始转向互助、帮扶关系。如，高陵县张卜乡陈阳村农业社女社员高妙云 1950 年和婆婆分家另过，1955 年婆媳都入了农业社。婆婆年纪大了到社里参加劳动很吃力，又怕不参加劳动挣不到工分分不下粮食；媳妇想下地劳动挣工分，却被三个年幼的孩子缠着下不成地。于是，高妙云的丈夫耐心地给母亲和媳妇做工作，大家住到一块，母亲管家务，媳妇搞生产，一家人和和睦睦，工分也挣得多，媳妇还被评为社会主义建设积极分子。⑤《陕西农民》1956 年 8 月 4 日 3 版潘振扬的一幅剪纸很形象地展示了这种和谐的新婆媳关系。

---

① 中共商洛地委宣传部 1957 年 8 月 8 日《关于当前干部、群众思想动态和三类分子活动情况的简报》，商洛市档案馆档案，全宗号—目录号—案卷号—存期：6—2—26—长期。

② 黄陵县婚姻法宣传贯彻委员会 1957 年 3 月 13 日《关于太贤乡婚姻法执行情况调查报告》，陕西省档案馆档案，全宗号—目录号—案卷号—存期：178—2—146—长期。

③ 中共陕西省委办公厅 1955 年 2 月 24 日《省级机关干部春节返家关于农村情况反映之三》，榆林市档案馆档案，全宗号—案卷号—存期：(1—1) —138—长期。

④ 黄陵县婚姻法宣传贯彻委员会 1957 年 3 月 13 日《关于太贤乡婚姻法执行情况调查报告》，陕西省档案馆档案，全宗号—目录号—案卷号—存期：178—2—146—长期。

⑤ 李成生：《分家的媳妇和好了》，《陕西农民》1956 年 9 月 21 日 3 版。

來吧！叫你媽媽下地去。（剪紙）
潘振揚作

　　当然，有些老年人的思想不能与时俱进，她们看不惯妇女出去和男人在一起开会、劳动，尤其看不惯自己的儿媳妇和别的男人在一起说说笑笑，对媳妇不给公婆奉菜端饭也不时地埋怨甚至指责，引起婆媳之间的口角之争与不团结。①

　　也有些媳妇，在知道新婚姻法反对婆婆压迫媳妇之后，出于对婆婆以往没有善待儿媳的行为的报复，动不动就对婆婆冷眼相待，甚至出口相骂。如洋县石槽河村妇女杜转英旧社会受过婆婆的气，解放后她想解以前受的闷气，经常虐待婆婆。婆婆在家待不住，就出去给人做零活度日。1956 年她婆婆在外面实在干不动了，硬着头皮回家，杜转英让住牛圈，不给吃不给喝，还经常打骂。洋县人民法院为遏制这种不尊敬老

---

　　① 洛川县民主妇女联合会 1957 年 1 月 20 日《关于妇女参加农业生产摸底工作与秦关乡的结合工作调查报告》，陕西省档案馆档案，全宗号—目录号—案卷号—存期：178—2—127—长期。

人的做法，给杜转英判了六个月劳役。①

同时，进入高级社以后，凭工分分粮食，一些媳妇无视婆婆在家里承担刷锅洗碗、打扫卫生、看孩子等劳动，只看到婆婆不能挣工分，便认为婆婆是"吃闲饭"，嫌弃婆婆，甚至不愿养活，有的要分家，有的不给吃、穿，有的和婆婆经常吵嘴。据白河县妇联1957年对该县500对青年夫妻的调查，有46人不养活老人或虐待老人，还理直气壮地认为既然是按劳取酬，老人没劳力就该让农业社"五保"。白河县忠义社段家彦夫妇对父母不好好赡养，吃穿很马虎，1956年冬天还因一些家务事把父亲打了一顿，1957年正月间母亲有病，他们夫妇既不找医生治疗，又不照管，干部对其批评，他根本就不接受。② 这种情况在其他县有老人的家庭也较多见。如，甘泉县高哨乡三郎洞村有个媳妇就因此把婆婆赶在门外，不养活婆婆，婆婆没办法，只好到女儿家去住。③ 黄陵县太贤乡58户家庭不和的，其中有22户属于此类。比如，该乡北村杨全喜合作化后和60多岁的老父亲分了家；秦家川李玉堂有三个儿子却无人养老。④

有的对老人不仅嫌弃，甚至采取残酷的手段进行虐待，造成严重后果。洋县刘翠彦就是一个典型的例子。刘翠彦是洋县贯溪乡太白农业社人，因为不满意67岁的婆婆"吃闲饭"，经常借故辱骂、虐待，婆婆心气不展，不久就失明了。1957年8月初的一天，刘不给婆婆吃饭，老太太饿得受不住，自己瞎摸着去做，刘看见后，夺过饭倒给猪吃，把老太太关在门外。老太太受不了这种辱骂和虐待，自杀了。⑤

一方面，这种较普遍的嫌弃、虐待老人的行为，使老年人尤其是完全丧失劳动力的老人感到悲观，认为社会主义社会还不如初级社，对他们没有优越性，他们说："新社会是年轻人的世事，我们老了没有用

① 姚士廉、宋蔚林:《杜转英虐待婆婆受法办》,《陕西农民》1957年4月21日6版。
② 白河县妇联1957年6月20日《继续宣传贯彻婚姻法的报告》,陕西省档案馆档案,全宗号—目录号—案卷号—存期:178—2—146—长期。
③ 甘泉县民主妇联1957年1月22日《关于高哨乡妇女工作调查情况》,陕西省档案馆档案,全宗号—目录号—案卷号—存期:178—2—127—长期。
④ 黄陵县婚姻法宣传贯彻委员会1957年3月13日《关于太贤乡婚姻法执行情况调查报告》,陕西省档案馆档案,全宗号—目录号—案卷号—存期:178—2—146—长期。
⑤ 史朝珍、巨延文:《虐待婆婆坐监牢》,《陕西农民》1957年10月17日6版。

了"。他们想把自己入社的土地拿出来养老。[1] 另一方面，这种现象不利于家庭的和睦，不仅对媳妇的身心和生产劳动毫无益处，而且影响夫妻关系：丈夫夹在不和睦的婆媳之间，犹如风箱里的老鼠——两头受气，夫妻关系怎么可能和谐无间？媳妇对婆婆吹胡子瞪眼，心情谈不上愉快，在家务上也得不到婆婆的帮助，里里外外一身忙。

可喜的是，有些婆媳在基层干部和邻里的劝说下能尽释前嫌，友好相处，互帮互助。渭南妇女顾淑贤结婚十几年和婆婆不和气，婆婆常年住在女儿家，后来在当地妇联干部的不断协调下，婆媳和好，婆婆回家来住，顾淑贤下地劳动时婆婆不仅帮她看娃，还在家洗衣服、做饭，顾淑贤也对婆婆笑脸相迎。顾淑贤感叹说：我结婚十几年没见过婆婆给我添过一把柴，现在真好！婆婆也说：我十几年没见过媳妇给过我一个好脸，现在好了。[2]

(三) 择偶观念：嫁"外头人"

古人说：天下熙熙，皆为利来，天下攘攘，皆为利往。古往今来，女性择偶也不例外，他们大多想嫁个能让自己婚后生活得相对惬意、轻松的男子。从1954年开始，陕西的农业合作化运动迅速展开，一系列农田水利基础建设工作也伴随进行，劳动力需求上升，妇女被动员起来走出家门参加农业生产和各种基础建设工作。尤其是1956年实行高级社以后，一直到人民公社，入社土地不再是分红的依据，分红完全靠劳动；由于劳动分值低，仅靠男子的工分难以养家糊口，因此妇女不得不成年累月下地劳动。再加上普遍地多子女和各种烦琐的家务，妇女的负担相当沉重。女性普遍感觉到农村留粮标准低，农民苦重，却吃不饱，而城镇人苦轻，工资高，吃得多，吃得好。

农村生活的艰苦，使女性在择偶上首选"外头人"，即不在农村的，比如脱产干部、工人、教员等。实在找不到"外头人"，就找农村

① 陕西省妇联安康专区分会1957年3月30日《关于开展宣传以婚姻为主的社会主义道德品质教育情况》，陕西省档案馆档案，全宗号—目录号—案卷号—存期：178—2—146—长期。

② 陕西省妇联渭南专区分会1954年11月21日《十一月间召开农业社女副主任座谈会纪录本》，渭南市档案馆档案，全宗号—案卷号—存期：20—10—长期。

里弟兄少，劳动力强，经济条件好的。正如当时农村里流行的顺口溜所说:"嫁给农村做的扎，吃的瞎，浑身上下泥巴巴";"嫁到乡里，跌进脏水缸里;嫁到城里，坐到莲花盆里";"一嫁工，二嫁干，三嫁教员，死不嫁庄稼汉";"一灰（指干部）二蓝（指工人）三黑（指学生）最后脊背黑（指农民）";"要穿一身新，找个转业军，要穿一身蓝，找个工作员"。①

　　找个经济条件好的对象原本无可厚非，可是有些女性择偶时过于看重经济条件，说什么"嫁汉嫁汉，穿衣吃饭"，认为找对象就是为了吃好穿好，只要对方经济条件好，别的条件差一些无所谓。有的说，两口子就是米面夫妻，所以男方家里粮食欠缺就坚决不找。比如，汉阴县双溪乡杨泥水匠的女子，看谁有吃有喝就和谁结婚，没吃没穿又提出离婚，八个多月的时间就结婚七次。② 蒲城八区妇女胡凤凤，1954 年 22岁，和丈夫本来很好，解放后上了几天民校，就提出与丈夫离婚，嫁了一个教员，又怕侍候教员的母亲而离婚，再与一个工人结婚，婚后嫌要劳动，又离了，在群众中影响极坏。③ 难怪有人讽刺一些女性是:"洋袜子一蹬，松紧带一绷，就跟他结婚。""洋袜子"指尼龙袜子。"松紧带"是指有松紧带的鞋子。在物质匮乏的 20 世纪 50 年代，洋袜子和有松紧带的鞋子都是比较上档次的衣饰，农村比较少见。

　　这种现象引起一部分男农民和老年妇女的不满与担忧。延安县延河社某老年妇女说:"大女子尽想找个干部，到城里享福，农民没钱人家不跟，儿子二十六、七还娶不上媳妇……"④ 淳化县群众说:"家穷、

---

　　① 路边草:《恋爱态度要端正》，《陕西农民》1956 年 11 月 27 日 1 版;陕西省妇联汉中专区分会 1955 年 10 月 17 日《关于贯彻婚姻法方面的几个问题》，陕西省档案馆档案，全宗号—目录号—案卷号—存期:178—2—64—长期;陕西省妇联安康专区分会 1957 年 3 月 30 日《关于开展宣传以婚姻为主的社会主义道德品质教育情况》，陕西省档案馆档案，全宗号—目录号—案卷号—存期:178—2—146—长期。

　　② 陕西省安康地区中级人民法院《陕西省安康地区中级人民法院 1956 年审理民事案件情况报告》[（57）院办字第 145 号]，陕西省档案馆档案，全宗号—目录号—案卷号—存期:178—2—110—长期。

　　③ 陕西省民主妇联会 1954 年 8 月 17 日《婚姻问题调查意见》，陕西省档案馆档案，全宗号—目录号—案卷号—存期:178—1—130—永久。

　　④ 延安专区妇联 1957 年 12 月 3 日《延安县延河社社会主义大辩论中妇女工作总结》，陕西省档案馆档案，全宗号—目录号—案卷号—存期:178—2—134—长期。

面丑、不捉公事,一辈子没有娶婆姨的事。"① 安康地区有人说怪话:
"毛主席,眼睛亮,领导妇女找对象,瞎子瘸子看不上,四个口袋
(注:指干部。)有保障。"②

　　《陕西农民》报也刊文对这种现象进行批评,以引导女性树立"爱
劳动、轻物质"的择偶观。《陕西农民》1956 年 2 月 7 日 3 版就有两篇
这样的文章。其中一篇署名咸阳县西石村农民"勤治"的文章《一枝
没人爱的"鲜花"》,讲一个叫桂英的姑娘,18 岁,"身材端正脸蛋儿
白,浓眉大眼黑黝黝的头发",爱打扮。媒人纷纷给她介绍对象,可是
不爱劳动不爱学文化的桂英说农民是"泥腿巴巴"不愿嫁,工人一天
到头太辛苦也不愿嫁,就想嫁个大干部,以享荣华富贵。结果,再没人
给她介绍对象,大家嫌她不爱劳动思想不佳。另一篇署名华山"小李"
的文章《爱的啥》,讲 1955 年 10 月 8 日华阴县华山区公所来了个年轻
姑娘找区长,要解除 1953 年订的婚约。她说,订婚时,男方给她扯了
13 身衣服,又给了她家 100 万元(旧币);最近她和他去扯布准备结
婚,但她发现:一、一路上,他给她说的净是做庄稼的话,土里土气;
二、他家是贫农,庄基房是个半截;三、他衣服穿得不新、不体面。作
者评论说,这个女青年挑爱人,是看钱,不是看人,她看不起劳动人民
的思想,尤其要不得;她应该知道:只要好好劳动,一定能吃得好穿得
好。文章最后提醒择偶的女性:"挑选爱人,要挑爱劳动的人。"另有
一幅漫画《见景生情》③ 以更直观的方式讽刺了女性"图享受、慕虚
荣"的择偶观。

　　与"图享受"的择偶观念并行,也有的农村女性看重两个人在共同
劳动中建立的情感。如潼关县先锋农业社的青年女子苏艾芳和比自己大
三岁、从小一起长大的同村青年刘中娃生产积极,互相帮助、共同学
习,在劳动中建立了深厚的感情,是当地一对令人羡慕的未婚夫妻。④

---

　　① 中共陕西省委办公厅 1955 年 2 月 24 日《省级机关干部春节返家关于农村情况反映之
三》,榆林市档案馆档案,全宗号—案卷号—存期:(1—1)—138—长期。
　　② 陕西省妇联安康专区分会 1955 年 9 月 14 日《安康专区宣传贯彻婚姻法运动月后的简
单情况报告》,陕西省档案馆档案,全宗号—目录号—案卷号—存期:178—2—64—长期。
　　③ 加贝:《见景生情》,《陕西农民》1956 年 10 月 21 日 3 版。
　　④ 李静、刘志农:《一对好鸳鸯》,《陕西农民》1956 年 7 月 17 日 2 版。

漫画:见景生情(1956 年)

长安县万村女青年陈芝兰被同村青年陈尚斌夏收中冒雨抢收麦子的精神所感动,对他产生了浓浓的爱意,此后两人经常在劳动中互相切磋。1957 年正月初六,两人结婚时,农业社的主任送给他们两把小锄,表示对他们在劳动中建立的感情的祝福。[1]

　　1957 年 6 月,中小学毕业生升学率很低,国家动员不能升学的农村中小学毕业生回乡务农,支援农业合作化。一些男中学毕业生对回家务农心有疑虑:万一自己不能继续上学,当了农民,未婚妻提出退婚怎么办?一些女中、小学毕业生同样沮丧:不能升学,回乡找农民做对象岂不显得不般配?可是自己当了农民,找"外头人"谈何容易!汉阴县白庙乡和平农业社即将完小毕业的女学生谢祖荣与同社庄稼汉沈继富订婚的事让人眼前一亮。对于这个在农村人看来"有文化"的女性竟爱上一个土生土长的地道农民,谢祖荣说得理直气壮:不管是干部,还是种庄稼的,只要他爱劳动、爱社会主义,两人性情

---

① 钱蔚民、王生瑞:《一对模范结鸳鸯》,《陕西农民》1957 年 3 月 7 日 6 版。

又合，我就喜欢；继富就是这样的人，我还有啥弹嫌的?[①] "青枝"对未婚夫"国华"将要回乡务农的决定所表现出的坦然与理解也让人释然：

> 青枝到婆家，进门羞答答，正在作难处，婆婆把她拉："啥风吹你来，快坐炕上吧。"家常说毕了，顺便提国华："他真没出息，偏要务庄稼。念书七八年，岂不白糟蹋?"青枝忙插言："娘说哪里话? 没人做庄稼，大伙吃啥呀? 国华有主意，娘你别挡驾。书没白念了，以后用场大。"婆婆看青枝，心里暗惊讶：只怕她嫌弃，退婚耍麻达，谁知她同意，照旧爱国华。越想越稀奇，又问试探话："青枝你看看，干部多好啊，吃穿不受难，不锄又不挖；泥腿庄稼汉，难道不嫌吗?"青枝笑哈哈："娘你想错啦，行行出状元，劳动谁不夸?"青枝脸红了，婆婆笑开花："原来是这样，疙瘩解开啦!"[②]

(四) 变相买卖依然存在

新婚姻法禁止买卖婚姻，各种媒体也对婚姻中的金钱交易大加反对，但在陕西农村，观念的转变不是一蹴而就的。少数老年群众认为，姑娘不要财礼就嫁人是丢人现眼，是姑娘没有身价的体现。他们因此对自由恋爱的姑娘很不屑一顾。麟游县园子头村净桂芳自由恋爱，和未婚夫来往，老年群众说桂芳是"丢丑卖害"："看�女子大了就猴了，和一个大小伙子来了去了，准是干啥的? 还是女大不中留，留下遭害祸。"[③] 大多数人认为娶媳妇花钱，给女方财礼是自古以来合情合理的事情，因此，买卖婚姻依然存在，只是因为新婚姻法的反对，不敢再明目张胆地买卖，由原来的主要要钱、要银洋，或要粮，变为少要或不要钱，大量地要衣服、布匹、肉、酒、粮食等。以吴旗县和黄陵县为例。吴旗县白豹乡代玉兰等几个姑娘结婚时光向男方要的皮箱子就值 100 多元（新

① 张清泉：《眼头准，挑的好》，《陕西农民》1957 年 7 月 17 日 6 版。
② 宁有志：《原来是这样》，《陕西农民》1957 年 8 月 17 日 5 版。
③ 陕西省妇联宝鸡专区分会 1955 年 8 月《农村婚姻法宣传执行中几个问题的报告》，陕西省档案馆档案，全宗号—目录号—案卷号—存期：178—2—64—长期。

币），此外还要呢子衣服、二毛皮衣（注：指皮毛较短，毛色洁白，毛皮轻便的上等皮衣）、缎被面、银镯子、皮鞋等；有的向男方要十几身绸缎衣服，杜大岔乡罗从山的弟弟结婚时，光给女方的衣料就花了二三百元（新币）。① 在黄陵县太贤乡，一般结婚买衣物最低花费在 100 元（新币）以上；程村刘有才家中生活很困难，结婚时给女方买衣物还花了 105 元（新币）；南村杨保银结婚时给女人买了 9 套衣服。② 除了给自己要东西之外，有的女方还借婚姻关系给父母要被褥、棺材、寿衣等。如黄陵县太贤乡程村刘其才的女儿刘莲结婚时给其外祖母要老衣，给其祖父要被子。③

　　有的家长给姑娘议婚纯粹是物质观念，谁家给的东西多就把姑娘许给谁。这里举城固县五堵区新华乡的两个例子。该乡田振发的妹妹，起初以 90 元钱（新币）和同村村长订了婚，后来因为一秦姓男子愿意出 130 元（新币）财礼，便与秦姓男子订了婚。该乡女子田素云的婚姻更典型，她由母亲包办找过 11 个对象，其中四家都给她或她的家人扯过衣服，直到第 11 个对象，田家向男方要衣服 8 套、肉 7 斤，男方没有买到鲜肉，送干腊肉 7 斤，由于新、老秤称量结果的差异，女方认为男方给的数量不够，男方又添了两斤，女方母亲仍不满意，想要退婚，咒骂女子。④

　　变相地买卖，对男方是极大的负担。如果女方仅仅要钱，数目是一定的，倒还利索，索要东西则是无底洞，即使同一种物品，因质量不同而存在很大的价格差异。有的女方向男方要这要那，买各种各样的贵重东西，还说不是要财礼，是男方对女方家庭养育女儿的"照顾"；有的地方，仅种种形式的"照顾"就需要 700 多元（新币）。⑤《陕西农民》1956 年 9 月 4 日 3 版曾刊登一组漫画《帘外和帘内》（没有作者）讽刺

　　① 吴旗县人民委员会 1957 年 5 月 13 日《吴旗县贯婚工作指导小组关于宣传婚姻法与社会主义道德风尚教育的总结报告》，陕西省档案馆档案，全宗号—目录号—案卷号—存期：178—2—146—长期。

　　② 黄陵县婚姻法宣传贯彻委员会 1957 年 3 月 13 日《关于太贤乡婚姻法执行情况调查报告》，陕西省档案馆档案，全宗号—目录号—案卷号—存期：178—2—146—长期。

　　③ 同上。

　　④ 陕西省妇联汉中专区分会 1955 年 10 月 17 日《关于贯彻婚姻法方面的几个问题》，陕西省档案馆档案，全宗号—目录号—案卷号—存期：178—2—64—长期。

　　⑤ 余之见：《变相的财礼》，《陕西农民》1957 年 2 月 21 日 6 版。

这种现象：第一幅是在门外，门上贴的是"婚姻自主；男女自由平等，反对买卖婚姻"。可是进得门去，男青年却只见到姑娘的照片，姑娘的母亲还提出来要500元（新币）"照顾金"。

1955—1958年间，陕西农民人均一年纯收入分别为73.5元（新币）、80.5元（新币）、76.1元（新币）、77.1元（新币），① 700多元（新币）对一个家庭的负担之巨可想而知。《陕西农民》多篇文章反映这类情况。如《互相赠送礼品对不对》② 提到蒲城有个姑娘，临结婚时和男方一起逛街，进了贸易公司的门，姑娘挑这拣那，一会儿就买了150多块钱的东西，小伙子难为情地说：我家一年才分红200多元（新币），这一下子就花了一多半，以后的日子可咋过呀？难怪群众反映："自由结婚就是好，就是没钱娶不下媳妇"③。

女方的贪婪要求使许多男方家庭结婚前东挪西借，省吃俭用、卖东西，结婚后生活困难重重，一是没粮吃，二是没钱花，还要想办法还外债。就连一些本来生活比较宽裕的家庭也往往因为结婚凑钱而影响了正常的生活。黄龙县第四区四条梁乡农民张金定，家里养着两头牛、一头毛驴，牛拉犁耕地，小毛驴驮粪驮水，生产上没有大困难，生活也过得很不错。1954年3月30日，他给儿子娶媳妇的时候，为了图大方、阔气，摆了十桌酒席，买了30多斤肉、5斤酒，还有茶叶、纸烟等，为此借了100万元（旧币）的债。儿子婚礼过后，他为了还债，把小毛驴卖了，生产生活上有很多不便。④

变相买卖婚姻给家庭和睦埋下了隐患：男方对女方婚前的贪婪心怀怨气，女方看重物质，对婚后缺吃少用心存不满，有的夫妻婚后吵吵闹闹，有的女方婚后常住娘家，不愿回夫家居住，婚姻十分脆弱。比如，洛川县秦关乡界村苏瑞仙和安草沟一小伙子议婚，女方要400元（新币）人民币、20个银圆。婚前，男方给了260元（新币）、11个银圆、

　　① 陕西省统计局编：《陕西五十年 1949—1999》，三秦出版社1999年版，第315页。

　　② 路边草：《互相赠送礼品对不对》，《陕西农民》1956年12月24日1版。

　　③ 黄陵县婚姻法宣传贯彻委员会1957年3月13日《关于太贤乡婚姻法执行情况调查报告》，陕西省档案馆档案，全宗号—目录号—案卷号—存期：178—2—146—长期。

　　④ 王新生、李五定、康鑫：《娶媳妇图"阔气"，使生产生活受到影响》，《群众日报》1954年5月18日3版。

四床被褥，苏瑞仙还要了鞋子两双、脸盆、手巾、肥皂、袜子、绸缎衣服一套、花衬衣两套、贡呢一套、花达呢、裙子、项圈等。结婚后八个月，苏瑞仙的父亲就嫌财礼未给完，让苏瑞仙提出离婚。[①] 群众调侃这种婚姻是"婚姻一提，先缝身花达呢，花达呢烂了，婚姻也就散了"[②]。群众对这种现象十分不满，普遍反映说：现在娶个媳妇100元（新币）以上是通常事，女方到合作社要买什么就是什么，没个深浅，还不如以往搞定财礼捞个人，她还不敢轻易离婚，现在弄不好就人钱两头空，农民现在100多元（新币）也不容易挣；真是豆腐掉在灰堆上，吹不得打不得。[③]

当然，这种买卖婚姻也使女方的婚姻幸福得不到保障。周至县东欢乐村朱玉梅的遭遇说明了这一点。朱玉梅被父母包办卖给邻村张海娃为妻，婚前玉梅不愿意，但收了财礼的父母强逼硬劝，婚后，因玉梅不爱海娃，常住娘家，海娃生气，对玉梅又打又骂，玉梅提出离婚。海娃眼见要人财两空，气急败坏，一天，海娃乘玉梅不注意，捆绑住玉梅手脚，抓得她脸上和脖子鲜血淋淋，又给她抹了三次青油和锅灰，给玉梅毁了容。法院虽给海娃判了刑，也给他们判了离婚，但玉梅的漂亮再也回不来了。[④]

有些父母为了多得东西，支持女儿多次离婚或解除婚约，有的家庭怕退财礼坚决阻止女子解除婚约，使很多青年女子像牛马一样被父母卖来卖去，得不到真正自由自主的美满婚姻。如岐山县凤凰村妇女杨彩凤不满意包办婚姻，坚决不结婚，父母怕退财礼，母亲以跳井威胁，父亲给她跪下说："你结了婚三天离婚都行，只要我把手续取利（索）就对了。"逼得彩凤结婚十个月只住了婆家十天，就提出离婚。[⑤]

①　洛川县民主妇女联合会1957年1月20日《关于妇女参加农业生产摸底工作与秦关乡的结合工作调查报告》，陕西省档案馆档案，全宗号—目录号—案卷号—存期：178—2—127—长期。

②　略阳县妇联1957年7月2日《略阳县妇女工作调查报告》，陕西省档案馆档案，全宗号—目录号—案卷号—存期：178—2—127—长期。

③　洛川县民主妇女联合会1957年1月20日《关于妇女参加农业生产摸底工作与秦关乡的结合工作调查报告》，陕西省档案馆档案，全宗号—目录号—案卷号—存期：178—2—127—长期。

④　马德方：《漂亮的玉梅怎么变丑了》，《陕西农民》1956年9月4日3版。

⑤　陕西省妇联宝鸡专区分会1955年8月《农村婚姻法宣传执行中几个问题的报告》，陕西省档案馆档案，全宗号—目录号—案卷号—存期：178—2—64—长期。

还有的姑娘因为多次订婚，招致不必要的麻烦。如澄城县王庄乡岭关村党寅虎的女儿雪英小的时候被她妈包办给鱼家村鱼谋堂的儿子做未婚妻，后来两家为了财礼弄得言气不合，只得退婚；退婚后，雪英的妈又把雪英包办给了张家那下村张绪祥，后来嫌男方给的衣物少，又退婚了；1957年5月12日，是雪英出嫁到西侯庄村叶相印家的日子，轿子走到路上，来了一伙人拦住轿子又拉又扯，喜事被弄得一团糟，雪英难过得号啕大哭。原来，鱼家和张家都曾给党家一些钱物，最后落个人财两空，他们气不过，趁雪英大喜的日子来骚扰，当地人称为"脏点点"。① 雪英被"脏点点"弄得喜事蒙上阴影，当地群众议论纷纷，这完全是买卖婚姻惹下的祸。像雪英这样的遭遇不止一个：农民挣个百十来块钱不容易，白白花在女方身上，心里自然难以平衡，难免想伺机出口恶气。

（五）小插曲：集体食堂办婚礼

在陕西农村，人们传统上特别看重婚礼，尤其看重男方待客的酒席，认为它代表着男方家庭对婚事和女方的重视程度，也代表着男方的为人是否"大方"。1958年下半年，随着农村人民公社的建立，公共食堂作为"人民公社的心脏"在陕西农村陆续建立起来。由于粮食由食堂统一管理，农民家里没有粮，不能自由开伙，举办婚礼时怎么办酒席招待客人？这让一些家里有已到婚龄的儿女的家长十分着急。于是，公共食堂担起了办酒席的责任。且看兴平县火箭人民公社第九生产大队26岁的焦振西和第八生产大队21岁的女队长康彩云的婚礼：焦振西和康彩云经过自由恋爱，把婚礼订在1958年11月18日举行。可是，这年秋季，公共食堂办起来了。振西的母亲一直担心：订婚的时候彩云一分钱都没要，结婚的时候可不能连个酒席都不办；现在大伙在一起吃食堂，儿子结婚可咋办？结果，食堂解开了振西母亲的心结。结婚前一天，食堂就让炊事员准备好了酒席材料，还派了两个社员帮振西布置新房，买酒买肉。第二天，新娘接来了，女家和亲朋共13人坐在食堂，炊事员给炒肉菜、烩杂样、端臊子面，客人吃得心满意足，振西他妈更

---

① 秦吴、浪涛、连芳：《怪谁？》，《陕西农民》1957年7月4日6版。

是乐得晚上睡不着觉。①

公共食堂刚办起来时，生产队实行"做活不记工，吃饭不要钱"的办法（当然不是"敞开肚皮吃"，而是食堂根据每个人的年龄和劳力，定量分饭），婚礼酒席也由食堂免费承办。几个月后，各地的公共食堂陆续打破了"做活不记工，吃饭不要钱"的做法，开始干活记工、吃饭凭粮票，把每家可以分得的粮食折合成粮票按月发给，各家根据自己的情况凭票有计划地吃饭。这时，在食堂办婚礼就是男方家庭用自己凑起来的粮票请女方来宾吃饭了。因此，一些在短暂的"吃饭不要钱"时期由食堂承办了婚礼的人成了当地人记忆中的特例。眉县金渠公社田家寨村的李来贤 1958 年冬季结婚，是全村唯一享受了食堂免费酒席的人。以后的几十年，当地有人说起他，依旧以他的免费婚礼酒席为笑谈："看这人，占便宜占到家了，连结婚都是村上给办的酒席！"②

五　1959—1965 年：物质利益下的结合

由于"大跃进"和人民公社的"平调风"、"共产风"，农业生产效率大大降低，农产品产量下降；与此同时，为了保证大跃进带来的大幅度增长的城市人口的生活，国家对农村实行粮食高征购。就陕西而言，1959 年粮食比上年减产 7.7%，1960 年又比上年减产 13.6%；棉花两年分别减产 16.3% 和 34.3%；油料分别减产 17.5% 和 40.2%；麻、糖、烟、果等也都减产。而 1959 年、1960 年、1961 年，粮食征购量占粮食总产量的比例分别达到 29.15%、28.29% 和 28.46%。特别是 1961 年，全省粮食总产量只有 75.2 亿斤，征购则达到 21.4 亿斤，购后农村每人年平均留粮 321.6 斤，是新中国建立后最低的一年。③ 结果，陕西农村基本生活物资匮乏，到 1959 年下半年已经成为十分严重的问题。

面对严重的物资匮乏，陕西省委、省政府从 1960 年开始采取了一

---

① 春晓、根建：《食堂待新娘》，《陕西农民》1958 年 12 月 4 日 2 版。

② 李巧宁 2011 年 10 月 4 日、2012 年 1 月 23 日对陕西省眉县金渠乡田家寨村李金海的采访记录。

③ 郭琦等主编：《陕西通史·中华人民共和国卷》，陕西师范大学出版社 1997 年版，第 112 页。

系列措施，如减少全省水利建设战线对农业劳动力的抽调、砍掉盲目大办起来的 20 多万个社队企业、稳定自留地、允许社员从事某些家庭副业和手工业生产、在有条件的地方允许群众开荒种粮种菜等，在一定程度上保证了农业生产劳动力，调动了农民的生产积极性，到 1962 年底，严重困难基本渡过。

1962 年 9 月，中共八届十中全会提出"千万不要忘记阶级斗争"，阶级斗争要"年年讲，月月讲，天天讲"。会后，中共中央决定在全国城乡普遍搞社会主义教育运动，抓阶级斗争。陕西省的社会主义教育运动从 1963 年 6 月开始，在农村一方面对"四不清"干部进行斗争，另一方面进行"民主补课"，补划成分。可以说，这场一直持续到 1965 年的运动把阶级斗争的理念再次灌输到了农村。

在这样的经济与政治背景下，陕西农村的婚姻状况呈现出旧风重来的特点。

（一）买卖婚姻猖獗

陕西农村历来有"养女解困"的观念，也因此一直把给女儿议婚叫"卖女"、"寻主儿"、"寻下家"等。新婚姻法颁布后，农村"卖女"时不敢再明目张胆地要财礼了，向男方索要财物多以要"照顾"的名义进行，"照顾金"的多少往往由双方在私下里议定。然而，1959 年开始的严重困难撕破了"照顾金"的面纱，忸忸怩怩的变相买卖再次成为明买明卖。一方面，财礼数额节节高涨。蒲城县 1958 年财礼一般是 200 元—300 元（新币），1959 年为 500 元（新币），1961 年上升到 1000 元（新币）以上；[①] 延安县川口公社 1958 年财礼是数百元（新币），到 1962 年涨到 1000 元—3000 元（新币）。[②] 另一方面，一些女方毫不做作地借给女儿议婚的机会向男方索要大量紧缺物资以改善家境，在 1958 年以前索要的钱、粮、衣物之外，还增加了自行车、手表、缝

[①]　全国妇联工作组 1962 年 4 月 30 日整理《陕西省渭南专区婚姻家庭问题座谈纪要》，渭南市档案馆档案，全宗号—案卷号—存期：20—53—长期。

[②]　全国、省、专、县、公社五级妇联和中国科学院法学研究所共同组成的工作组 1962 年 3 月 30 日《关于婚姻家庭问题的调查（草稿）——陕西省延安县川口公社三个生产大队的情况》，延安市档案馆档案，全宗号—目录号—案卷号—存期：（1—1）—1—216—永久。

纫机、山东羊①等，有的甚至给父母要棺材板。难怪在韩城农村，群众讽刺订婚的实质不过是："棺材板，粮棉油，缝纫机子山东羊"；在富平农村，则流传着所谓订婚四样"小礼"：粮食、棺材、羊子、车子。②1962年以后，严重的经济困难渐渐渡过，但婚姻上的买卖关系一直未能遏止。因此，群众说起婚姻，总是说："不管自由不自由，财礼票子要当头"③；"飞鸽车子罗马表，两成礼物少不了"。④

买卖婚姻最典型的特点是高财礼。陕西各县风物不同，财礼的形式有差异，但1959—1965年间财礼数额高是普遍的。榆林三岔湾青年张志强1961年结婚时，女方要的东西有手镯一对，金箍子一个，羔皮统子（注：指没有裁剪过的皮草）一件，毛衣一件，单、棉、衬衣各一套，条绒衣服一件，被褥两床，在物资奇缺的三年困难时期，这些东西只能在自由市场购买，花费高达1400多元（新币）；有些农村女青年，还向男方索要自己根本不需要的东西，如手表、呢子、地毯等。⑤据共青团米脂县委、米脂县妇联1962年1月的调查，米脂县杜家石沟公社高家圪、庙塔等三个大队，1961年结婚的21对夫妻中，有17对财礼达到400元—600元（新币），此外男方还要给女方四斗粮食、四丈布、单衣、毛衣、衬衣、绒衣等物；其中，党塌生产队党如生花了2520多元（新币）（包括800元现金、八斗粮食、八丈布、八身衣服，即当地人所称"四八制"财礼）才订下子洲苗家沟队苗让成的女儿做儿媳。⑥在铜川，财礼根据女方年龄，一般是每岁100元—200元（新币）左右，外加五斗至一石粮食。除非男方职业相当、作风正派、年龄相当，

---

① 羊的品种之一，1958年、1959年卖价很高。

② 全国妇联工作组1962年4月30日整理《陕西省渭南专区婚姻家庭问题座谈纪要》，渭南市档案馆档案，全宗号—案卷号—存期：20—53—长期。

③ 潼关县妇联1963年4月18日《关于婚姻、家庭问题的调查报告》，渭南市档案馆档案，全宗号—案卷号—存期：20—43—长期。

④ 陕西省妇联咸阳专区办事处1962年9月27日《当前农村妇女思想情况及今后进行思想教育工作的意见》，陕西省档案馆档案，全宗号—目录号—案卷号—存期：178—1—312—永久。

⑤ 共青团榆林地委、榆林专区妇联1961年12月30日《关于农村婚姻问题的报告》，榆林市档案馆档案，全宗号—案卷号—存期：7—118—长期。

⑥ 共青团米脂县委、米脂县妇联1962年1月25日《关于农村婚姻问题的典型调查报告》，榆林市档案馆档案，全宗号—目录号—案卷号—存期：（1—1）—497—长期。

比女方人长得好些，每岁可以低于 100 元（新币）。如，1961 年，石柱公社西古村大队 17 岁少女高梅英与该公社阿古村青年寇××订婚时，财礼现金 1800 元（新币）、小麦六斗；王家河公社西头村生产队 24 岁的妇女杨淑琴离婚后，再嫁给黄堡公社孟家塬生产队孙志强时，财礼 2000 元（新币）。① 合阳县 1959 年以来，议婚的财礼同样花样多、数量大：现金上，所谓一小份礼是 240 元（新币），一大份礼是 2400 元（新币），一般索要两三小份礼被认为没有图礼，只是"意思"而已；物资上，有自行车、缝纫机、羊、棉花、粮食以及贵重衣料等。比如，合阳百良公社岳庄大队 1961 年底至 1962 年春，订婚、结婚的有 18 对，都有财礼，仅现金而言，一般是 480 元，最少的 170 元（新币），最多的达 900 元（新币）。该大队女青年赵风西订婚时，除要 480 元（新币）财礼以外，还要飞鸽车子一辆、条绒鞋子一双、缎被面子四个、衣料十多件，群众讽刺说："风西开了供销合作社。"该大队另一女青年赵桂江订婚时表示不要东西，但结婚前女方"象征性地"索要了绸缎衣料 12 件（每件 12 尺）、毛衣绒裤各一件、条绒 12 尺、金戒指和银镯子各一对、雨鞋一双。② 兴平县西吴公社，公认的财礼是以女方岁数算，每岁 20 元（新币）。北马大队 1962—1963 年订婚的 44 对男女，多数财礼在 400 元（新币）左右，少数年岁小或生理有些缺陷的妇女也要 250 元（新币）左右。③ 1963 年，泾阳县云阳公社兴隆村有一个从临潼来的群众，把女儿卖到淳化县，财礼 1300 元（新币）外加两副棺木。④ 潼关县城关公社下屯大队社员关狗蛋订婚时，女方除要 400 元（新币）现金外，还要 4 床被子、5 套衣服、1 对金耳环、一身灯芯绒衣服等，合计婚价不下千元（新币）。⑤ 据 1963 年对商洛专区镇安、柞水、商县

---

　　① 铜川市妇联 1962 年 5 月《铜川市妇联会关于当前农村婚姻包办买卖情况和今后意见的汇报》，渭南市档案馆档案，全宗号—案卷号—存期：20—53—长期。

　　② 合阳县妇女联合会 1962 年 4 月 20 日《关于婚姻家庭问题情况的报告》，渭南市档案馆档案，全宗号—案卷号—存期：20—53—长期。

　　③ 陕西省妇联马岚新、史洪英等 1963 年冬《北马大队社会主义教育试点中妇女工作情况》，陕西省档案馆档案，全宗号—目录号—案卷号—存期：178—1—341—永久。

　　④ 泾阳县宣传贯彻婚姻法办公室 1963 年 5 月 8 日《婚姻法总结报告》，咸阳市档案馆档案，全宗号—案卷号—存期：019—36—长期。

　　⑤ 潼关县妇联 1963 年 4 月 18 日《关于婚姻、家庭问题的调查报告》，渭南市档案馆档案，全宗号—案卷号—存期：20—43—长期。

等 6 县 41 个公社的了解，买卖婚姻索取的财礼名目同样繁多，有棉花、粮食、油、布匹等国家统购物资，也有自行车、手表、金银首饰、棺木、寿衣等；有的要实物，如果没有实物，就折价要钱，一般几百元（新币），高的上千元（新币）。① 在城固县农村，一般结婚要 4—8 套衣服，要见面礼，要被褥、粮食、要给女方修房，给老人棺木等。该县陈家湾公社一个社员在婚前给了女方羊一只、母猪一头、青猪二头、人民币 150 元（新币），共花费了 410 元（新币）。②

一般来说，财礼山区高于平川，吃水方便的地区低于用水不便的地区；男方长相丑些、年龄大些、家里兄弟多些、生理上有缺陷的，女方要财礼就高些。比如，1962 年，在渭南地区，平川财礼最低 200 元（新币）左右，最高 1000 多元（新币），但山区有的高达 3000 元—4000 元（新币）。③ 1963 年前后，在蓝田县川塬地区，财礼的种类，有高价、官礼、斤礼、岁礼四种。500 元（新币）以上一般为高价，240元（新币）为官礼，160 元（新币）叫斤礼，姑娘每一岁 50 元叫岁礼。斤礼中有大、中、小三种，有斤半、二斤、三斤。一斤是指旧称的 16两而言，即代表北斗七星、南斗六星和福、禄、寿三星，缺一不可。④延安县何庄坪公社赵家岩生产队雒生旺 1962 年 1 月将 17 岁的妹妹嫁给安塞县沿河湾公社孙家砭 38 岁的农民刘宏银（秃子）时，要财礼 1000元（新币）人民币、6 石小米、5 丈大布、5 套衣服。⑤

买卖婚姻，致使"女值千金"，许多忠厚勤劳的男青年因为没钱而不能完婚，非常苦恼。再加上，大多数女青年在找对象上有"一干二军

---

① 陕西省妇联商洛专区办事处 1963 年 6 月 1 日《陕西省妇联商洛专区办事处宣传贯彻婚姻法总结报告》，商洛市档案馆档案，全宗号—目录号—案卷号—存期：17—2—85—长期。

② 城固县妇联 1963 年《关于婚姻家庭问题的报告提纲》，城固县档案馆档案，全宗号—目录号—案卷号—存期：34—34—61—永久。

③ 全国妇联工作组 1962 年 4 月 30 日整理《陕西省渭南专区婚姻家庭问题座谈纪要》，渭南市档案馆档案，全宗号—案卷号—存期：20—53—长期。

④ 陕西省妇联会渭南专区办事处工作组 1963 年 4 月 1 日《对当前农村婚姻问题的调查报告》，渭南市档案馆档案，全宗号—案卷号—存期：20—43—长期。

⑤ 延安专署政法党组和延安专区妇联 1962 年 4 月 30 日《关于农村婚姻问题情况的调查报告》，延安市档案馆档案，全宗号—目录号—案卷号—存期：（1—1）—1—216—永久。

三工人，宁死不寻受苦人，至下也找个城市贫民"[①]；"穷社员，富干部，安逸不过居民户"[②] 的想法，宁可不要财礼也以找个干部、军人、居民户为"光彩"、"幸福"，如果这个目的达不到，找个农民就要高价财礼，以求心理平衡。在这种形势逼迫下，许多农村男青年不安心农村、不安心农业生产，千方百计也要出去找个工作，至少也当个长期工人，易于结婚。他们说："穿上四兜服，不花钱也能娶上老婆；戳着牛屁股，没钱娶妻实在愁。"[③] 难怪群众说："要发家，生女娃"，"生女娃是喜事，生男娃是忧事"；有些群众互相开玩笑，生了女娃叫"飞鸽"、"永久"（注：指飞鸽牌自行车、永久牌自行车），生了男娃叫"倒灶"（注：亏本之意）。[④]

买卖婚姻也滋生出一些靠介绍对象取利的人。他们在男女两方之间穿针引线、传话递语，既可以混吃混喝，又能获得一些酬谢物品。自古以来，陕西民间讽刺媒婆的民谣很多，如"媒婆婆，把嘴吃得油火火"等。由于新中国建立后对所谓"游手好闲"者的打击，以及对买卖婚姻的禁止，媒婆基本偃旗息鼓，但是，1959—1965 年间，媒婆再次活跃，他们虽不敢明目张胆地以说媒作为职业，但私下对介绍婚姻很是卖力。憨厚老实、交往有限的农民既需要他们，又对他们心存芥蒂。商县东西岭大队淮沟队媒婆党欠，说媒 10 多起，从其中四起中索取钱 228元（新币）、粗布两个、麦二斗、棉花一斤。群众用一段顺口溜评价她："凭的说媒过日子，挣的灯芯绒黑裤子，穿的桐花色的洋袜子，尻子后面跟的一跑子。"[⑤]

高价买卖婚姻致使不少男子为了订婚、娶媳妇，东挪西借，变卖家产，婚后家庭缺吃少穿，困难重重；而有的因"卖女"大发其财。如，

---

　　① 共青团榆林地委、榆林专区妇联 1961 年 12 月 30 日《关于农村婚姻问题的报告》，榆林市档案馆档案，全宗号—案卷号—存期：7—118—长期。

　　② 陕西省妇联、陕西省高级法院 1964 年 4 月 27 日联合召开的婚姻座谈会会议记录，陕西省档案馆档案，全宗号—目录号—案卷号—存期：178—1—380—永久。

　　③ 共青团榆林地委、榆林专区妇联 1961 年 12 月 30 日《关于农村婚姻问题的报告》，榆林市档案馆档案，全宗号—案卷号—存期：7—118—长期。

　　④ 全国妇联工作组 1962 年 4 月 30 日整理《陕西省渭南专区婚姻家庭问题座谈纪要》，渭南市档案馆档案，全宗号—案卷号—存期：20—53—长期。

　　⑤ 陕西省妇联商洛专区办事处 1963 年《阶级斗争在妇女中的反映》，商洛市档案馆档案，全宗号—目录号—案卷号—存期：17—2—86—长期。

渭南县麻李生产队资家庄党改正的母亲说:"给娃两次订媳妇,我卖了棺板,伐了树,娃跟上跑生意,到处跑钱,还是赔了钱,把人整得洋洋昏昏,劳动日没挣下,媳妇又落了空。"相反的,黄国章却以卖女所得700元钱(新币)大做投机生意,大发横财。① 蒲城县罕井公社山东大队第八队贫农史良锁,给二弟史良行 1960 年订婚欠的债还没还完,1962 年又给三弟史银庄和上王公社荣光大队安第贤订婚,财礼 1100 元(新币),史良锁把家里的衣服、太平洋单子、棉花拿到黄龙换回粮食,给女方二斗,另外,照相、请客吃饭又花去了 100 元(新币),致使家庭背债很多,生活很困难。② 潼关县城关公社周家城大队男社员吕顺泉由于订婚负债过多,弃农经商,不料受人欺骗,气得精神失常,经常到处乱跑,见人就说:"我有手表和自行车,给我娶个媳妇。"③

同时,买卖婚姻破坏了青年男女的幸福生活,导致家庭不睦。渭南县麻李生产队万广云为了给自己订婚添礼,卖了妹妹,妹妹因为对婚姻不满,发牢骚,埋怨母亲,辱骂哥哥,引起嫂嫂不满,婆媳不和,母亲有口难言,跳井自杀得救未死。④ 再如,大荔县范家公社范家大队二队贺纪同,是个偏头,长期找不到对象,1963 年,27 岁的贺纪同为了结婚,把四间厦房卖了给女方付 450 元(新币)的财礼,婚后不仅生活困难,婆媳还不和睦。⑤

更严重的是,一些男子认为妻子是自己花大价钱买来的,想打便打,想骂便骂;一些妇女也认同男子的这种想法,觉得丈夫打骂自己的妻子理所当然。以靖边县张畔公社新农村生产队女社员刘芝兰的遭遇为例。刘芝兰,1927 年生,1960 年时已有 4 个孩子,她一贯勤勤俭俭,

---

① 宁干卿、张并男、王凤岐 1963 年 4 月 5 日《麻李生产队结合整社试点宣传婚姻法的情况》,渭南市档案馆档案,全宗号—案卷号—存期:20—2—永久。

② 1962 年 5 月 3 日蒲城县人民法院、蒲城县民政局、共青团蒲城县委会、蒲城县妇联会《对山东大队婚姻、家庭问题的调查报告》,渭南市档案馆档案,全宗号—案卷号—存期:20—53—长期。

③ 潼关县妇联 1963 年 4 月 18 日《关于婚姻、家庭问题的调查报告》,渭南市档案馆档案,全宗号—目录号—案卷号—存期:20—43—长期。

④ 宁干卿、张并男、王凤岐 1963 年 4 月 5 日《麻李生产队结合整社试点宣传婚姻法的情况》,渭南市档案馆档案,全宗号—案卷号—存期:20—2—永久。

⑤ 大荔县妇联会 1963 年 3 月 17 日《大荔县范家公社范家大队婚姻问题调查报告》,渭南市档案馆档案,全宗号—目录号—案卷号—存期:20—43—长期。

经常下地参加生产劳动。她丈夫黄成忠不务正业,成天吃喝嫖赌,既不劳动,也不管妻儿老小,布证刚发下,他就拿去换成粮票,自己到饭馆去吃喝。1960 年冬,妻儿没有棉衣穿,国家发给他家 15 元(新币)救济款,黄成忠拿到手里随便乱花,并乱搞两性关系。刘芝兰不敢埋怨,因为在黄成忠看来,刘芝兰是他花钱娶来的,他要是不高兴,就可以对她拳打脚踢,即使刘芝兰身怀有孕的时候也不例外。1960 年 11 月 11 日晚,刘芝兰和黄成忠的嫂子吵了一架,黄从其嫂子口中得知后,二话没说,将芝兰用棍棒毒打一顿,打伤 8 处,伤处浮肿、疼痛,不能下地劳动。11 月 12 日,靖边县妇联的同志到黄家登记选民,看到刘芝兰的重伤,询问情况,正巧黄成忠回家,便大骂刘芝兰,不准她向别人谈自己挨打的事,并质问妇联干部:"你们是哪里来的干部?别管我们婆姨汉的家务事。她是我的人,打就打了。她再要多嘴,我还要打,与你们无关。"后经生产队多次对黄批评教育,黄态度才稍有转变。① 在 20 世纪五六十年代的陕西,像刘芝兰这样遭遇的妇女各地不同程度地存在。

(二) 早婚和早订婚

买卖婚姻的孪生兄弟是早婚和早订婚。既然是"买",就想少花钱,女方年龄越小财礼越少;既然是"卖",就想早得钱,女儿早许人家就可以早得财礼。于是,早婚和早订婚很自然地多了起来。

早婚,指不到法定男 20 周岁、女 18 周岁的婚龄就以夫妻名义在一起生活。有的是不到法定婚龄,找关系或趁发证机关审查不严领取结婚证。20 世纪 50 年代,个人的身份证明靠基层比如生产队、生产大队的介绍信。领取结婚证同样凭基层介绍信。一些基层干部认为都是乡亲,相互熟识,平时抬头不见低头见,撇不开情面,于是在介绍信中虚写年龄。如,泾阳县龙泉公社沙井大队干部知道女社员某某当时只有 16 岁,还给开证明让领结婚证。② 很多公社发结婚证时,基本不审查,只要有介绍信就给发。山阳县马家店公社早婚的全是在结婚登记时虚报年

---

① 靖边县妇联冯桂莲、王碧霞 1960 年 11 月 14 日《关于调查妇女权利问题的反映》,陕西省档案馆档案,全宗号—目录号—案卷号—存期:178—2—321—长期。

② 泾阳县宣传贯彻婚姻法办公室 1963 年 5 月 8 日《婚姻法总结报告》,咸阳市档案馆档案,全宗号—案卷号—存期:019—36—长期。

龄，骗取结婚证的。① 蓝田县三里镇公社，一度把发结婚证的权力交付大队代办，更给早婚提供了便利。② 还有一些未到婚龄按旧习惯娶亲，不登记而同居。榆林县马家梁队 1961 年有 4 对青年未经政府登记同居。③ 有的甚至以供女方读书为名，订婚后女方就到婆家过上了夫妻生活。还有的以招儿女婿（注：指把女婿娶进家门当儿子）为名，把小小的女婿接过来，早早地就开始夫妻生活。

1959—1965 年，陕西农村早婚现象相当普遍。吴旗县薛岔公社刘嶙崄、卜罗两个村子 1961 年结婚的 8 对，其中有 6 对就是早婚，有的男的仅十六七岁，女的仅十四五岁。④ 据在泾阳县龙泉公社沙井大队三个队的统计，1960—1963 年早婚的女子竟有 8 个，大都在 15—17 岁之间。⑤ 合阳县百良公社岳庄大队 1961 年有 3 对青年结婚，其中有 2 对女方就不够年龄。⑥ 潼关县城关公社下屯大队 1961 年、1962 年早婚的就有 5 对，他们一般比法定年龄小 2—3 岁，有的甚至小 4—5 岁。⑦ 据延安县川口公社二十里铺生产队、两河口生产队的统计，1958—1962 年结婚的男女，男子早婚的占 27%，女子早婚的占 40%—65%，婚龄女子一般在虚岁 16—17 岁，最小的 15 岁，男子虚岁 18—19 岁。⑧

早婚引起早订婚。一般而言，山区比平原订婚年龄小，且早订婚的现象更普遍。在兴平县，一般男孩子 14—15 岁、女孩子 13—14 岁就订

---

① 陕西省妇联商洛专区办事处 1963 年 6 月 1 日《陕西省妇联商洛专区办事处宣传贯彻婚姻法总结报告》，商洛市档案馆档案，全宗号—目录号—案卷号—存期：17—2—85—长期。

② 陕西省妇联会渭南专区办事处工作组 1963 年 4 月 1 日《对当前农村婚姻问题的调查报告》，渭南市档案馆档案，全宗号—案卷号—存期：20—43—长期。

③ 共青团榆林地委、榆林专区妇联 1961 年 12 月 30 日《关于农村婚姻问题的报告》，榆林市档案馆档案，全宗号—案卷号—存期：7—118—长期。

④ 延安专署政法党组和延安专区妇联 1962 年 4 月 30 日《关于农村婚姻问题情况的调查报告》，延安市档案馆档案，全宗号—目录号—案卷号—存期：（1—1）—1—216—永久。

⑤ 泾阳县宣传贯彻婚姻法办公室 1963 年 5 月 8 日《婚姻法总结报告》，咸阳市档案馆档案，全宗号—案卷号—存期：019—36—长期。

⑥ 合阳县妇女联合会 1962 年 4 月 20 日《关于婚姻家庭问题情况的报告》，渭南市档案馆档案，全宗号—案卷号—存期：20—53—长期。

⑦ 潼关县妇联 1963 年 4 月 18 日《关于婚姻、家庭问题的调查报告》，渭南市档案馆档案，全宗号—目录号—案卷号—存期：20—43—长期。

⑧ 全国、省、专、县、公社五级妇联和中国科学院法学研究所共同组成的工作组 1962 年 3 月 30 日《关于婚姻家庭问题的调查（草稿）——陕西省延安县川口公社三个生产大队的情况》，延安市档案馆档案，全宗号—目录号—案卷号—存期：（1—1）—1—216—永久。

婚，甚至有 9 岁就订的。① 潼关县城关公社南寨子大队有一户社员 1961
年以 200 元（新币）现金和 1 只羊为 16 岁的儿子订了婚；该队有一个
孩子 1962 年才 14 岁就订了婚。② 1964 年，眉县小法仪公社长马大队共
有 15—16 岁的姑娘 42 名，其中 36 名已经由父母做主订了婚；常兴公
社疾家大队"三八"植棉组的 22 名姑娘中，19 名订了婚，最小的才 11
岁。③ 商县陈塬公社 1962 年订婚的 96 对中，17 岁以上的 34 对，占
35.4%，10—16 岁的 33 对，占 34.3%，3—9 岁的 29 对，占 30.3%；
商县砚池河公社徐院大队队长徐良玉甚至给自己两个多月大的男孩订了
婚。④ 在延安县，为婴幼儿订亲的现象也不罕见。延安县下白坪公社庙
沟生产队 1962 年前后，为婴幼儿订亲的就有 5 户，并都付了财礼。⑤ 彬
县永乐湫沟队一个社员 1963 年以 300 元（新币）、20 个钢洋给一个两
岁的女孩订了婚。⑥

　　童养媳、站年汉也明目张胆地出现了。华县少华公社南寨大队第三
生产队李振东用 200 元钱（新币）、3 斗麦、20 斤棉花为其 19 岁的儿子
买了一个 13 岁的女孩做童养媳。⑦ 据 1962 年不完全了解，宜君县有童
养媳 42 名、站年汉 7 人；吴旗县有站年汉 9 人。⑧ 在铜川地区，有些人
低价购买来自甘肃、河南、四川、渭南、临潼等遭灾严重地区的未成年
逃荒女子做童养媳。耀县石柱公社克坊大队王忠贤等四人，在自己门

　　① 陕西省妇联、民政厅婚姻问题调查组 1964 年 7 月《兴平县婚姻状况调查汇报材料》，
陕西省档案馆档案，全宗号—目录号—案卷号—存期：178—1—380—永久。
　　② 潼关县妇联 1963 年 4 月 18 日《关于婚姻、家庭问题的调查报告》，渭南市档案馆档
案，全宗号—案卷号—存期：20—43—长期。
　　③ 《社教后的地区阶级斗争在妇女中的反映仍很激烈》，载陕西省妇联办公室编《妇工简
况》1964 年第 40 期（1964 年 12 月 25 日），陕西省档案馆档案，全宗号—目录号—案卷号—
存期：178—1—385—存期。
　　④ 陕西省妇联商洛专区办事处 1963 年 6 月 1 日《陕西省妇联商洛专区办事处宣传贯彻婚
姻法总结报告》，商洛市档案馆档案，全宗号—目录号—案卷号—存期：17—2—85—长期。
　　⑤ 延安专署政法党组和延安专区妇联 1962 年 4 月 30 日《关于农村婚姻问题情况的调查
报告》，延安市档案馆档案，全宗号—目录号—案卷号—存期：(1—1)—1—216—永久。
　　⑥ 彬县妇联会 1964 年 1 月 5 日《1963 年妇女工作总结》，咸阳市档案馆档案，全宗号—
案卷号—存期：019—47—长期。
　　⑦ 华县妇联会 1962 年 5 月 23 日《关于婚姻家庭问题调查报告》，渭南市档案馆档案，
全宗号—案卷号—存期：20—53—长期。
　　⑧ 延安专署政法党组和延安专区妇联 1962 年 4 月 30 日《关于农村婚姻问题情况的调查
报告》，延安市档案馆档案，全宗号—目录号—案卷号—存期：(1—1)—1—216—永久。

上,从来自渭南、富平的两个换粮人手中以每个 400 元(新币)、3 斗粮食买了 4 个约十二三岁的女孩,为自己儿子做童养媳。①

早婚,因为当事人年幼,无力反抗大人的意愿,往往造成许多不幸的婚姻。榆林县古塔公社悟明寺大队刘外信把 14 岁的女儿刘秀卖给石井大队已经 23 岁的青年王福元,夫妻相差 9 岁,生活不到一起,加之刘秀因年幼不能胜任家务活重担,常遭丈夫翁婆的打骂虐待,痛苦不堪。② 同时,女子早婚连带而来的早生育,严重地摧残了她们尚未发育完全的身体,对健康不利。

早订婚容易造成民间纠纷。有的当事人到了婚龄对早已订婚的对象不满意,想退婚,引起双方家庭的财礼退还争议,甚至大打出手,乃至造成人身伤害。有的女方家长怕退财礼或怕退不起财礼,逼迫姑娘结婚,婚后姑娘心情不悦,一遇不称心的事,不是哭闹不休,就是到政府要求离婚,老人为了儿子忍气吞声,逆来顺受,忍辱求全,一家人痛苦不堪。有的男青年虽对婚事不满,但怕人财两空,只能将错就错,勉强结婚。

(三) 家庭关系不和

普遍的买卖婚姻、早婚、早订婚,忽视男女当事人的意愿,给婚后生活的和谐埋下了隐患。同时,1959—1962 年,陕西农村缺粮严重,生活困难,1963 年以后,严重的粮食困难渐渐度过,但吃穿用度依然紧张;更何况,很多家庭因给儿子订婚、结婚而债台高筑,加重了生活困难,家庭成员之间因吃用产生了许多矛盾,日常生活中摩擦不断,夫妻不和、婆媳不和的现象相当突出。

婆媳摩擦、公媳摩擦在有公婆的家庭中比较普遍。且看 1962 年在渭南县、蒲城县、华县、延安县几个生产队的统计数字。渭南县固市公社桥马生产大队两个生产队有婆媳关系的 27 户中,只有 2 户真正做到了民主和睦,占 7%;不吵不闹或虽有矛盾但不严重的有 14 户,占

---

① 1962 年 5 月《铜川市妇联会关于当前农村婚姻包办买卖情况和今后意见的汇报》,渭南市档案馆档案,全宗号—案卷号—存期:20—53—长期。

② 共青团榆林地委、榆林专区妇联 1961 年 12 月 30 日《关于农村婚姻问题的报告》,榆林市档案馆档案,全宗号—案卷号—存期:7—118—长期。

52%；严重不合的 11 户（其中 6 户已经分居），占 41%。① 蒲城县罕井公社山东大队 8 个生产队有婆媳关系的 56 户中，与公婆不和的 26 户，占 47%，其中有 10 户已经闹到同婆婆分吃的程度。② 华县少华公社白石堡大队李家湾生产队有婆媳关系的 27 户，其中 8 户已经分家，2 户准备分家。③ 延安县川口公社二十里铺生产大队因婆媳不和而分家的占有婆媳关系户的 56%，刘万家沟生产队占 33%，两河口生产队占到 40%；在未分居的婆媳关系中，婆媳不睦的也占相当比例：刘万家沟占 25%，二十里铺占 36%。④

西安市妇联 1961 年在西庄管区老堡子村的调查也印证了这一点。老堡子村有 32 户，其中有媳有婆的 12 户，只有 3 户婆媳关系好，其余 9 户都不好。9 户中有 2 户关系特别坏，其中有一个媳妇把婆婆手指都快咬断了，另一个媳妇把婆婆气疯了，最后病死，丈夫只要干涉媳妇对老人的不敬，媳妇就以离婚相威胁。⑤

婆媳摩擦、公媳摩擦主要表现为子、媳嫌弃父母公婆。生活物资的匮乏，使家庭中僧多粥少的矛盾特别突出，再加上，一些子、媳认为公婆老而无用：既不能挣工分，又要消费一日三餐，于是对老人意见很多，轻者言语冲撞，重者打骂虐待，或是分家单过。这样的例子举不胜举。上述渭南县固市公社桥马生产大队桥李生产队农民闵××，过去养父母对他不好，让他出力多，经济限制严，对媳妇封建家规也重，土改、入社，实行按劳分配后，母子婆媳间开始闹矛盾，老人年老力衰，

① 全国、省、专、县妇联，陕西省人民法院，中国科学院法学研究所联合组成的工作组 1962 年 4 月 20 日整理的《关于婚姻家庭问题的调查报告——陕西省渭南县固市公社桥马生产大队》，渭南市档案馆档案，全宗号—案卷号—存期：20—53—长期。

② 1962 年 5 月 3 日蒲城县人民法院、蒲城县民政局、共青团蒲城县委会、蒲城县妇联会《对山东大队婚姻、家庭问题的调查报告》，渭南市档案馆档案，全宗号—案卷号—存期：20—53—长期。

③ 华县妇联会 1962 年 5 月 23 日《关于婚姻家庭问题调查报告》，渭南市档案馆档案，全宗号—案卷号—存期：20—53—长期。

④ 全国、省、专、县、公社五级妇联和中国科学院法学研究所共同组成的工作组 1962 年 3 月 30 日《关于婚姻家庭问题的调查（草稿）——陕西省延安县川口公社三个生产大队的情况》，延安市档案馆档案，全宗号—目录号—案卷号—存期：(1—1)—1—216—永久。

⑤ 西安市妇联农工部 1961 年 3 月 28 日《在新筑公社对于家庭关系情况的了解》，陕西省档案馆档案，全宗号—目录号—案卷号—存期：178—2—370—长期。

儿、媳均不愿赡养，矛盾更尖锐。① 临潼县吴西村农民许××，1962 年春节前，每顿只给 80 多岁的父亲吃两碗稀饭，春节后每顿只许吃一碗半，平时不许老人进灶房，1962 年 3 月更进一步把老人分出去不管吃饭。面对生产队的一再劝解，许××妻子说："他想吃饭，为啥不去拉架子车？"白水县城关公社南桥大队社员刘××，为吃饭用粮与妻子分居后，和母亲同住，但母子在吃粮上仍有矛盾，1962 年春，母子分开各吃各的，儿子把自己的粮锁起来并盖上字印，以防母亲偷吃。耀县阿子公社浪牛生产队社员冯××，母亲瘫痪，他不愿赡养，与其姐商量，以煤油一瓶、陈醋一瓶将其母灌死。② 商县刘村生产大队妇女崔××，嫌公婆多病不劳动，常叫骂公婆是"老不死"，不好好给吃饭。其家 4 口人，1960 年在食堂吃饭时按标准可打饭三勺半，崔××只打回一勺半，回家掺上水给两个老人吃，剩下的粮食自己偏吃。两个老人因吃不饱，病情加重，分别于 1960 年 4 月、11 月间死去。③ 泾阳县雪河公社廓苛村村民陈××夫妇和父亲分居另住，经常撕打老父，有一次甚至在撕打中将老父胡须扯掉了一撮；太平公社小槐村邹××是墓生子，母亲又患有瘿，他结婚后将母亲遗弃不管。④ 潼关县城关公社假明大队社员王某某和其妻经常虐待 70 多岁的父亲，克扣饮食，打骂侮辱，最后遗弃不管，分灶另过，老人怄气在心，厌世身亡；五虎张大队老虎城生产队社员冯××嫌母亲年迈没有劳动能力，不愿赡养，不但打骂虐待，连政府发给的救济粮也克扣自用，不管老人，气得他母亲精神失常，成了疯子。⑤

---

① 全国、省、专、县妇联，陕西省人民法院，中国科学院法学研究所联合组成的工作组 1962 年 4 月 20 日整理的《关于婚姻家庭问题的调查报告——陕西省渭南县固市公社桥马生产大队》，渭南市档案馆档案，全宗号—案卷号—存期：20—53—长期。

② 此处临潼、白水、耀县三例均出自全国妇联工作组 1962 年 4 月 30 日整理的《陕西省渭南专区婚姻家庭问题座谈纪要》，渭南市档案馆档案，全宗号—案卷号—存期：20—53—长期。

③ 陕西省民政厅 1961 年 9 月 21 日《关于家庭虐待问题的调查报告》，陕西省档案馆档案，全宗号—目录号—案卷号—存期：178—2—374—长期。

④ 泾阳县宣传贯彻婚姻法办公室 1963 年 5 月 8 日《婚姻法总结报告》，咸阳市档案馆档案，全宗号—案卷号—存期：019—36—长期。

⑤ 潼关县妇联 1963 年 4 月 18 日《关于婚姻、家庭问题的调查报告》，渭南市档案馆档案，全宗号—案卷号—存期：20—43—长期。

　　婆媳、公媳不能和睦相处，不仅使老年人生活困难，而且使丈夫两头受气，心情不愉快。以户县两个家庭为例。户县宋村公社宋西大队杨志利弟兄两个，原来关系很好，可是，杨志利结婚后，志利媳妇崔××嫌他哥在外工作，留下他哥的妻儿在家，本来孩子多，老人也要志利养活，便闹着分家。1959年分家后，父亲跟着志利他哥一家过，母亲跟着志利一家过，父亲经常有病，想和老伴待在一起，但志利媳妇怕老两口经常来来往往，都住在她家要她养活，因此，父亲一到她家，她就指鸡骂狗大闹一场。父亲没办法，曾几次到老祖坟上去哭，见人就说："社会把人弄成这般样子，阎王爷为啥不叫我死呢？简直是活受罪！"户县冯村生产大队社员高××的媳妇结婚以来，经常和老人打架、吵嘴，并以离婚威胁丈夫闹分家，丈夫没办法，只好于1961年和七八十岁的老祖母及五十多岁的父亲分家另过。分家后，高××经常闷闷不乐，觉得良心上过不去，操心父亲不会做饭，两个老人过不好，于是常吃过饭后又去帮父亲和祖母做饭，对生产和生活影响不小。①

　　一些老年人因此对新社会不抱好感，有的说："共产党什么都好，就是不爱老人"②；有的说："如今世事颠倒了，媳妇成了婆婆的天"③；有的说："现在按劳动吃饭哩，我看老了人难活"④；有的说："毛主席叫媳妇翻身了，解放了，连老年人都不尊重了"⑤；有的说："共产党啥都好，就是把青年人抬得太高，再这样下去，老年人就只有一条死路"⑥。

---

　　① 户县妇联1961年8月21日《关于目前农村在家庭关系方面存在问题的调查报告》，陕西省档案馆档案，全宗号—目录号—案卷号—存期：178—2—370—长期。
　　② 华县妇联会1962年5月23日《关于婚姻家庭问题调查报告》，渭南市档案馆档案，全宗号—案卷号—存期：20—53—长期。
　　③ 全国、省、专、县、公社五级妇联和中国科学院法学研究所共同组成的工作组1962年3月30日《关于婚姻家庭问题的调查（草稿）——陕西省延安县川口公社三个生产大队的情况》，延安市档案馆档案，全宗号—目录号—案卷号—存期：(1—1)—1—216—永久。
　　④ 唐巧云、刘翠英1962年1月31日《关于家庭问题的情况调查报告》，城固县档案馆档案，全宗号—目录号—案卷号—存期：34—34—57—永久。
　　⑤ 西安市妇联农工部1961年3月28日《在新筑公社对于家庭关系情况的了解》，陕西省档案馆档案，全宗号—目录号—案卷号—存期：178—2—370—长期。
　　⑥ 户县妇联1961年8月21日《关于目前农村在家庭关系方面存在问题的调查报告》，陕西省档案馆档案，全宗号—目录号—案卷号—存期：178—2—370—长期。

也有公婆嫌弃媳妇的，尤其是婆婆嫌弃媳妇吃得多、不知节省等。这种情况在两代人的摩擦中所占比例不大，但各地均有。如，蒲城县罕井公社山东大队三队张××的母亲，嫌媳妇吃得多、手脚笨，常常咒骂，有意寻事，媳妇忍受不了，曾试图自杀。[①]

1963 年，合阳县路井镇农民侯永禄编写的快板《宝蛋分家》[②]，正是针对农村不时发生的婆媳不和、嫌弃老人的现象有感而发，写得生动朴实。其中写道：

> 路井有个张老汉，年近四十没儿男，求神问卦又抽签，到处请医把病看，为娃百方都寻遍，两口没娃发熬煎。四零年，八月间，老婆怀孕心喜欢，老汉走路脚下欢，老婆做活把劲添。第二年，六月间，老婆添下好儿男，身儿胖，脸儿圆，起个名字叫宝蛋。老两口，庆从天，两眼眯成一条线。娃没奶，发熬煎，东奔西跑不停点，寻奶妈，脚跑烂，一月装麦三斗半。奶妈对娃心太淡，成天叫娃光叫唤，娃的脸儿快瘦干，抱回家中自己管……为娃渗尿把屎沾，常洗尿布和衣衫，尿湿裤子渗湿毡，妈睡湿处娃睡干。娃生病了更熬煎，黑明抱着不合眼，忙请大夫把病看，烧水熬汤把药煎……八九岁，把书念，买书买纸买笔砚。为先生，来管饭，豆腐火锅臊子面。起五更，睡夜半，大在地里把活干，为娃好好把书念，下苦受罪大情愿。初小完小都上遍，把娃送到中学班……娃二十，把婚谈，盼娃找个好伙伴。新婚姻，兴自愿，父母仍然把心担。张家丑，王家懒，李家姑娘文化浅，杨家花兰人称赞，曾在完小把书念。只要俩娃心情愿，老人保险没弹嫌。宝蛋花兰把话谈，两相情愿心喜欢。合作社，百货店，扯衣料，买绸缎，刚刚出了照相馆，又进食堂去吃饭。叫匠人，把炕盘，裱顶棚，油门扇，石灰搪墙砖炕面，新花被子羊毛毡。虽然不兴图彩礼，结婚哪样不花

① 1962 年 5 月 3 日蒲城县人民法院、蒲城县民政局、共青团蒲城县委会、蒲城县妇联会《对山东大队婚姻、家庭问题的调查报告》，渭南市档案馆档案，全宗号—案卷号—存期：20—53—长期。

② 侯永禄：《农民日记——一个农民的生存实录》，中国青年出版社 2006 年版，第 117—122 页。

钱？只要两口心欢喜，花钱多少咱不嫌。领了婚证喜事办，老汉老婆心喜欢，从今家中劳力添，两人不再受磨难。谁料喜事刚办完，老人却把愁肠添，花兰晚上泪涟涟，她给宝蛋诉屈冤：当媳妇，真作难，走步路也不自然……一天到晚不得闲，做得我腰痛腿酸，屋里做了大摊活，下地劳动还争先。十天没见我娘面，偷的米面在哪边？一月挣工二百三，他俩一分也不见。自己不去把活干，反说人家怕动弹。一顿能吃几大碗，还说我的嘴儿馋，萝卜调菜咬不烂，说我有意造困难。清鼻涎水吊串串，肮里肮脏真麻眼。现凭劳动来吃饭，多劳多得理当然。咱这光景没法远，早打主意少意见。……依我看，弄另干，你和你大妈过一摊，分我一个当单干，下苦受罪心情愿，省得你妈再多嫌，省得说我把光沾。张宝蛋，不言传，心中老是发熬煎。见了大妈难开言，吞吞吐吐说一番：标准太低没法办，分家现在不稀罕……老汉老婆听罢言，思前想后好作难：有心不分向前远，只怕花兰不情愿；有心离婚弄另干，穷汉娶妻太作难。为了叫娃少作难，分开也罢试试看……宝蛋听了照着办，惜惶老婆和老汉。花兰水瓮满又满，老婆水瓮底朝天，六十老汉把水担，宝蛋装下没看见。没牙老婆去碾面，地下洒下一大摊。老婆灶火没有炭，老汉去把柴火砍。买油买盐没有钱，老婆给人去纺线。今夏分粮不一般，人和劳力各一半，宝蛋分下五六百，老汉分下一百三。宝蛋吃的是然面，老汉吃糠把菜咽。老汉见人不言传，老婆成天泪涟涟。人人都盼养儿难，养儿育女是枉然。没娃老人五保管，有娃更比没娃难。有娃要受窝囊气，没娃也会苦连连。老汉打量没法办，想买粮食却没钱，二老若要不受饿，厦房只好卖两间。宝蛋闻之心不安，花兰翻脸生事端：老汉做事理不端，祖传家业哪能完，好吃懒做怕动弹，要想卖房难上难。按劳分配是正理，毛主席改造的是懒汉，不爱劳动莫吃饭，受饿也是理当然。连说带跳骂得欢，真正气坏张老汉，房中拉出张宝蛋，咱到公社把理辩……大队支书到跟前，上前忙把老汉挽，好言先将老人劝，再叫宝蛋和花兰：你们两个是青年，也要养女生儿男，父母虽说有缺点，难道就该你不管。婚姻法上有规定，赡养父母理当然，谁若虐待另眼看，那他就是把法犯，父母若不把你管，怎能从小到今天？

你娃将来照你办，你的心里安不安？手搭心口细检点，看你今后应咋办？说得花兰红了脸，说得宝蛋不言谈。

面对两代人不睦带来的诸种问题，一些媒体通过树立正面形象来引导良好的家庭关系。《陕西农民》1964年5月20日4版刊登的西北政法学院新闻系实习组查振宝写的《玉兰是个好婆婆》便是一篇。其中讲，眉县城关公社西关大队妇女队长裴烈娥的婆婆王玉兰一心支持儿媳妇专心工作，自己既在家做饭、看孙子，还要喂猪；为了让因为干工作而常常吃饭没准点的烈娥能吃上热饭，婆婆学会了认钟表；烈娥第二个孩子还不到一岁、还没断奶的时候，烈娥要到武功去十几天，学习张桂芳务棉组的经验，玉兰支持烈娥去，让把孩子给她留下来，她想办法喂养好。

家庭关系不和的另一表现是夫妻不和。比较多见的是丈夫经常殴打妻子。由于男子在体力上占有优势，夫妻发生冲突时，多是女方挨打。合阳县王村公社1961年6—8月受理离婚案20件，其中就有三对是因为女方常受男方毒打。[①] 女方嫌弃男方的，主要存在于男方入住女方家庭的婚姻中。比如，大荔县范家公社范家大队六队李××的女儿，1960年招杨××为婚时，杨曾将自行车和三间房子卖掉，把钱带到李家，但在生活困难时，李家人一股子虐待杨××，不让吃饱，把杨饿得像个木头人。[②]

家庭关系不和，既影响生产，又影响家庭生活的合理规划，对整个家庭的发展非常不利。

（四）婚俗革命化

1964年，"移风易俗"、"破旧俗，立新风"、"革命化"成为媒体中的高频词语，阶级观念亦通过"四清"、"社会主义教育运动"等更强势地进入民间，陕西农村的婚俗与婚姻观念发生了相应的变化：找对

---

① 合阳县妇女联合会1962年4月20日《关于婚姻家庭问题情况的报告》，渭南市档案馆档案，全宗号—案卷号—存期：20—53—长期。
② 大荔县妇联会1963年3月17日《大荔县范家公社范家大队婚姻问题调查报告》，渭南市档案馆档案，全宗号—案卷号—存期：20—43—长期。

象开始关注家庭成分；婚礼以简朴为时尚；工作、学习第一，婚姻家庭第二。

　　虽然从土改开始，政府就开始在农村宣扬阶级观念，但新中国成立十多年来，在陕西农村，女性找对象并未太在意家庭成分，她们看重的是对方的经济状况、长相和身体状况。1963年以后，家庭成分在现实生活中的影响越来越大——子女的升学与走出农村的机会、一家人言论的自由度、犯错误后得到怎样的处罚、家庭可否获得返销粮等都与家庭成分密切相关。于是，务实的农民找对象时外加了一条：看家庭成分。"地主"、"富农"、"反革命分子"、"坏分子"的子女在谈婚论嫁方面低人一等。相应的，与贫下中农成婚被认为是"革命化"、"有阶级觉悟"的表现。《陕西农民》报1964年有多篇以与贫下中农子弟结婚为荣的典型报道。如，田秉毅《劳模嫁女》[1] 中渭南县双王公社双王大队党支部书记、劳动模范刘述贤的女儿刘聪芳，从中学回家务农，找了贫农、家里只一个60多岁老母的解放军战士李洪金；郭喜山《秀珍的婚事》[2] 中洛南县阴底公社石桥大队第二生产队女青年李秀珍1962年从学校回到农村，劳动好，思想好，在1963年冬的社会主义教育运动中，被选为出纳，许多青年想和她谈恋爱，可她偏偏选了家底薄的贫农青年魏生才结婚；靖边县团委《黄立芳的主意正》[3] 中的靖边县新城公社新城大队女青年黄立芳顶住舆论的压力和父亲的反对，爱上了劳动好、思想好、又是学习毛主席著作积极分子的本队贫农青年柴泽旺。

　　婚礼方面，讲究破除旧风俗、旧家规，立革命新风。下面这首小诗描述的正是这种"新风"：

　　　　人民公社人民夸，结婚嫁女兴新法。不坐花轿不骑马，不请乐人滴滴答；不拜天地不撒草，封建旧习连根挖；队里套上大马车，大红帐篷车上搭；新郎新娘同车坐，"得儿咻咻"到婆家。毛主席像前行婚礼，礼毕大家把房耍；小伙叫唱"学雷锋"，老汉叫学

---

①《陕西农民》1964年1月22日1、2版。
②《陕西农民》1964年12月9日4版。
③《陕西农民》1965年12月23日3版。

"公鸡摇尾巴"；逗得全屋人笑哈哈，公社就兴这新法。①

"立革命新风"的婚礼一般表现为：新娘不再坐轿、骑马、骑毛驴，而是步行、骑自行车、坐大马车到男方家里；男方不再大操大办，不设酒席，只请一些亲友吃顿简餐而已；女方以劳动工具为嫁妆等。下面的几个典型婚礼可以为例。渭南县双王公社双王大队姑娘刘聪芳，结婚那天独自一人骑了一辆自行车到男方家里，她父亲说等闲下了给她做个架子车、买个镢头作为嫁妆，让她婚后好好劳动，尊敬老人；男方没办酒席。② 扶风县天度公社鲁上大队大埃生产队的一对青年王宗虎（男）和张转贵（女）结婚那一天，王家没摆酒席，只请亲戚到家里；张转贵也没骑马坐轿，而是和几个要好朋友一起说说笑笑走到婆家；中午，社员们下地回来，新婚仪式开始了：团支部代表主持婚礼，他先鼓励一对新人继续努力，接着由团小组代表给一对新人送上礼物——一把新铁锹、两本毛主席著作、一些"阿夫"麦种，一对新人表示一定要好好劳动，然后青年们说快板、唱歌，婚礼在欢快的气氛中完成；晚上，青年们又在新房里和一对新人一起高唱革命歌曲，取代旧式低级趣味的"耍房"风俗。③ 宝鸡县城关公社西秦大队第六生产队共青团员任引娟结婚的时候做移风易俗的先锋，不择吉日，不坐彩车、花轿，没有请客收礼，队干部和几个青年陪她走到婆家；生产队给她送了生产工具和学习书籍，团支部用红纸给她写了鉴定和贺词，作为"嫁妆"。④ 清涧县乐堂堡公社李家沟大队五好女民兵张菊英 1965 年 11 月 25 日结婚，前一晚，她还在参加民兵连的毛主席著作学习会；为了鼓励她移风易俗，民兵连送给她一套毛主席著作，上面写着"读毛主席的书，听毛主席的话，按毛主席的指示办事"。还送给她一把铁锹，上面写着"劳动光荣，在三大革命运动中当尖兵"。⑤

在"工作、学习第一，婚姻家庭第二"的观念引导下，为工作和学

---

① 毋克明：《结婚嫁女兴新法》，《陕西农民》1964 年 1 月 25 日 4 版。
② 田秉毅：《劳模嫁女》，《陕西农民》1964 年 1 月 22 日 1、2 版。
③ 鲁上大队通讯组：《这样办婚事好》，《陕西农民》1964 年 12 月 2 日 4 版。
④ 史志忠：《引娟结婚不坐彩轿》，《陕西农民》1964 年 12 月 30 日 2 版。
⑤ 惠九义：《姑娘出嫁的时候》，《陕西农民》1965 年 12 月 23 日 3 版。

习推迟婚期被认为是革命行为。渭南县固市公社西北大队第三生产队女社员刘宝存，1961年从固市民办中学毕业后，本来准备1964年元旦结婚，可是她从《中国妇女》上看到王娟娟为了工作和学习三次推迟婚期，知道了全国劳动模范裔式娟结婚时都33岁了，再看看左邻右舍的妇女二十七八岁就孩子好几个，什么也干不成，于是决心推迟婚期；她未婚夫正在上学，也建议结婚晚一些；她有空就去他家照顾60多岁的老父亲，同时自己读书学习。[1] 韩城县贫下中农陈莲贞1964年23岁了还没结婚，人家都叫她"大闺女"，她不在乎，宁愿为了革命推迟婚期。她18岁时和贫下中农青年孙存学订了婚，1961年，孙存学家又是修房又是打柜子准备结婚，她父母也同意，但两个青年正上学，他们坚决响应党的号召推迟了婚期；1961年夏天，他俩从学校毕业，陈莲贞回家务农，孙存学要去参军，他父母又急着要在他参军出发之前给儿子办婚礼，两个青年又坚决拒绝了。他们俩因没有家庭拖累，工作都干得很好，经常互相鼓励，她当上了"五好社员"，还被推选为县上的贫下中农代表，他当上了"五好战士"，进步也很快。[2]

婚俗的革命化应该是受到大多数农民欢迎的。因为烦冗的婚俗带来的必然是高额的结婚费用，在物资匮乏的年代，这对尚处于温饱线以下的陕西农民来说，无疑是沉重的负担，使许多家庭的困难雪上加霜。

（五）外省流入妇女增多

1959—1962年全国范围的严重饥荒，迫使遭灾严重的省区人口外出逃生。和陕西邻近的甘肃、河南、四川、山东、安徽等省的灾区妇女大量流入陕西农村。她们有的是经人介绍或由人贩子贩卖到陕西，和流入地的单身男子结婚；有的是盲目乞讨者，即当时官方所谓"盲流"，迫于生计，她们中的大多数不领结婚证就和流入地的男子一起生活，当时官方文件称之为"非法同居"。

流入陕西农村的外地妇女的总人数尚未见到比较权威的统计，但从各地的统计可见一斑。在延安专区，以宜君、宜川、洛川、黄龙、富

---

① 刘宝存：《我推迟了婚期》，《陕西农民》1964年2月22日4版。
② 陈莲贞：《为革命推迟结婚》《陕西农民》1964年12月30日2版。

县、甘泉等地的外地流入妇女居多，据 1962 年不完全统计，宜君有 310 人，延安县有 200 人；这些流入的妇女有成年妇女，有幼女，也有有夫之妇；有的已在流入地怀孕生子但尚未办理结婚手续，有的本夫找来造成纠纷。① 在渭南县，仅固市公社桥马大队 1962 年 7 月就已经有自流妇女 8 人，其中 7 人与人同居，1 人给人做了养女。② 富平县 1961 年仅从甘肃流入、与本地农民非法同居的妇女就有 1292 人；合阳县 1960—1962 年流入的外地妇女也在 580 人以上，稠桑公社 1961 年统计的外流妇女人数已达 210 名。③ 在潼关县城关公社吴村大队东城子队，1961 年至 1963 年春，流入 4 个外地妇女，与 4 个社员同居。④ 在泾阳县，1962 年的调查结果显示，本地人与外省"盲流"妇女同居的有 949 人，仅王桥公社就有 60 人，其中已生孩子的 19 人，怀孕的 1 人。⑤

从流入的趋势来说，1960 年、1961 年是外地妇女流入的高峰期，1962 年人数减少，此后仅零星出现。这些外流妇女有些是"春来，夏发生，秋冬走"，即春荒时流入陕西农村，夏季麦收后多与中老年男光棍、中年丧妻者同居，秋冬弄些钱粮又回原籍去了。⑥ 有的妇女在原籍已经结婚，甚至有孩子，生活状况好转后，丈夫来找，与妇女在流入地的同居者之间发生纠纷。有的妇女甚至已经在流入地怀孕或生下孩子，但由于在流入地是"非法同居"，得不到法律保护，只好又随合法丈夫回原籍。子洲县 1959—1962 年从甘肃流来的许多妇女在 1963 年、1964

<hr />

① 延安专署政法党组和延安专区妇联 1962 年 4 月 30 日《关于农村婚姻问题情况的调查报告》，延安市档案馆档案，全宗号—目录号—案卷号—存期：（1—1）—1—216—永久。

② 陕西省民政厅党组、陕西省高级人民法院党组、陕西省妇联会党组、共青团陕西省 1962 年 7 月 30 日《关于当前农村婚姻、家庭存在的问题和今后意见》，见中共陕西省委文件《省委批转"关于当前农村婚姻、家庭存在的问题和今后意见"》（1962 年 8 月 7 日），榆林市档案馆档案，全宗号—案卷号—存期：（1—1）—497—长期。

③ 全国妇联工作组 1962 年 4 月 30 日整理《陕西省渭南专区婚姻家庭问题座谈纪要》，陕西省档案馆档案，全宗号—目录号—案卷号—存期：178—1—315—永久。

④ 潼关县妇联 1963 年 4 月 18 日《关于婚姻、家庭问题的调查报告》，渭南市档案馆档案，全宗号—案卷号—存期：20—43—长期。

⑤ 泾阳县宣传贯彻婚姻法办公室 1963 年 5 月 8 日《婚姻法总结报告》，咸阳市档案馆档案，全宗号—案卷号—存期：019—36—长期。

⑥ 全国妇联工作组 1962 年 4 月 30 日整理《陕西省渭南专区婚姻家庭问题座谈纪要》，陕西省档案馆档案，全宗号—目录号—案卷号—存期：178—1—315—永久。

年纷纷返回原籍，造成普遍的婚姻纠纷。①

据眉县一位老人讲，20 世纪 60 年代初，一位来自甘肃、约十三四岁的女孩逃荒至眉县县城附近，被蔡家崖村一户人家收留为童养媳，不久，因为儿子不喜欢这个女孩，这家人又把她辗转卖给田家寨村，这个女孩在田家寨村生活了一段时间，在村子里以胆大闻名，爬树、上房顶……爬高踩低，很是泼辣。过了一段时间，这个女孩的老家生活好转，她对田家寨的未婚夫又不满意，就以回娘家探亲为名，一去不复返。②

也有些在流入地落下脚来，结婚生子，勤勤谨谨，渐渐融入当地的生活，成为陕西农村妇女中的一分子。

六　军属婚姻的特殊苦恼

虽然不少农村女青年找对象时对军人很是青睐，有"一干二军三工人，宁死不寻受苦人，至下也找个城市贫民"③ 的想法，但是事实上，军人与农村女性的结合未必是稳定、和美的婚姻。因为现役军人的配偶不仅不得不忍受夫妻长期两地分居的精神孤苦，而且除了和其他妇女一样参加田间生产之外，必须独自承担日常的、琐碎的养育儿女等家务，不像那些丈夫在农村的妇女或多或少可以得到丈夫的帮助。

新中国成立之初，军人婚姻中最突出的问题是未婚夫或丈夫参军在外、长期未与家庭联系的军属要求尽快明确自己的婚姻状态：要么政府帮助她们寻夫，要么政府支持她们离婚。

1950 年的新婚姻法第十九条规定："现役革命军人与家庭有通讯关系的，其配偶提出离婚，须得革命军人的同意。自本法公布之日起，如革命军人与家庭两年无通讯关系，其配偶要求离婚，得准予离婚。在本法公布前，如革命军人与家庭已有两年以上无通讯关系，而在本法公布后，又与家庭有一年无通讯关系，其配偶要求离婚，也得准予离婚。"

① 陕西省妇联、陕西省高级法院 1964 年 4 月 27 日联合召开的婚姻座谈会会议记录，陕西省档案馆档案，全宗号—目录号—案卷号—存期：178—1—380—永久。

② 李巧宁 2012 年 1 月对眉县李金海的访谈记录。

③ 共青团榆林地委，榆林专区妇联《关于农村婚姻问题的报告》（1961 年 12 月 30 日），榆林市档案馆档案，全宗号—案卷号—存期：7—118—长期。

此法的颁布，使一些多年与丈夫或未婚夫未通音讯的军属，看到了结束漫漫无期的孤苦等待的机会。尤其是男方多年未与家庭联系的，女方强烈要求政府帮她们寻找丈夫的下落，给她们的婚姻一个说法。绥德分区妇联1951年组织的访问团对老区的婚姻问题进行调查，发现军属的特殊婚姻问题相当突出，比如在绥德县，平均每个乡都有五六个军属婚姻问题，这些军属普遍地已经在家等待丈夫达七八年左右，她们无心生产，甚至心灰意冷。绥德县张立志的儿子参军在外，多年没有音讯，儿媳向他要男人，要么就要重新改嫁；丹凤县芦套乡三村王如梅17岁结婚，男人结婚四年后外出参军，一直没有音讯，她说："我已经整整地等了13年，今年我已33岁，等吧，能等个啥下场！"延川县蟠龙镇姑娘张能，未婚夫参军，和家里没有联系，她因不能结婚，经常哭哭啼啼，想出去找未婚夫；延川县永坪镇三乡贺家圪台贺满有参军十多年，到1951年还是没有音讯，一直在家苦等的妻子刘桂花哀怨地说："我是婆姨我是女？我是婆姨没男人，我是女不能嫁人。"军属的普遍呼声是：青叶等成了黄叶，政府再不帮助她们解决婚姻问题，黄叶就等成死叶了。①

即使丈夫有音讯，军属精神的孤苦与日常劳动中的无助，也使她们的婚姻带有更多不稳定因素。首先，现役军人长年在外，和未婚妻之间缺乏感情交流，即使偶有书信往来，也不可能充分交流，影响婚姻质量。如，1955年，临潼县四区三乡沟南睢村现役军人睢金合的未婚妻刘玉珍与教员王景璋谈恋爱，睢金合请假回家结婚，刘玉珍不同意，后来在区、乡、法院多方劝说下勉强与革命军人睢金合结了婚，但婚后宁愿一死，也坚决不与军人同房。②

其次，面对现实生活中的各种困难，军属更容易对能给她们切实帮助的异性产生感情，甚至与之发生婚外性关系。渭南地区中级人民法院1962年至1963年初审理的45起军婚案中，绝大多数属于这一类。比

---

　　① 绥德分区妇联1951年《老根据地军属婚姻问题》，陕西省档案馆档案，全宗号—目录号—案卷号—存期：178—2—16—长期。

　　② 1955年7月5日中共渭南地委通报（55）0092号——转发临潼县委关于临潼人民法院《关于五五年五月份非正常死亡的报告》的通报，渭南市档案馆档案，全宗号—案卷号—存期：1—404—长期。

如，潼关县肖根群经常帮助军人之妻沙巧梅担水、买煤、耕种自留地，天长日久，肖、沙二人产生感情，便开始同居；铜川县军人何志俊之妻孙秀娥婚后经常得到姚治全的关心和帮助，终与姚在同居，导致与何吵架离婚；蓝田县军人之妻穆白娃晚上在水磨磨完面，水磨管理员许宏乾帮她送面回家，两人发生关系。①

　　再则，军人之妻在日常生活中缺乏丈夫帮助，心理上处于弱势，很容易在两性关系上被处于强势的基层干部所要挟。据潼关、富平、蓝田、渭南、临潼、华县、蒲城、铜川等 8 个县市的不完全统计，1962年受理的 23 起破坏军婚案中，有 11 起军人的配偶，是与基层干部发生了两性关系。比如，富平县张朋在 1960 年任生产队长期间，对军人之妻杨淑珍以推磨不给牛和给多分粮菜、多记工分等手段硬逼软拉，使杨与其发生关系。② 中共延安军分区党委 1963 年 4 月在志丹县 11 个公社的调查发现，46 名现役军人中，已婚的 26 名，有未婚妻的 3 名，这 29名军属中，有 9 名有非正当的两性关系，占 31%；与这 9 名军属有非正当两性关系的男性，多为基层干部，他们利用职权和军属生活困难或思亲心理，多方诱骗。比如，志丹县纸坊公社杨庄大队大队长樊有贵，以谈心为名，以帮助解决生活困难为诱饵，从 1959 年起与军属任占英长期通奸，有时甚至与任在自己家中同居；永宁公社槐树庄大队队长蒋金生、会计崔国民，从 1960 年起就与军属曹士莲通奸；长安沟公社生产队长王彦福与军属赵志兰长期通奸，并与赵合谋将通奸生下的小孩捏死。③

---

　　① 陕西省渭南地区中级人民法院 1963 年 2 月 18 日《陕西省渭南地区中级人民法院关于审理破坏军人婚姻案件的情况报告》（渭院办字第 20 号），载中共渭南地委办公室《情况反映》第 21 期（1963 年 2 月 22 日）。渭南市档案馆档案，全宗号—目录号—案卷号—存期：1—3—1414—永久。

　　② 陕西省渭南地区中级人民法院 1963 年 2 月 18 日《陕西省渭南地区中级人民法院关于审理破坏军人婚姻案件的情况报告》（渭院办字第 20 号），载中共渭南地委办公室《情况反映》第 21 期（1963 年 2 月 22 日）。渭南市档案馆档案，全宗号—目录号—案卷号—存期：1—3—1414—永久。

　　③ 中共延安军分区党委《关于军人婚姻纠纷和破坏军婚情况的报告》（1963 年 4 月 14日），见中共延安地委文件［延发（63）31 号］《地委批转军分区党委关于军人婚姻纠纷和破坏军婚情况的报告》（1963 年 4 月 20 日），延安市档案馆档案，全宗号—目录号—案卷号—存期：（1—1）—1—254—永久。

泾阳县军婚不稳定的现象也印证了上述情况的普遍性。据泾阳县宣传贯彻婚姻法办公室 1963 年的调查了解,挑拨军人婚姻、与军属通奸、未征得军人本人同意就与军人未婚妻订婚乃至结婚的情况很严重。比如,该县王桥公社木梳湾大队有一群众与现役军人王清连的女人通奸,致使王夫妻关系破裂。①

军人婚姻纠纷和破坏军婚,不仅影响社会风气与治安,而且影响军人服役的信心以及群众参军的积极性。志丹县双河公社南沟门生产队军人刘汉明,在部队工作积极,思想进步,部队给他家里寄"喜报"、"光荣证"、"慰问信",鼓励家属以做军属为荣。但刘妻黄世琴一直与他人有通奸关系。难怪群众说:"军属光荣,光荣个毬! 谁当兵,谁倒霉。"②

七　小结

1950 年《中华人民共和国婚姻法》的颁布、宣传和贯彻,逐渐改变着陕西农村的婚姻家庭观念,婚姻中的民主、平等因素在增长。

虽然在 1950—1965 年间,包办买卖婚姻大量存在,甚至在 1959—1962 年间一度相当猖獗,但人们"养女解困"的观念在松动,尤其是一些青年妇女的婚姻自主意识有所提高。到 1953 年以后,长辈包办婚姻一般会在当事人默许的情况下进行,而且男女双方在结婚前可以单独见面、简单地谈话、照相等。

在家庭中,青壮年妇女由于参加了生产劳动,尤其是合作化以后和男子一样挣工分,夫妻地位趋向平等。

但是,这种自主化、平等化、民主化的步子似迈非迈,忸忸怩怩。1936 年出生、现居商南县梁家湾镇梁家湾村三组的李翠英对自己婚姻

---

① 泾阳县宣传贯彻婚姻法办公室 1963 年 5 月 8 日《婚姻法总结报告》,咸阳市档案馆档案,全宗号—案卷号—存期:019—36—长期。

② 中共延安军分区党委《关于军人婚姻纠纷和破坏军婚情况的报告》(1963 年 4 月 14 日),见中共延安地委文件 [延发(63)31 号]《地委批转军分区党委关于军人婚姻纠纷和破坏军婚情况的报告》(1963 年 4 月 20 日),延安市档案馆档案,全宗号—目录号—案卷号—存期:(1—1)—1—254—永久。

的回忆颇具代表性:

> 我是1955年冬月结婚的。我和丈夫的年龄相差两三个月,当时都不足二十周岁。他是一个新参加工作的基层粮食购销站干部,我是一个不识字的农村青年。我们的结合,是喜也是忧。喜的是,我找了一个小干部。这是当时农村女青年都向往的事,她们为了摆脱贫困,把干部、工人、教师、军人等,作为寻找伴侣的理想对象。我实现了这个愿望,所以是喜。但丈夫有文化,是干部,这个婚姻能否长久? 这便是我的忧。
>
> 我们的婚姻感情基础很差,完全是双方父母包办的。我们虽然自小相识,但是没有单独说过话,没有恋爱过程。记得1953年腊月,我去梁家湾东头姐家,他从县上学校放假回来,在梁家湾中间的太阳庙相遇,他一见到我,便涨红了脸,一句话也说不出来,我则鼓起勇气看着他说了一句"你回来了!"他应了一声"回来了",双方脚步都没有停地继续按各自的方向走去。虽然是父母包办,但我们双方没有表示过反对,似乎都默许。1955年冬月,双方父母订了日子,给乡政府文书打了招呼,叫我们去领结婚证。我们两个一前一后,相隔一百多米走到了乡政府,找着文书,说明双方自愿结婚。文书也没有为难我们,填了证、盖了章,把结婚证分别递给我们。我们又一前一后地回到家里。

五四时期,鲁迅在易卜生的《玩偶之家》风行中国之际,敏锐地提出了"娜拉出走后怎样"的问题,分析妇女从婚姻中出走后的尴尬与出路。三四十年后,1949—1965年间,农村妇女从法律上获得了离婚的自由,可是和娜拉同样的困境依然摆在她们面前:离婚后怎么样? 到哪里去? 如何生存?

习惯上,妇女离婚后就不再是夫家人,自然应离开夫家回到娘家,法院一般不分割离婚前的财产给妇女,而娘家只是暂住之地,因为在娘家人看来,女儿既已出嫁,娘家的寸土寸地、一针一线都不属于女儿。1951—1955年间,每家每户都有自己的土地,只要勤劳生产,糊口基本能解决;离婚妇女只要在娘家勤劳,娘家人不会太在乎。1956年,随着高级农业合作社在陕西的普遍建立，土地归农业社所有，农户完全靠工分分红，劳力少而弱的家庭，生活困难日益突出；尤其是1958年下半年食堂化之后，吃饭按人定量，1960年以后，有些地方虽食堂散伙，但口粮标准很低，饥饿普遍地困扰着农民。再加上农村住房普遍不宽敞。这种情况下，妇女离婚后如果带着没有劳动能力的子女住在娘家，对娘家无异于极大的负担，难免产生矛盾。

1965年1月14日，贾惠英给宝鸡市人民委员会的信正反映了妇女离婚后的困境：贾惠英原是宝鸡市百货公司的营业员，1961年响应政府号召回乡生产，回到丈夫家所在的宝鸡县金河公社焦家沟生产队成为一名农民；1964年，因丈夫乔天禄毒打她，贾惠英离婚；离婚后她一直住在娘家，加重了娘家吃粮困难，引起弟媳和患有心脏病的弟弟极大的不满，已60岁上下的父母也经常用怪话骂她；她知道父母和弟弟不是不念亲情，而是因为实在穷困无法再负担她的那一摊子。可是，她自己一个女性，又带着孩子，无处可去！她希望政府给她安排个生产队，把户口迁过去，她参加劳动，挣工分，公社给救济个住处，帮她半年到一年，容她找到新对象为止，或请求复职。①

鲁迅说，经济上没有独立的娜拉，出走后只有两条路：不是堕落，就是回来。同样，没有住处，劳动所得微薄得难以糊口的农村妇女，离婚后要想缓解没吃没住的困境，只有一条路可走：尽快再嫁。

---

① 贾惠英1965年1月14日给宝鸡市人民委员会的信，宝鸡市档案馆档案，全宗号—目录号—案卷号—存期：23—2—195—长期。

第三章 生育:传统与现实之间的纠结

一 民国时期陕西的生育环境

自古以来,中国人就非常重视生育,"不孝有三,无后为大"的说法正是这种观念的体现。陕西作为中国古代文明的发祥地之一,陕西人也长期秉持"多子多福"、"早生贵子"的观念。民国时期,战乱频仍,西北地区社会很不安定,再加上瘟疫、水旱等灾害,以及卫生、医疗技术的落后,人口自然淘汰率很高,陕西人更是把生育、传宗接代看作人生顶级大事。因此,人们没有节育和避孕的观念,瓜熟蒂落,怀孕了就生下,无论日子艰难与否,都拉扯孩子长大。

在陕西人看来,生育是女性的本分与天职。一个女人如果没有生育能力,不仅别人看不起,自己也感到理亏;生子且多生子则是女人一生的荣耀。同样,人们认为,既然生育是女性的天职,分娩就是天经地义、自然而然的,分娩是否安全是命中注定的事情,只好听天由命。加之,女性普遍认为分娩跟月经一样羞于见人。因此,女性分娩时自接自生的现象很普遍,只有遇到难产才请接生婆,在山区更是如此。分娩的处所也是因陋就简:自家的炕头,做针线活用的剪刀,有时甚至是以指甲取代剪刀,身下垫的是稻草、麦草、沙、土或旧布片包着的草木灰。民间接生婆缺少科学知识,接生方法简单、原始。

方志中这样的记载很常见。比如,据《商南县志》记载,民国时期,在商南县农村,产妇临盆时多自生自接、坐式分娩或请接生婆,接生方法落后、愚昧、不讲卫生,遇到难产时,有的求神问卦,有的用榉面杖碾压、用秤钩拉,甚至鸣枪惊吓等。① 《南郑县志》载,在南郑县农村,遇到难产时,有的接生婆让产妇"打秋千"、"跪凳子",给产妇"压杠子"等,有时甚至用手伸入产妇阴道拽拉胎儿。② 《靖边县志》载,靖边县民国年间生小孩均坐着生或跪着生,唯独不许躺着生,若遇滞产、难产、胎位不正、胎盘不下等症,或求神保佑,或由老娘婆(注:当地群众对接生婆的称呼)用手挖扯胎儿;新生儿断脐带用未经消毒的剪子剪,或用破瓷片割、指甲掐等。③

简陋的分娩环境与卫生条件,致使分娩过程危险多发,给母婴生命与健康带来许多难以预料的威胁,产褥热和新生儿破伤风(注:民间称之为"四六风")非常常见。例如,渭南地区 1949 年共出生 5410 个新生儿,其中因破伤风死亡 995 例,死亡率 18.39%,产妇因产褥热死亡 138 人,死亡率 2.55%。④ 宝鸡地区新中国成立前夕婴儿死亡率也达 20% 以上,一些偏远山区高达 30%,其中半数是"四六风"所致,民间有"生一窝,死的多,村旁就是埋娃坡"的说法。⑤ 柞水县民国三十二年(1943 年)出生婴儿 209 名,死亡 115 名,占婴儿总数的 55.02%,产妇死亡 31 人,占产妇总数的 14.8%。⑥ 留坝县 1948 年婴儿成活率仅有 30.5%。⑦ 1940—1946 年,黄龙县圪台区第 7 乡共有有生育能力的妇女 207 人,生小孩 844 个,562 个死亡(注:其中破伤风死亡 128 个,流产 54 个,麻疹死亡 16 个,其他疾病死亡 364 个),死亡

---

① 《商南县志》第 24 卷"体育·卫生"之第二章"卫生"之第六节"妇幼保健",陕西省地情网 http://www.sxsdq.cn/dqzlk/dfz_ sxz/snxz/。

② 《南郑县志》之"体育·卫生志"之第八章"妇幼保健"之第一节"妇女保健",陕西省地情网 http://www.sxsdq.cn/dqzlk/dfz_ sxz/nzxz/。

③ 《靖边县志·卫生志》之第三章"保健"之第一节"新法接生",陕西省地情网 http://www.sxsdq.cn/dqzlk/dfz_ sxz/jbxz/。

④ 《陕西省志·妇女志》第一篇"社会状况"之第五章"妇幼保健"之第二节"新法接生",陕西省地情网 http://www.sxsdq.cn/dqzlk/sxsz/fnz/。

⑤ 《陕西省志·卫生志》第九篇"妇幼保健"之第二章"儿童保健"之第一节"行政管理",陕西省地情网 http://www.sxsdq.cn/dqzlk/sxsz/weisz/。

⑥ 《柞水县志》卷 24"体育、卫生"之第二章"医疗卫生"之第五节"妇幼保健",陕西省地情网 http://www.sxsdq.cn/dqzlk/dfz_ sxz/zsxz/。

⑦ 《留坝县志》第二十三编"卫生 体育"之第一章"卫生"之第五节"妇幼保健",陕西省地情网 http://www.sxsdq.cn/dqzlk/dfz_ sxz/lbxz/。

率高达 66.6%。① 宜君二区二乡阳崖子村 1946—1950 年共生孩子 21 名，活了 5 名，死了 16 名，其中 9 名死于四六风。②

有些妇女生育多胎，存活下来的仅是个别的。比较典型的如民国年间定边县白泥井、贺圈两地的两名妇女，各生孩子 18 胎，到失去生育能力时，膝下无一子女，全部因得四六风、天花、麻疹、百日咳等病死亡。③ 难怪当时民间有"只见娘怀儿，不见娘领儿"④、"穷山恶水贫穷窝，对门就是埋儿坡"⑤、"人生人，吓死人；儿奔生，娘奔死，阎王面前隔张纸"⑥ 等说法。

在原始、简陋的分娩环境中，产妇和婴儿即使存活下来，健康遭受破坏的比例也很高，婴儿容易出现痴、傻等残疾，产妇则多患各种妇女病。加之，农村妇女因为多子女、家务负担重，"坐月子"常常不能很好地休息，要下地做家务，除了庭堂洒扫、缝缝补补、洗衣做饭、照顾婴儿之外，有的还干挑水、磨面等重体力活。有些偏远贫瘠山区的妇女，甚至没有条件"坐月子"。如在白河县农村，人们没有孕产妇应该休息的观念，妇女怀孕后照常做各种活路，包括打柴、担水、推磨等，以至孕妇将孩子生在路上、磨坊、沟边、井旁之事时有所闻；妇女产后也不能很好地休息，有的上午分娩，下午下地劳动或喂猪、做饭。⑦ 分娩本已摧残了健康，产后又不能通过充分的休息使受损的身体得到恢复，致使很多妇女得子宫脱垂和尿瘘等症者，严重地影响了她们的正常生活。正如《陕西省志》对子宫脱垂患者的描述："患者常年穿着尿粪污染的裤子，严重的须用布兜托住脱垂的子宫挂在膀子或系在腰带上，

---

① 《黄龙县志》"卫生体育志"之第六章"妇幼保健"之第二节"妇女卫生保健"，陕西省地情网 http：//www.sxsdq.cn/dqzlk/dfz_ sxz/hlongxz/。

② 陕西省妇联延安分区办事处 1951 年 1 月 22 日《1950 年妇婴卫生情况综合材料》，陕西省档案馆档案，全宗号—目录号—案卷号—存期：178—2—5—长期。

③ 《定边县志》第十五编"文化教育卫生体育科技"之第五章"医疗卫生"之第七节"妇幼保健"，陕西省地情网 http：//www.sxsdq.cn/dqzlk/dfz_ sxz/dbxz/。

④ 《镇坪县志》卷二十七"卫生志"之第六章"妇幼保健"之第二节"新法接生"，陕西省地情网 http：//www.sxsdq.cn/dqzlk/dfz_ sxz/zpxz/。

⑤ 同上。

⑥ 宝鸡地区民谣。

⑦ 《白河县志》"体育卫生志"之第二章"卫生"之第六节"妇幼保健"，陕西省地情网 http：//www.sxsdq.cn/dqzlk/dfz_ sxz/bhxz/。

甚至夜间被猫、鼠咬烂,因此被丈夫或家人遗弃,肉体和精神上受到严重摧残。"①

怀孕的艰难过程、分娩的种种危险,妇女只能默默地承受。在她们看来,既然生而为女人,承受这一切是必然的,也是义不容辞的;健康受损甚至失去生命完全是天命,个人既无法控制,亦无法扭转。因此,妇女普遍对怀孕和分娩很淡定,从从容容,甚至有些满不在乎。

孕和生,虽艰难,只在一年半载之间;育,相比而言,需要付出更多的耐心与辛劳。对陕西农村妇女而言,育子女首先意味着做吃的、缝穿戴、照看子女的安全。于是,除准备一日三餐之外,纺线、织布、缝补浆洗、叫大的喊小的……成为妇女生命的核心内容,锅台、炕台、磨台、井台交织成她们日常生活的天地,直到张罗着让子女们一个个出嫁、结婚。其间的琐碎与劳碌是农村妇女生命的年轮。

二　1949—1965 年国家的生育政策

1949—1965 年间,新中国的生育政策不是连续的,其间有过反复。1949—1954 年上半年严格限制节育;1954 年下半年到 1957 年,放宽对节育的限制,并宣传避孕;1958—1961 年生育政策缺失,国家对节育与避孕既未限制,又未宣传;1962—1965 年国家再次宣传节育,各级计划生育委员会逐步建立,从城市到乡村逐步推行计划生育。

1949 年到 1954 年上半年,国家对生育实行不限制政策,对节育工具的销售和节育手术进行严格控制。

这个阶段有两个重要的文件。一是 1950 年 4 月 20 日,中央人民政府卫生部、人民革命军事委员会卫生部下发的《机关部队妇女干部打胎限制的办法》②。它要求各级机关、部队严格限制妇女干部的打胎行为,提出不符合所列六种情形或没有合法程序的打胎为"非法打胎",属严格禁止的行为。六种情形分别是:1. 有重症肺痨病、心脏病、肾脏病、

---

① 《陕西省志·妇女志》第一篇"社会状况"之第五章"妇幼保健"之第三节"妇女病普查普治",陕西省地情网 http://www.sxsdq.cn/dqzlk/sxsz/fnz/。

② 《中国计划生育工作手册》编委会编:《中国计划生育工作手册》,中国人口出版社 1996 年版,第 1161—1162 页。

恶性贫血或其他能影响孕妇生命的疾病等；2. 发生流产现象，安胎无效时；3. 为保障孕妇生命，须施行必要的治疗或手术，须先行打胎时；4. 因骨盆狭窄，难产或剖腹产二次以上者；5. 生育过孩子之孕妇身体衰弱足以影响儿童抚育者；6. 因患神经病，足以遗传胎儿者。

　　二是 1952 年 12 月 31 日，经中央人民政府政务院文化教育委员会修改的《限制节育及人工流产暂行办法（草案）》①由卫生部交各大医院参考。该办法更加详尽地对节育、人工流产和做绝育手术都做了严格规定和限制。其中第二条指出，只有具有下列三种情形之一者，才能施行绝育手术：（一）妇女有重症肺痨病、心脏病、肾脏病、恶性贫血或其他足以影响生命之疾病者；（二）妇女因骨盆狭窄、畸形，难产或其他原因剖腹生产二次以上者；（三）已婚妇女年逾 35 岁，有亲生子女 6 人以上，其中至少有一人年逾 10 岁，如再生育将严重影响其健康以至影响其生命者。第三条列举了可以做人工流产手术的三种情形：（一）孕妇患肺结核、心脏病、恶性贫血或其他重病，继续妊娠将危害母体生命或对母体健康有重大损害者；（二）发生流产现象，安胎无效者；（三）因骨盆狭窄、畸形或其他原因剖腹生产二次以上者。具备上述六条情形之一后，还要经夫妻双方同意，手术对象如果是政府机关或人民团体之现职干部，必须经其组织上的批准；依第二条之第三种情形实施绝育手术的对象须有户籍主管机关之证明，或服务机关人事部门之证明。不合该办法规定的绝育手术或人工流产，以"非法堕胎"论罪，手术者及手术对象均由人民法院依法处理。对节育工具的使用与出售，该办法也做了限制。

　　1954 年下半年至 1957 年，国家放开了节育及避孕工具销售限制，逐步宣传节育、避孕。

　　1954 年 11 月 10 日《中央人民政府卫生部关于改进避孕及人工流产问题的通报》②是生育政策转变的一个重要节点。它指出：卫生部过去的限制节育政策已经不合时宜，此后"避孕节育一律不加限制，但亦

---

　　① 《中国计划生育工作手册》编委会编：《中国计划生育工作手册》，中国人口出版社 1996 年版，第 1163 页。

　　② 同上书，第 1164—1165 页。

不公开宣传,凡请求避孕者,医疗卫生机关应予以正确的节育指导",
"一切避孕用具和药品均可以在市场销售,不加限制";关于人工流产,
凡医学上认为不宜妊娠或子女稠密,在哺乳期四个月内又继续怀孕而哺
育有困难者,经夫妇双方签名申请,医师证明,所在机关负责人批准,
可以进行手术;如因特殊工作关系或学习任务繁重,要求施行人流手
术,必须经主管机关负责人证明同意,并经医疗机关批准;妇女绝育手
术,如妇女有严重肺结核、心脏病、肾脏病、恶性贫血、骨盆或产道狭
窄,或畸形,剖腹已二次以上者,或已生育过六次,因妊娠而影响身体
健康者,经夫妇双方同意,医师证明,主管机关负责人批准可施行。

　　1955 年 3 月 1 日,中共中央对中央人民政府卫生部党组《关于节
制生育问题向党中央的报告》所做的批示中,指出:节制生育是关系广
大人民生活的一项重大政策性的问题,在当前情况下,党中央是赞成适
当地节制生育的;各地党委应在干部和人民群众中适当地宣传党的这项
政策,使人民群众对节制生育问题有一个正确的认识。①

　　1956 年 3 月 30 日中华人民共和国卫生部《关于人工流产及绝育手
术的通知》再次放宽了对做人工流产和绝育手术的限制,规定:"凡因
妇女患有心脏病、肾脏病、高血压、以前有并发妊娠中毒、恶性贫血及
白血病、支气管扩张及严重支气管喘息、胃及十二指肠溃疡、肝脏病、
胆囊炎、胆石症、膀胱病、糖尿病、突眼性甲状腺肿、副甲状腺病、结
核病、恶性肿瘤、恶性妊娠呕吐、青光眼、视网膜剥离、双目失明、进
行性近视眼、食道狭窄、人工食道、缺一肾、缺一肢体者,以及男女任
何一方患有进行性梅毒、癫痫病或神经病和精神病者,或因工作特殊需
要(指演员出国表演、留学生出国进修,一般开会参观不在此例)、学
习任务特殊紧张(指 1948 年前参加工作,年龄已超过 30 岁,而现在正
在进修期内,一般大、中学生不在此例),家庭经济情况确属困难,子
女稠密(指产后四个月妊娠),子女亦多而影响妊娠者(指现存子女已
有四个)",均可申请人工流产手术;"凡妇女患有严重心脏病、肾脏
病、高血压、以往有并发妊娠中毒、进行性结核病、恶性贫血、白血病

　　① 《中国计划生育工作手册》编委会编:《中国计划生育工作手册》,中国人口出版社
1996 年版,第 1168 页。

和适合人工流产手术的疾病者，或已剖腹产二次以上者，以及妇女年龄在 30 岁以上，现有子女 4 人，家庭经济确属困难或健康情况不好，哺育有困难者"，均可申请进行绝育手术。[①]

1957 年的各大报刊均有宣传避孕意义以及避孕方法的文章刊登。

1958 年以后，由于大跃进对人力的需要，以及反右派运动以来对马寅初的批判，节育、避孕不再被广为宣传，各级政府部门也对计划生育避而不谈、不管、不问。

直到 1962 年，计划生育的问题才再次被提出。1962 年 4 月 5 日，中华人民共和国卫生部发出《关于进一步开展计划生育避孕知识的宣传与技术指导工作的通知》[②]，提出在城市和人口密度较大的农村，适当地宣传和推广节制生育，做好避孕知识的宣传与技术指导，以及避孕药品、用具的生产供应工作。1962 年 12 月 18 日，中共中央、国务院《关于认真提倡计划生育的指示》[③]重申了卫生部 4 月 5 日的通知精神，并对如何落实这一精神做了详细的指导。1964 年，全国第一次计划生育技术指导工作经验交流会在北京召开，大大推动了计划生育工作的开展。

可以说，1962 年以前，无论是限制节育的规定，还是鼓励避孕的政策，都更多地着眼于客观条件，对妇女的主观意愿考虑得较少。比如，关于做人工流产手术和绝育手术的限制性规定，一般只有在手术对象身体条件不适宜怀孕或生育时才允许做。而 1962 年以后，鼓励妇女主动地节育。

三　1949—1965 年陕西的生育宣传与农民反应

1949—1965 年间，陕西农村的生育宣传与国家的生育政策基本是一致的，但基于陕西农村的现实情况，又有所调整。总体上来说，1949—1955 年，主要宣传妇幼卫生常识，宣传新法接生，提高婴儿成

---

① 《中国计划生育工作手册》编委会编：《中国计划生育工作手册》，中国人口出版社 1996 年版，第 1172—1173 页。
② 同上书，第 1175 页。
③ 同上书，第 1175—1176 页。

活率；1956—1957 年宣传避孕的好处和方法；1958—1962 年，生育宣传基本缺失，1961—1962 年主要宣传子宫脱垂、闭经、白崩病等妇女病的防治，再次宣传妇女劳动保护与妇幼卫生的意义；1963—1965 年宣传计划生育，动员群众避孕、做节育和绝育手术。

（一）普及妇幼卫生知识与新法接生（1949—1955）

新中国成立之初，陕西农村的生育环境与民国时期相比并没有多大改善，依然简陋、原始，医疗卫生水平低，婴儿死亡率高，妇女得月经病、产后病的很普遍，农民们面临的现实问题是如何提高婴儿成活率，改善妇女的生育环境。因此，作为对西北妇婴委员会 1950 年 6 月提出的"保护母亲、儿童健康"的任务的响应，1952 年陕西省卫生厅发出关于开展妇幼卫生工作的指示，对设立妇幼保健站，宣传妇幼卫生，开展婚前检查、产前检查、新法接生以及成立接生站等工作做了具体部署；同年颁布《关于陕北老区免费接生的暂行办法》，每年拨出专款，为陕北老区群众免费接生；也是在 1952 年，陕西省卫生厅派出工作组，由医政科长王光清、副科长张铝重带队，到陕南、陕北开展卫生工作，将普及新法接生作为调查内容之一。[①]

1953 年，陕西省卫生厅妇幼卫生工作队一成立，即以三个小队分赴延安、榆林、绥德等地区，通过开群众会、妇女会等方式，宣传新法接生，利用农闲时间举办接生员训练班，向有接生实践经验、在群众中威信高的旧接生婆，以及部分 25 岁以上具有小学文化程度的妇女积极分子进行新法接生的培训，采用挂图、模型、幻灯等，讲解女性生殖器解剖、保护会阴等操作方法，一般训练 10—15 天，学员除听课外，还到所在县卫生院进行接生及产前检查的实习。[②]

针对一般的农村妇女，主要是普及妇幼卫生常识，通过冬学、会前、会末等让妇女们懂得经期和孕产期的卫生与自我保护，尤其是新法接生的好处。比如，1950 年 11 月，陕西省民主妇联指示陕西省各市、

---

① 《陕西省志·卫生志》第九篇"妇幼保健"之第一章"妇女保健"之第一节"行政管理"和第二节"母婴保健"，陕西省地情网 http://www.sxsdq.cn/dqzlk/sxsz/weisz/。

② 《陕西省志·卫生志》第九篇"妇幼保健"之第一章"妇女保健"之第二节"母婴保健"，陕西省地情网 http://www.sxsdq.cn/dqzlk/sxsz/weisz/。

县妇联会广泛发动妇女入冬学，冬学中要联系妇女特殊问题来讲授，如妇幼卫生常识、婚姻、反迷信等。① 同时，西安、宝鸡、绥德、延安、咸阳等地组织卫生人员和妇联干部，用群众会、庙会、展览、个别走访、短剧、画报、快板、幻灯、大字报、现身说法等多种多样的形式，向广大群众宣传新法接生的好处和旧法接生的危害，讲解"四六风"是怎么回事、怎样预防，让群众明白娃娃患病不是命、不是神，是不讲卫生的结果；有的地方还教给家长正确的育儿方法，像旬阳县就编印了《娃娃生长发育歌》、《新法接生就是好》、《张大妈领娃娃经验介绍》、《消灭蛔虫》等宣传材料，很受群众欢迎。②

配合陕西省政府的妇幼卫生工作，西北局和陕西省委的机关报《群众日报》也发表文章宣传妇幼卫生知识及新法接生的意义。如，《群众日报》1952年5月8日2版铜川一区妇女联合会党素清的文章《必须注意妇婴卫生宣传工作》，以发生在铜川一区五里铺市第七行政村妇女张兰英身上的事件为例，提出宣传妇婴卫生的必要性。文章称，1952年4月27日，张兰英生孩子时，叫了一个老娘婆（注：当地群众对接生婆的通称）来接生，生下孩子一个多钟头后，衣胞还没下来，老娘婆便剪断脐带，叫张兰英躺在椽上，她从张的后腰往下打，打了三个钟头还没见衣胞下来。村长劝张兰英的弟弟到五里铺市联合诊所请医生，张的弟弟一是怕花钱，二是嫌怪，没去请医生，又叫了另一个老娘婆来。第二个老娘婆来了后，往手上和胳膊上搽了些油，把手伸进张兰英的阴道内抓了三把，衣胞被抓了出来，但产妇一下子断了气。产妇的弟媳还说："人活多少岁是天定的，人是没有办法的。"作者呼吁当地尽快加强妇婴卫生工作，以保护妇女婴儿的健康。1954年10月20日2版的两篇文章通过事实上的鲜明对比，宣传了新法接生的好处与旧法接生的害处。其中一篇是赵志恒、党春秀的《母子三人死得真冤枉》，讲1954年8月16日，蒲城县五区东社乡新庄村妇女王蒲儿，快生孩子了，她丈夫宋洲娃自己没有任何接生经验，却不去请接生医生，自己动手接

① 参见陕西省档案馆档案，全宗号—目录号—案卷号—存期：178—1—105—永久。
② 《陕西省志·卫生志》第九篇"妇幼保健"之第一章"妇女保健"之第一节"行政管理"，陕西省地情网 http://www.sxsdq.cn/dqzlk/sxsz/weisz/。

生,心想:"女人生娃这点事,有啥?"结果王蒲儿怀的是双胞胎,生了好久生不下来,宋洲娃不会处理,母子三人均被他折腾而死。另一篇文章是周希文、刘世廉的《新法接生母子三人平安》,讲的是 1954 年 3 月 30 日,丹凤县一区月日乡荑架山妇女刘志娥生孩子时,很困难,家人果断地请了接生站的医生,使折腾了一天多、已经筋疲力尽的产妇顺利地产下一对双胞胎,母子平安。

妇婴卫生宣传使农村妇女懂得了一些有关的科学知识,部分人开始使用月经带,注意经期的个人卫生,但在陕南和关中的多数地方,农村妇女由于生活条件差、家庭负担重,或是怕羞、自卑,依然很少对自己有更多的保护和顾及。以新法接生为例,有的妇女知道新法接生好,但怕到医院去分娩要花钱,只好在家里让旧产婆接生或自接自生。在陕北老区,由于 1952 年以后实行免费接生,政府资助建立了不少接生站,新法接生比例不断提高。以延安县李家渠和绥德县崔家湾区为例。李家渠 1952 年出生 73 个婴儿,新法接生 6 个,占总出生数的 8.2%,1953 年出生 86 个婴儿,新法接生 34 个,占 39.5%,1954 年出生 81 个婴儿,新法接生 51 个,占 62.9%;绥德县崔家湾区 1953 年 9—12 月有产妇 70 个,新法接生 52 个,占 74.3%,1954 年有产妇 109 个,新法接生 96 个,占 88.7%,1955 年有产妇 154 个,新法接生 150 个,占 97.4%,1956 年有产妇 63 个,新法接生 62 个,占 98.4%。[1]

(二) 避孕 (1956—1957)

1949 年以来较安定的社会环境,以及医疗卫生条件的不断改善,使生育率和婴儿成活率有所提高,到 1956 年,有的家庭因为多子女而生活困难。1956 年公布的《1956—1967 年全国农业发展纲要》第 29 条认为,农村应提倡计划生育:"除了少数民族的地区外,在一切人口稠密的地方,宣传和推广节制生育,提倡有计划地生育子女,使家庭避免过重的生活负担,使子女受到较好的教育,并且得到充分就业的机会。"

为此,陕西省民主妇女联合会、共产主义青年团陕西省委员会、陕

---

① 延安专区妇联 1956 年 5 月 27 日《妇婴卫生工作报告》,陕西省档案馆档案,全宗号—目录号—案卷号—存期:178—2—116—长期。

西省科学技术普及协会、陕西省卫生厅 1957 年 6 月 26 日联合发出了《关于开展避孕工作的通知》，要求各地重视避孕工作，一边大力宣传避孕既能减轻家庭负担，减少多生育对妇女健康的损害，又有利于父母抚养好孩子，一边做好避孕的技术指导工作。

在陕西省卫生厅的指导下，各县、乡开始在县城和县城附近的农村尝试宣传避孕。《陕西农民》也做了一些配合性的宣传。如 1957 年 5 月 4 日 6 版"拉家常"栏目钱洲河的文章《避孕正是爱护人》，针对群众认为宣传避孕是"人还不如牲口值钱，政府提倡大量繁殖牲口，却让人避孕少生娃"的误解，指出避孕对个人和国家都有好处：从个人来说，有的妇女因为生娃太早太稠，身体健康受到影响，也影响了工作和学习，造成生活困难，同时把娃也照管不好；从国家来说，人口的发展要有个规划，人口的增长要能适应国家经济水平的发展，如果在国家还贫穷的情况下，人口增长太快，不利于大家生活水平的提高，也会影响国家的建设；宣传避孕，不是不让大家生娃，而是让大家有计划地生娃，在完全自愿的情况下按照自己的实际情况安排生娃娃的时间和多少。1956 年 7 月 7 日 3 版的《这样就能少生娃》，介绍了浙江省卫生厅副厅长、著名中医叶熙春提供的一个可以少生娃的方子：妇女在月经过后的三五天内，把清明节前后、刚出生七天以内的蝌蚪用凉开水冲洗两三遍，然后用温开水活吞下，第一天吞 14 条，第二天吞 10 条，就可以保证五年不生娃；五年后如果还不想生，可以再这样服蝌蚪。1957 年 4 月 4 日 6 版陕西省卫生厅吴贤花的文章《紫茄子花能避孕》说，摘未开放的紫茄子花苞 14 个，在瓦片上焙成黄色，研成粉末；妇女生完孩子满月后，月经完全干净了，用黄酒做引子，把这些花粉末一次喝下，只要不再吃紫茄子，就不会怀孕。该文称，紫茄子花粉是凉性，喝了它子宫受寒，精子不容易在子宫里停留，也就不易怀孕；如果以后想生孩子了，吃些紫茄子就能使子宫恢复原样，就可以怀孕了。

在宣传避孕的同时，陕西省也在农村宣传新法接生和科学、卫生的育儿方法。比如，《陕西农民》1957 年 6 月 11 日 6 版小琼作文、陈永镇作画的文章《这些习惯要改掉》，以图文并茂的方式讲了科学育儿的知识：

　　　　妈的孩儿妈的宝，眼睛瞧着心里笑，嘴对嘴来亲一亲，传染疾
病不知道。小孩爱哭常流泪，顺手一抹挺方便，手带细菌传进眼，
干净手帕要常备。看见宝贝爱哭闹，送上干奶解心焦，吃吃摸摸不
卫生，这种习惯要改掉。儿小吃饭没习惯，妈妈先来嚼嚼烂，唾沫
带菌传疾病，爱儿反让儿受难。双手带脏就吃饭，蛔虫痢疾容易
传，妈妈不要嫌麻烦，洗手吃饭保平安。

　　面对避孕宣传，群众态度各异。有的认为，国家管得太宽了，连女
人生娃多少都管;有的认为避孕是女人的事，跟男人没关系;有的说，
娃多娃少是命里注定的，命里没娃想生也生不成，命里娃多不生也不
行。① 在有的地方，群众对避孕很不习惯，有的觉得刺耳，连干部也羞
于谈及此事，如白河县中坝乡友爱社一妇女说:"妇女的事情放在会上
说，多难听!"有的一听宣传避孕就笑做一团，避孕成了大笑话;对于
避孕方法，群众对用工具感到害臊，要求能通过吃药避孕;还有一些老
年人认为子孙越多命越好，根本没必要避孕。②

　　当然，经过详细讲解后，一些受多子女之累的妇女对避孕工作很满
意，渴望能有有效的避孕方法。如，白河县中坝乡友爱社有 3 个孩子的
母亲王全秀说:"政府真是关心我们的疾苦，如果避孕药来了，我一定
买点吃。"③ 也有一些妇女虽有避孕愿望，但怕买药花钱过多，或是认
为用工具避孕麻烦。

　　总体上，1956—1957 年的避孕和育儿知识宣传规模不大，一般只
在县城和县城附近的农村做了一些试点和面上的宣传与动员，但它使主

　　① 　1957 年 6 月 20 日陕西省民主妇女联合会、共产主义青年团陕西省委员会、陕西省科
学技术普及协会、陕西省卫生厅《关于开展避孕工作的联合通知》，陕西省档案馆档案，全宗
号—目录号—案卷号—存期:178—1—172—永久。
　　② 　白河县妇联 1957 年 6 月 20 日《继续宣传贯彻婚姻法的报告》，陕西省档案馆档案，
全宗号—目录号—案卷号—存期:178—2—127—长期;白河县民主妇女联合会 1957 年 9 月 19
日《山区妇女工作调查及今后工作意见》，陕西省档案馆档案，全宗号—目录号—案卷号—存
期:178—2—127—长期。
　　③ 　白河县民主妇女联合会 1957 年 9 月 19 日《山区妇女工作调查及今后工作意见》，陕
西省档案馆档案，全宗号—目录号—案卷号—存期:178—2—127—长期。

动节育、优生优育的观念开始进入农村。

(三) 节育宣传中止，妇幼卫生提上日程 (1958—1962)

1958 年以来轰轰烈烈的"大跃进"，冲淡了人们对生育问题的关注。加之，人民公社化之后劳动力的普遍平调，使大量的农村男劳力离家投入到大炼钢铁和农村基本建设工程中去，妇女忙于农业生产，甚至也参与到建设工程中，繁忙加上夫妻团聚的机会少，农村的生育率下降；与此同时，大跃进对劳动力的大量需求也使人口问题所带来的压力暂时被遮蔽。在这一背景下，1956 年下半年以来的节育避孕宣传在1958—1962 年间中止了。

伴随着各行各业的"大跃进"，妇幼卫生方面也掀起了跃进运动。在农村，最典型的表现是 1958 年普及新法接生，实行"产院化"，陕西各县、区、乡均大办产院。1958 年 8 月，各县大办产院的捷报频传。蒲城县永丰乡联丰社三天时间建起了产院，群众说他们的产院是"一日筹建，二日建院，三日母子见面"；该乡还普及新法接生，平均每社有两个新法接生员；蒲城县孙镇区有 12 个乡甚至达到了"社社有（接生）站，队队有（接生）员"[①]。南郑县在原有 387 个接生员的基础上，新训了 390 个新法接生员，经过三天苦战，于 7 月 20 日基本实现了全县产院化，到 8 月中旬，除了深山老林的 7 个乡外，其余 61 个乡（镇）均有了自己的产院。[②] 户县仅 1958 年就分散和集中训练了 348 名接生员，配备了 250 多套接生器械，成立了 21 个接生站。[③]

产院的纷纷兴办，似乎让人感觉到妇幼卫生工作上了一个崭新的台阶，然而，一窝蜂办起来的产院很多流于形式，有的接生员因为太年轻，没有接生经验，在群众中没有威信，少有产妇去分娩，有的接生员不热爱接生工作，嫌当接生员不光彩，有的因为生产队认为接生员干的

---

① 蒲城县妇联 1958 年 8 月 25 日《蒲城县半年来妇幼卫生工作报告》，陕西省档案馆档案，全宗号—目录号—案卷号—存期：178—2—205—长期。

② 南郑县人民委员会 1958 年 8 月 13 日《南郑县实现产院化总结》，陕西省档案馆档案，全宗号—目录号—案卷号—存期：178—2—205—长期。

③ 户县人民委员会 1958 年 8 月 15 日《户县 1958 年上半年妇幼卫生工作总结》，陕西省档案馆档案，全宗号—目录号—案卷号—存期：178—2—205—长期。

是又轻又省力的活,给记的工分低,接生员没有积极性,有的是产院条件差,设备缺乏……因而,许多产院在建立一两个月后就自动关门了。到 1961 年,各县、乡存留的产院已经寥寥无几,不少接生员不起作用,新法接生在群众中所占比例降低。比如,石泉县 1958 年时共有产院 306 处,到 1961 年仅存 20 处;勉县高潮公社弥陀寺管区,1958 年培养了 13 名接生员,并建立了产院,全管区的产妇基本采用了新法接生,但到 1961 年春,只有 3 名接生员起作用,6 个生产大队 1960 年和 1961 年上半年共新生婴儿 306 个,只有 129 人采用的是新法接生,仅占新生婴儿总数的 42.1%。[1] 韩城县芝川公社 1958 年建起的产院共有 10 个,助产士 21 人,到 1961 年 8 月仅剩 1 个,而且这一个产院还是在几次风雨飘摇之后,生产队给接生人员每天固定记 5 分工,才稳定下来的。[2] 汉中市龙江公社 1958 年挂起牌子的产院有 14 个,起作用的 7 个,1959 年产院数下降到 3 个,到 1960 年上半年只剩下 1 个,1960 年冬天整社之后就没有产院了;1958—1959 年全社有接生员 16 个,当时都程度不同地接过生,1960—1961 年春,只有 3 个接过生,其余因为没有器具和药品都未发挥作用。就龙江大队的情况来看,1958 年有新生儿 56 个,其中新法接生 37 个,占 66%;1959 年新生儿 30 个,新法接生 18 个,占 60%;1960 年新生儿 20 个,新法接生 4 个,占 20%;1961 年 1—8 月新生儿 5 个,全是旧法接生。[3]

　　新法接生比例降低,一方面是由于产院流于形式,另一方面和产妇的实际情况有关。以上述汉中市龙江公社龙江大队为例。有的妇女相信新法接生婴儿成活率高,但认为自己孩子多负担重,不用新法接生既可以省钱,又可以听天由命,孩子活了就养,死了也不在乎。如,第三生产队妇女李淑兰说:"我都五个孩子啦,娃一多就不值钱,现在靠劳力吃饭,针线活做不完,大人不得下地,成天吃饭打打闹闹,谁还花一元多钱(新

　　① 陕西省妇联农工部 1961 年 10 月 23 日《目前部分地区新法接生简况》,陕西省档案馆档案,全宗号—目录号—案卷号—存期:178—2—376—长期。
　　② 韩城县芝川公社妇联会 1961 年 8 月 24 日《关于农村妇女生育和产院组织情况的调查报告》,陕西省档案馆档案,全宗号—目录号—案卷号—存期:178—2—376—长期。
　　③ 汉中市妇联会 1961 年 10 月 11 日《龙江公社新法接生情况调查报告》,陕西省档案馆档案,全宗号—目录号—案卷号—存期:178—2—376—长期。

币）请接生员，成不成在他。"有的妇女因为家庭劳力少、人口多，生活困难，没钱去产院新法接生。比如，第三生产队张桂英有 5 个未成年孩子，爱人是跛子，全靠她一个人劳动，她说新法接生好是好，可是一元（新币）接生的钱从哪里来。有的妇女嫌让别人接生不好意思。第六生产队 7 个孩子的母亲、41 岁的张韩氏就是一例。她说：我大儿子都当了会计，成天在人面前做活呢，我咋好意思叫个别人来接生？①

另一方面，"大跃进"中由于男劳外调，妇女几乎承担了全部的农业生产活计和家务，往往饭做好了却顾不上坐下来吃，拿上馍边啃边往劳动地点走，紧赶慢赶还会挨批评，有的给孩子喂了奶连衣服扣子都来不及扣好，就匆匆去劳动，有的在经期、孕期、产期干重活、湿活。在农忙季节，她们甚至夜以继日地抢收、抢种。以延安县姚店子乡张二村和四十里铺两个生产队 1958 年秋季的情况为例。四十里铺生产队共有男全、半劳 71 人，约 59 人被抽出到水利、煤矿、铁矿、瓦厂、运输及养路段等方面参加劳动，12 个男劳留社参加队内生产，因此，社内秋收、秋打以女劳为主；张二村、四十里铺两个队共有女全、半劳 77 人，平均每天出勤达女劳总数的 88%，特别在公、购粮入仓任务中，妇女们日夜都在突击晒、扬、碾、送公粮。②

在有的地区，农村妇女也被大量抽调外出参加各种基本建设工程。如，镇安县铁厂区黄龙乡新联社 1958 年 9 月就有 80% 以上的女劳都参加了背矿、背木炭等劳动，支援炼铁，够不上劳力的妇女也参加了积肥。③ 1958 年榆林县抽调妇女劳力远征到韩吞矿区大炼钢铁，包括一些孕妇和有婴幼儿的妇女，干活采取男女一样的方针，让妇女背矿石等。④

然而，1959 年以来农村口粮的低标准、瓜菜代，使妇女长期处于

---

① 汉中市妇联会 1961 年 10 月 11 日《龙江公社新法接生情况调查报告》，陕西省档案馆档案，全宗号—目录号—案卷号—存期：178—2—376—长期。

② 陕西省民主妇女联合会周淑兰、李永清 1958 年 12 月 16 日《延安姚店子乡工作汇报》，陕西省档案馆档案，全宗号—目录号—案卷号—存期：178—1—195—存期。

③ 李叔静、王桂方 1958 年 9 月 20 日《介绍一个群众热爱的缝纫组》，见陕西省妇联商洛专区办事处 1958 年 9 月 30 日的《通报》，商洛市档案馆档案，全宗号—目录号—案卷号—存期：17—2—58—长期。

④ 榆林县妇联 1961 年 8 月 19 日《榆林县三年来妇女工作检查报告》，陕西省档案馆档案，全宗号—目录号—案卷号—存期：178—2—340—长期。

饥饿线上。以位于白河县中山地带的药树公社朝阳生产大队为例。该大队1959年每人平均口粮120斤,1960年人均口粮122斤,1961年人均口粮187.6斤,1959年冬季曾有一个时期每人每天平均口粮1.7两,社员除了大量吃菜外,还广找代食品,如蕨根、各种豆壳、树叶的加工品等。[1] 在口粮极其紧张的情况下,一些多子女的母亲为了能让子女多吃一口,自己长期吃菜喝汤。例如,蒲城县城关公社西府生产队四个孩子的母亲杨桂芳1961年说:"我只怕娃娃吃不够,一天净吃些菜,喝些稀饭。"[2]

劳累与饥饿的双重叠加,妇女健康状况大大下降。尤其是在经期、孕期、产期,妇女得不到应有的休息和营养,很容易使妇女生病。1961年对洋县贯溪公社贯溪大队妇女患子宫脱垂病情况的调查可以说明这一点。贯溪大队共有女全劳、半劳及辅助劳力1111人,有124人患子宫脱垂。其中,115名患者是因为产后身体尚未恢复就做重活或休息不好引起的。如北翟队社员李玉珍产后刚出月子,干部就叫她去打麦子,一场没打完就引起子宫脱出;梁村社员闫西仙产后家里无柴烧,出月就去担柴,返回途中子宫脱垂;也有的是产期或刚产后就担水、推磨、抱大孩子、大量洗衣服等导致的。剩下的9人多是因为长期营养不良,身体虚弱引起的,如,北翟社员李秀英,爱人有病,她每天将自己的口粮拿回家给爱人吃,自己吃菜,致身体虚弱,白带过多,子宫脱出。[3]

的确,1958—1962年间,农村妇女中闭经、子宫脱垂等病的得病率很高。据1961年5月对绥德县薛家岭公社8个生产队的调查,共有13—45岁的妇女493人,其中患有子宫脱垂的80名,患有月经病的289名,患有其他病的13名,共有患者382名,占总人数的76.4%。[4]

---

① 中共安康地委1961年11月27日《中共安康地委批转专区妇联党组关于〈白河县药树公社朝阳生产大队妇女疾病情况的调查报告〉》,陕西省档案馆档案,全宗号—目录号—案卷号—存期:178—2—373—长期。

② 蒲城县妇联1961年5月15日《关于农村妇女、儿童健康状况的调查报告》,陕西省档案馆档案,全宗号—目录号—案卷号—存期:178—2—372—长期。

③ 张玉兰、贺素清1961年3月28日《贯溪大队妇女患子宫脱出病的调查报告》,陕西省档案馆档案,全宗号—目录号—案卷号—存期:178—2—373—长期。

④ 绥德县妇联1961年5月31日《绥德县妇幼卫生工作单行材料》,陕西省档案馆档案,全宗号—目录号—案卷号—存期:178—2—376—长期。

在临潼县新丰公社 14026 名妇女劳力中，1961 年患子宫脱垂的妇女就有 561 人，占妇女劳力总数的 4%。① 1961 年，韩城县路井公社孟庄大队 420 名女劳力中程度不同地患有妇科病和其他疾病的 75 人，约占 18%；其中最多最严重的是子宫脱垂和闭经病两种，子宫脱垂的 25 人，占患者的 33% 多，闭经的 33 人，占患者的 44%，患子宫发炎、经血不调、脱肛、梅毒等四种病的 17 人，占患者的 22.37%。② 1961 年春，安康县五里公社二档生产队共 190 个女劳力，其中有 18 人患子宫脱垂，占女劳力总数的 9.4%，有闭经症的 7 人，占 3.6%，患月经不调、经常头痛、浑身疼、脱肛、肾脏病等的有 24 人，占 12.6%。③ 镇安县云盖公社花园生产大队 1961 年有妇女劳力 92 人，其中有 60 人患有各种疾病，比较普遍的是月经不调、胃病和肚子痛三种，较严重的是崩病和闭经。④

妇女病的患者患病时间多集中在 1958—1961 年。如，据 1961 年的调查，白河县三双生产大队 1958—1961 年患病的妇女约占患者总数的 80%，榆林县三岔湾生产大队约占 52%，韩城县孟庄生产大队约占 81%，兴平县四个生产大队约占 50%；⑤ 西安市未央区谭家公社红色大队第五生产队 67 名 18—45 岁的育龄妇女中，有 20 个子宫脱垂和月经病患者，除一人是 1952 年得病的以外，其余 19 人都是 1958—1960 年患病的。⑥

从全省总体情况来看，子宫脱垂和月经病的发病率陕南最高，陕北

---

① 陕西省妇联 1961 年 2 月 13 日转发的西安市妇联 1961 年 1 月 28 日给省妇联写的关于妇女患子宫脱垂的情况的"通报"［总号（61）012，通字001 号］，陕西省档案馆档案，全宗号—目录号—案卷号—存期：178—1—281—永久。

② 韩城县妇女联合会 1961 年 5 月 12 日《关于路井公社孟庄大队妇女健康状况的调查报告》，陕西省档案馆档案，全宗号—目录号—案卷号—存期：178—1—281—永久。

③ 陕西省妇联安康专区办事处 1961 年 4 月 20 日《二档生产队妇女疾病调查情况报告》，安康市档案馆档案，全宗号—目录号—案卷号—存期：6—1—48—永久。

④ 镇安县妇联会工作组 1961 年 8 月 15 日《关于云盖公社花园生产大队妇女疾病调查报告》，陕西省档案馆档案，全宗号—目录号—案卷号—存期：178—2—373—长期。

⑤ 陕西省妇联会党组、陕西省卫生厅党委 1961 年 9 月 22 日《我省部分地区妇女健康情况调查报告》，陕西省档案馆档案，全宗号—目录号—案卷号—存期：178—1—281—永久。

⑥ 西安市未央区妇联会 1961 年 6 月 24 日《西安市未央区谭家公社红色生产大队第五生产队妇女儿童健康调查报告》，陕西省档案馆档案，全宗号—目录号—案卷号—存期：178—2—372—长期。

次之，关中第三；山区高于平原，深山区高于中山区和浅山区。患子宫脱垂的妇女多是有孩子的，而患月经病的多是年轻妇女。

这些疾病对妇女的生活质量影响很大。以榆林县城关公社三岔湾大队子宫脱垂患者的情况为例。当地妇女说此病："真讨厌，自己受不了，别人不体贴，公婆骂，丈夫嫌，不能劳动别人有意见，夏天更倒霉，到处蝇子撵。"第二生产队的妇女黄××患严重的子宫脱出，冬天子宫干裂，夏天发臭、流血又生蛆，人人见到她都躲着走，她难过地说："宁死见阎王，不愿活受罪。"有的患者不能出勤参加生产劳动，挣不到工分，家里分不到粮食和副食，家庭生活紧张，孩子哭闹，丈夫辱骂。第五生产队的徐××，因子宫脱出不能下地生产，公婆骂她是懒病、怕动弹，并说她："嫌累把你放在碗架上！"弄得她哭笑不得。①

妇女多病，导致生育率下降。韩城县路井公社孟庄大队 1959 年生孩子 105 个，1960 年生孩子 100 个，1961 年全年生孩子 55 个；一些没有孩子的患病妇女很是心忧，说"不管花钱多少，只要能把病治好，就是卖东西也不心疼"。②

令人担忧的妇女健康状况使得宣传妇女卫生知识，保护妇女的健康显得尤为必要。1961 年，陕西省各级妇联和卫生部门对农村妇女患病情况进行了调查，一边大力宣传劳动保护的重要意义，一边提出了具体的劳动保护措施，如实行劳逸结合，非农忙时节保证妇女每月可以休 2—3 天假；各生产小队设妇女队长，对经期、孕期、产期的妇女安排活路时进行照顾，实行经期调干不调湿、孕期调轻不调重、哺乳期调近不调远的"三调三不调"办法。同时，贯彻卫生部提出的"中西医结合，土洋结合，群众运动与专家技术相结合"的方针对妇女病进行治疗。

当时，对农村一些妇女病的治疗西医上没有特别有效的办法，中医通过补中益气来调理，但由于市场紧张、物资缺乏，补中益气的当归、

---

① 陕西省妇联榆林专区办事处党组 1961 年 6 月 3 日《榆林县城关镇公社三岔湾生产队妇女疾病调查报告》，陕西省档案馆档案，全宗号—目录号—案卷号—存期：178—2—372—长期。

② 韩城县妇女联合会 1961 年 5 月 12 日《关于路井公社孟庄大队妇女健康状况的调查报告》，陕西省档案馆档案，全宗号—目录号—案卷号—存期：178—1—281—永久。

蜂蜜等药物很难买到，因此各县动员民间调查、寻找治疗妇女病的单方。如安康专区妇联在民间征集到的治疗白崩病的单方：用白皮豇豆煮熟拌香油和白糖吃。①

事实上，妇女病的治疗不仅需要药物，而且需要患者有足够的休息和营养，可是多数患者子女多、家务负担重，又要挣工分养家糊口，让她们休息比什么都难。

（四）计划生育（1963—1965）

三年严重经济困难到 1962 年已经缓缓渡过，人口增长过快的问题再次凸显。1962 年 12 月 18 日中共中央、国务院联合发出了《关于认真提倡计划生育的指示》②，指出："在城市和人口稠密的农村提倡节制生育，适当控制人口自然增长率，使生育问题由毫无计划的状态逐步走向有计划的状态，这是我国社会主义建设中既定的政策"，并要求各地党委和政府在城市和人口稠密的农村做好节制生育的宣传与技术指导工作。

为了响应这一号召，陕西省妇女联合会于 1963 年 5 月 25 日向各专区、市、县妇联发出了《关于教育子女和计划生育的宣传要点》，对什么是计划生育、为什么要计划生育和怎样实行计划生育等问题进行了说明。指出：计划生育就是运用科学的原理与方法，根据人们自己的工作、学习、生活等方面的状况和需要，对生儿育女做有计划的安排，想少生就少生，想不生就不生，想什么时候生就什么时候生；之所以实行计划生育，是因为孩子生得过多过密，不仅影响母亲和孩子的健康，影响孩子的教养，同时也给家庭和个人生活带来困难，生孩子过早过多，会严重地影响一些年轻父母亲的学习和工作；计划生育的办法有两种，其一是适龄结婚，即反对早婚，推行晚婚，其二是坚持避孕，方法有：避孕套、子宫帽、避孕环、避孕药物、安全期等，可以随便使用，在条

---

① 陕西省妇联安康专区办事处 1961 年 4 月 20 日《二档生产队妇女疾病调查情况报告》，安康市档案馆档案，全宗号—目录号—案卷号—存期：6—1—48—永久。

② 中共中央宣传部办公厅、中央档案馆编研部编：《中国共产党宣传工作文献选编：1957—1992》，学习出版社 1996 年版，第 271—272 页。

件许可时，还可进行人工流产和绝育。①

　　各县妇联迅速地开始选择试点进行生育情况摸底和计划生育宣传。到 1963 年 7 月，石泉、武功、长武、延川、华县、安康、吴旗、定边、岚皋、子长、乾县、黄陵、富平、富县、陇县、彬县、葭县、凤县、府谷等县妇联单独或联合发出了有关计划生育的宣传通知，还计划加强避孕技术指导，培训宣传骨干；商洛专区、咸阳专区及咸阳县、富平县妇联还成立了节制生育和计划生育委员会，渭南专区及武功、长武等县也计划成立计划生育指导委员会。② 永寿县妇联提出了"在生产上要掀起高潮，在生育上要形成低潮"的宣传口号。③ 到 1963 年 9 月，计划生育的宣传与指导工作在陕西农村稳步推开，有的县如长武县逐步由点向面推广。

　　摸底结果显示，农村妇女普遍早婚，大多数人认为，姑娘到 18 岁一定要结婚，否则就是"老女子"了，"老"得嫁不出去了。有的姑娘领结婚证时报的是 18 岁，实际报的是虚岁，只有 17 或 16 周岁。早婚，随即早生育。同时，育龄妇女生育密度大。以 1963 年对三原县新庄公社麦刘生产大队的摸底为例。该大队 18—45 岁已经生过孩子的 155 名妇女中，两年生一胎的 54 人，三年生一胎的 49 人，共占 155 人的 66%之多。④

　　许多生育多、生育密的妇女受身体、经济、精力的多重压力，有节育要求。渭南专区妇联在蒲城县翔村人民公社延兴大队的调查发现，有孩子的妇女一般都是隔两年生一个，个别的还有一年一个，一些多子女的妇女，甚至一些爱孩子的年轻人都认为孩子生得太多太稠吃穿用都顾不过来，要求政府想个限制的办法。如，第八生产队社员万有良说：

---

　　① 陕西省妇女联合会 1963 年 5 月 25 日《关于教育子女和计划生育的宣传要点》，渭南市档案馆档案，全宗号—案卷号—存期：20—63—长期。

　　②《各地对农村计划生育工作已作安排，部分县已成立领导机构开始进行试点》，载陕西省妇联《妇工简况》第 35 期（1963 年 7 月 19 日），咸阳市档案馆档案，全宗号—案卷号—存期：019—31—长期。

　　③ 永寿县妇联 1964 年 8 月 11 日《上半年妇女工作基本情况总结报告》，咸阳市档案馆档案，全宗号—案卷号—存期：019—57—长期。

　　④ 三原县妇联 1963 年 8 月 23 日《计划生育宣传试点工作总结报告》，咸阳市档案馆档案，全宗号—案卷号—存期：019—35—长期。

"我女人共生了 10 个孩子，现在活着 7 个，娃多把人劳（累）扎了。去年生下第 10 个娃后，女人三天不给娃吃奶，活活饿死。我要到医院去要求再不生娃了。"第七生产队妇女何秀琴，1963 年时 31 岁，已经生了七个孩子，成活五个，男人有病，只有她一个劳动力，生活困难，队内年年照顾，群众有意见，她也很苦恼，1962 年怀上第八个孩子时，故意做重活，想流产，说："叫娃把人累得够够的。"①

也有一些群众对计划生育顾虑重重，内心处于观望状态。有的年轻妇女觉得到医院去戴避孕环是令人害羞的事情；有的认为用避孕套不仅麻烦，而且花钱；有的怕戴避孕环伤害身体，或走路不方便；有的怕做绝育手术有损健康，并遭人耻笑。位于泾惠灌区、1961 年已经普及用电、生产生活较好的泾阳县城关公社封家大队，有的群众说："套套帽帽全是给干部用的，咱乡下人大人娃娃一炕睡，用起（来）不方便，不如吃药打针来得快，管上三年五载"；有的害怕避孕套掉进妇女阴道里取不出来；有的对避孕套的效果将信将疑；有的怕上避孕环不能来月经，尿不成；有的怕避孕环和子宫长在一起生了病做不成活。②

甚至有人对计划生育和晚婚持抵触态度。比如，户县城关公社吕公大队的群众，有的说："国家管得太宽了，连女人生娃都管上了"；有的说："娃是命中注定的，该生十个，生八个都不行"；有的说："避孕和人工流产都是残害生命，太遭罪了"；有的认为生娃是个人的事，与国家无关："她再生得多，总不要国家经管……""国家是胡央呢，人家能生那么多娃，人家就有把握"；还有的猜测说："国家的货币收不回去，用卖避孕套、避孕环在农村收钱呢"。当宣传人员说，专家研究发现女的 25 岁、男的 30 岁结婚比较科学时，一些青年羞羞答答地说："结婚迟早，是由父母决定，咱不同意就要挨骂"；一些老人说："女人家不耐老，25 岁前后结婚骨缝紧了，难生娃"；有的说："人活六十稀，

　　① 1963 年 5 月 26 日蒲城县妇联《关于延兴大队计划生育工作调查报告》，渭南市档案馆档案，全宗号—案卷号—存期：20—63—长期。
　　② 泾阳县妇联 1963 年 11 月 11 日《泾阳县城关公社封家大队计划生育试点工作报告》，咸阳市档案馆档案，全宗号—案卷号—存期：019—35—长期。

男人家三十岁结婚,半辈子都混过去了。"① 泾阳县城关公社封家大队一些群众说:儿女没尽,命里注定,要孩子咋能由自己?有的说:一只羊,一块草;怀里屎不多,坟上纸不多;儿女多是最大的幸福。个别老年人嫌政府管得宽,说计划生育是作践人。②

　　针对不同的思想认识,各地利用春节、农闲时节见缝插针地进行宣传、解释,逐渐打消群众的疑虑,多子女的家庭纷纷要求避孕。如1963 年 8 月,蒲城县城关公社达仁生产大队 137 个有孩子的育龄妇女中,积极要求避孕的就有 81 人。其中要求尽快戴避孕环的 35 人,要在孩子断奶后避孕的 13 人,要买避孕套的 29 人,要求绝育的 4 人。③

　　就连陕南山区,也逐渐在计划生育方面打开了局面。比如,镇安县农村到 1965 年,已经有 20 人结扎,110 人戴避孕环,300 多人用避孕套。④ 镇巴县在 1963 年成立计划生育指导机构的基础上,通过家访、现身说法和举办图片展、模型展、书画展等形式,宣传节育避孕的观念与方法,到 1965 年初见成效,广大农村群众普遍对计划生育有了一定认识。⑤

四　1949—1965 年陕西农村生育状况

(一) 生育环境

　　新中国成立后,妇女妇幼卫生知识依然欠缺。农村妇女一方面认为来月经、怀孕和分娩是脏事、丑事、羞于见人的事,另一方面认为这些都是女人司空见惯的事,为此忌生忌冷忌重是娇气十足。她们来月经

---

　　① 户县妇联会 1963 年 10 月 20 日《关于城关公社吕公大队计划生育工作开展情况的报告》,咸阳市档案馆档案,全宗号—案卷号—存期:019—35—长期。
　　② 泾阳县妇联 1963 年 11 月 11 日《泾阳县城关公社封家大队计划生育试点工作报告》,咸阳市档案馆档案,全宗号—案卷号—存期:019—35—长期。
　　③ 陕西省妇联渭南专区办事处 1963 年 8 月 27 日转发蒲城县妇联 1963 年 8 月 19 日《蒲城县城关公社达仁生产大队计划生育试点宣传情况汇报》,渭南市档案馆档案,全宗号—目录号—案卷号—存期:20—63—长期。
　　④《镇安县志》卷四"人口"之第二章"计划生育"之第二节"节制生育",陕西省地情网 http://www.sxsdq.cn/dqzlk/dfz_ sxz/zaxz/。
　　⑤《镇巴县志》卷五"人口"之第五章"人口控制"之第二节"计划生育",陕西省地情网 http://www. sxsdq. cn/dqzlk/dfz_ sxz/zbxz/。

时，用破布、烂棉花、烂毡片等做"骑马布"（注：陕西一些地方的农村妇女对月经垫布的称呼），用过之后不好意思在阳光下晾晒，放在阴暗的角落，不利于对细菌的抑制；同样因为羞于启齿，她们在经期和孕期依然不休息、不忌生冷和重活；因为家务、挣工分和家境贫穷，她们产后经常顾不上休息，无所顾忌地干活，也顾不上个人身体恢复和给婴孩喂养乳汁所需的营养，有什么吃什么。同时，虽然从 20 世纪 50 年代初开始，陕西省着手推广新法接生，有的县、乡建立了基层接生站，但由于离接生站远、怕羞、经济紧张等原因，陕西绝大多数农村妇女直到20 世纪 70 年代都没有去接生站和医院分娩的意识，仍然主要是旧法接生、在家里分娩，甚至自生自接，对产妇及婴儿伤口基本不做处理。还有许多人对生育问题有浓厚的"天命"思想，一旦妇女分娩时难产，就认为一定是家里有人亏了人，没做好事，把子痫或产后风说成是神鬼作怪，把婴儿得四六风看作是胎里带来的，至于产妇和婴儿的死亡，更被认为是命中注定。

1956 年在宝鸡县农村的调查可以说明这一情况：妇女来月经，不懂得经期卫生，认为是见不得人的事，不使用月经带，一般都用烂棉花、旧布、烂毡子、破鞋帮等，用后也不洗，下次月经来了又用，经期过后又不洗下身；有的妇女在经期还行房事，因而患月经病的妇女很多；妇女在孕期中根本不注意营养，怕吃好了，生娃时难生，因此在孕期得贫血病的相当普遍，有些孕妇整天织布、纺线，做重活，不按时休息，影响了胎儿的发育，因为人们相信，多做活生娃时好生；还有的孕妇用布缠肚子，怕别人见了笑话，怕胎儿长得大了不好生；在遇难产时，一般会去医院，但对生娃较慢的产妇，就给吃些指甲花或浆水混合菜油等来催生，还有的用迷信的办法，比如将房子里柜打开、抽匣打开，产妇的娘喊叫"促生娘，送子娘，快快当当将娃送出来"；产妇产后一般要坐三天三夜，不让睡，害怕睡下血迷了；如果产妇分娩后要睡着，家里人就乱拉、乱叫，致使产妇休息不好，多数产妇产后不能吃饭，影响身体的恢复。[1]

---

① 宝鸡县妇联 1956 年 5 月 25 日《宝鸡县妇联关于妇女儿童福利工作调查材料》，陕西省档案馆档案，全宗号—目录号—案卷号—存期：178—2—111—长期。

1961 年对白河县药树公社朝阳生产大队妇女卫生与健康情况的调查结果也印证了这一点:

> 有些妇女缺乏卫生常识,加之家中人手少,生孩子习惯坐下生、自己接,产后未适当休息,过早做重活,及经期垫用不干净的破布、烂纸、旧棉花,产期坐灰包,以致引起各种疾病。如女社员吴家凤,产后不满 10 天就推磨,由于出力过猛,得了子宫脱垂病。也有一些女社员有病不求医治疗,为了省钱,乱吃草药,使病情加重。如女社员刘克荣,1959 年月经不调,吃了"则兰"后,至今未来月经。①

陕西省洋县龙亭镇高原寺村妇女张秀兰这样忆起自己 20 世纪五六十年代的生育情况:"(我生孩子时)谁都没请,人的思想那个的啥(注:指保守得很)。(脐带)自己就剪了么,都提前准备好的,剪子、线线,准备好,一满(注:全部)(用)草,把月娃肚上的脐带剪了,扎住。有的生不下来,把人都失误死了。"②

1928 年出生、1943 年结婚、现居陕西省商洛市商州区杨峪河镇庙坪村任兴华先生的叙述也可以作为一种佐证:

> 五六十年代的妇女实在是太可怜啦,那时农村没有医疗机构,就连赤脚医生也很少,妇女在分娩时,就找一个年龄大的老婆婆做接生婆,更谈不上什么消毒。接生婆就用指甲将孩子的脐带掐断,然后打个结就好了。那时的婴儿成活率特别低,多数婴儿因为得了四六风病而丧失了性命。在产后,妇女也谈不上吃什么营养补品。在孩子出生后,丈夫给妻子烙个玉米面馍,烧几顿小米熬成的汤就

---

① 中共安康地委 1961 年 11 月 27 日《中共安康地委批转专区妇联党组关于〈白河县药树公社朝阳生产大队妇女疾病情况的调查报告〉》,陕西省档案馆档案,全宗号—目录号—案卷号—存期:178—2—373—长期。
② 熊乐 2010 年 8 月对陕西省洋县龙亭镇高原寺村张秀兰的采访记录。

算是对产妇的照顾啦。①

妇幼卫生知识的缺乏和生育方法、环境的落后，给妇女带来的伤害是多方面的。

首先，婴儿生病率、死亡率相当高。1949 年春至 1950 年春，长安县韦曲东村等四个村共生了 80 个小孩，因脐带风、四六风等死了 44 个。② 1951 年旬邑县太峪乡二行政村共生小孩 21 个，死亡 6 个，存活的 15 个中，有 5 个患有风气病、咳嗽等病。③ 淳化县一区 1951 年 1—12 月所生 194 个婴儿中，有 55 个死亡（注：其中 13 人死于天花，25 人死于四六风，4 人死于摆头风，4 人死于厥口风，9 人死于咳嗽），死亡率高达 28.3%。④ 1951—1952 年安塞县瓦子庄、魏塔、真武洞、泾渭渠四个村共出生婴儿 79 个，死亡 24 例，婴儿死亡率 30.38%，其中因新生儿破伤风死亡 12 例，占死亡数的 50%。⑤ 宁陕县两河区钢铁乡正光坪农业社 1950—1957 年共生育孩子 28 个，12 个死亡，死亡率 48%，其中 10 个死于四六风、2 个因难产而死；存活下来的 16 个孩子中，肚痛、瘦弱、傻子、哑巴共 14 个，占 87%，真正健康的孩子只有 2 人。⑥ 1959—1961 年，定边县白泥井公社出生婴儿 1302 名，全系旧法接生，因四六风等病死亡 129 名，占 10%。⑦ 1960 年，兰田县三里镇公社农光生产队共生小孩 11 个，有 4 个得四

---

①　任丹利 2009 年 8 月、2010 年 2 月对今陕西省商洛市商州区杨峪河镇庙坪村任兴华的采访记录。

②　《长安县妇联成立，妇代会上代表竞相挑战，发动妇女生产争做模范》，《群众日报》1950 年 3 月 30 日 2 版。

③　1951 年 9 月 2 日旬邑县民主妇女联合会《妇幼卫生及婚姻情况的报告》，咸阳市档案馆档案，全宗号—案卷号—存期：019—18—长期。

④　淳化县民主妇女联合会 1951 年 12 月《土改后妇女工作总结》，咸阳市档案馆档案，全宗号—案卷号—存期：019—14—长期。

⑤　《陕西省志·妇女志》第一篇"社会状况"之第五章"妇幼保健"之第二节"新法接生"，陕西省地情网 http://www.sxsdq.cn/dqzlk/sxsz/fnz/。

⑥　安康专区妇联、宁陕县妇联 1957 年 8 月 13 日《正光坪高级农业社妇女工作调查报告》，陕西省档案馆档案，全宗号—目录号—案卷号—存期：178—2—127—长期。

⑦　《定边县志》第十五编"文化教育卫生体育科技"之第五章"医疗卫生"之第七节"妇幼保健"，陕西省地情网 http://www.sxsdq.cn/dqzlk/dfz_ sxz/dbxz/。

六风死亡,占初生婴儿总数的 36%。①

　　婴儿的高死亡率与生病率,致使妇女为防到老膝下无子,对生育不加节制,不仅生得多,而且生得稠。据 1957 年 7 月对韩城县乔南乡五星社的一个村子——谢村城 169 对已婚夫妇的调查,25 对尚无子女,144 对有子女的夫妇中,60 对有 3 个以上的子女,约占有子女夫妇的 41.7% 弱,其中平均 1—2 年生一胎的并不鲜见,如薛增孝夫妇 1950 年结婚,1957 年已经有三个孩子,平均一年半生一胎,18 岁结婚的薛厚德夫妇,年仅 37 岁,已经生育七个孩子,第八个又怀上七个多月了。② 1963 年在周至县哑柏公社仰天大队的调查显示:有生育能力的妇女的生育密度,一般是一年多生一个;第九生产队的魏凤莲,结婚 11 年,年仅 31 岁已生育五个孩子,且怀上第六个已经三个月了;第十生产队有生育能力的妇女 35 名,其中 23 名生有 3—8 个孩子,占总人数的 66%。③ 1963 年对高陵县城关公社东街大队 111 名生育妇女生育密度的调查结果是,2—3 年生一个,即民间所谓"三年两头生"的妇女共 72 人,占 65%。④

　　其次,对妇女健康是严重的摧残。多生、生得密,再加上不注意经期、孕期、产期的卫生、休息和营养,妇女得月经病、小产、流产和产后病的很普遍。例如,1950 年 9 月对凤翔县陈村区第三乡第一村的调查结果显示,一般的妇女都有病,正如妇女们说:"女人家还能没个病?"一般的病症有头疼、腰疼、腿疼、浑身疼、肚子凉及虚劳等,生

---

① 陕西省妇女联合会党组、陕西省卫生厅党委 1961 年 9 月 22 日《我省部分地区妇女健康情况调查报告》,陕西省档案馆档案,全宗号—目录号—案卷号—存期:178—1—281—永久。

② 陕西省民主妇女联合会 1957 年 7 月 3 日发的关于韩城县乔南乡卫生调查试办工作组"乔南乡五星社避孕宣传试办工作的报告"的"简报"[总号(57)061,简字 007 号],陕西省档案馆档案,全宗号—目录号—案卷号—存期:178—1—176—永久。

③ 陕西省妇联咸阳专区办事处、周至县妇联、哑柏公社妇联(三者共同组成的)工作组 1963 年 7 月 2 日《关于仰天大队宣传计划生育试点第一阶段和第二阶段工作情况的报告》,咸阳市档案馆档案,全宗号—案卷号—存期:019—29—长期。

④ 高陵县妇联 1963 年 8 月 31 日《城关公社计划生育试点宣传工作总结报告》,咸阳市档案馆档案,全宗号—案卷号—存期:019—35—长期。

病的根源90%以上是生孩子。① 1950年11月对黄龙县的调查，妇女有
病的比例很高，所得病主要是月经病、白带多、干血痨、腹内有疾坏
等。② 韩城县乔南乡多子女的妇女大都落下了一些疾病，如1957年，五
星社麻园村46岁的妇女郭灵芝已经怀过了20胎，长成的只有6个，
流、早产的5个，四六风死亡1个，其余都长到二到四岁得病而死；郭
灵芝经常头昏、眼花、手颤、心慌，一听到孩子的吵闹就忍受不了。③
1957年，属于后山地带的白河县中坝乡友爱社青年队第一组13户共15
个妇女中，因经期、产期、孕期卫生注意不够而得各种疾病的占
60%—70%。④ 1961年4—5月，汉中专区妇女患子宫脱垂的占育龄妇
女的4.5%，约2万多人，患闭经的占7%，约4万多人。⑤ 而商县夜
村、高桥两个生产大队1961年妇女患病的即达72个，占女劳总数的
21%；其中子宫脱垂的21人，占患者总数的29.1%，闭经8人，占
11%，月经不调9人，占12.5%，白带多6人，占8.3%，其他疾病28
人，占患者总数的39%。⑥ 1963年对蒲城县翔村人民公社延兴大队的调
查发现，该大队许多母亲由于生育密，患上了腰腿痛、子宫瘤、头痛、
抽麻病、眼疾等；第五生产队妇女李青玉，38岁，有五个孩子，因为
生育密，身体很弱，全身发肿，长期不能下地，有时连饭也做不成。⑦
1963年，户县城关公社吕公大队137个已经生育过孩子的妇女中，生

---

　　① 宝鸡分区妇联会1950年9月29日《凤翔县陈村区第三乡第一村妇婴卫生调查情况》，
陕西省档案馆档案，全宗号—目录号—案卷号—存期：178—2—5—长期。
　　② 陕西省妇联延安分区办事处1951年1月22日《1950年妇婴卫生情况综合材料》，陕
西省档案馆档案，全宗号—目录号—案卷号—存期：17—2—5—长期。
　　③ 陕西省民主妇女联合会1957年7月3日发的关于韩城县乔南乡卫生调查试办工作组
"乔南乡五星社避孕宣传试办工作的报告"的"简报"［总号（57）061，简字007号］，陕西
省档案馆档案，全宗号—目录号—案卷号—存期：178—1—176—永久。
　　④ 白河县民主妇女联合会1957年9月19日《山区妇女工作调查及今后工作意见》，陕
西省档案馆档案，全宗号—目录号—案卷号—存期：178—2—127—长期。
　　⑤ 陕西省妇联1961年5月10日《1961年4月至5月10号妇女疾病调查综合情况》，陕
西省档案馆档案，全宗号—目录号—案卷号—存期：178—1—281—永久。
　　⑥ 商洛专区、商县妇联工作组1961年8月24日《关于在夜村、高桥生产大队有关妇女
疾病问题的调查报告》，商洛市档案馆档案，全宗号—目录号—案卷号—存期：17—2—77—长
期。
　　⑦ 1963年5月26日蒲城县妇联《关于延兴大队计划生育工作调查报告》，渭南市档案馆
档案，全宗号—案卷号—存期：20—63—长期。

育孩子在 4 个及 4 个以上的有 64 人,约占 47%;据不完全统计,因生育过密而引起子宫脱垂、腰腿痛、抽筋病的妇女有 15 人,其中大都丧失了劳动能力。[①] 1963 年,三原县新庄公社麦刘生产大队生育三胎以上的妇女,身体虚弱的有 31 人,占已经生育过的妇女人数的 20%。[②]

有一些妇女甚至因生病、体弱而失去了生育能力。子洲县妇联 1964 年反映,该县山区有好多妇女不生孩子,梁河口公社人口下降比较明显。[③]

《陕西农民》1957 年 4 月 4 日 6 版李永清的文章《银巧尝到早婚的苦》一文提到的陇县陈家庄妇女"张银巧"的生育故事是有一定代表性的:张银巧 15 岁结婚,16 岁生了第一个孩子,以后一个接一个地生,18 年生了 12 个孩子。因照管不过来,晚上孩子们都是不脱衣睡觉,炕上屙炕上尿,成天不是这个病就是那个病,最后只剩下五个孩子还活着。同时,因银巧生育太密,总是生了前一个孩子没等身体复原又怀上下一个,严重影响了健康,导致贫血,身体无力,连一桶水都提不动;34 岁的她,看上去有 40 多岁。

生病、体弱,在给妇女的生活带来不便的同时,对家庭经济也是很大的负担。高陵县城关公社东街大队第三小队妇女石淑芳,15 岁结婚,18 岁生育,1963 年 36 岁时已经生了七胎,因其中有一个双胎,因此共生了五男三女;生育多且密,加之家庭操劳过度,致使她身体多病,仅 1963 年 6—8 月就已经花了 130 多元(新币)药费,家里生活很困难,几个孩子因上不起学而放弃了求学机会。[④] 彬县城关公社南街大队五队女社员苟秀花,1957 年时,老人帮她看着三个孩子,她经常参加劳动;六年来又生了五胎,现在有五个孩子,常不能参加劳动;1957 年全家分口粮人均 600 斤,1963 年由于参加劳动少,没有完成基本劳动日,

---

① 户县妇联会 1963 年 10 月 20 日《关于城关公社吕公大队计划生育工作开展情况的报告》,咸阳市档案馆档案,全宗号—案卷号—存期:019—35—长期。

② 三原县妇联 1963 年 8 月 23 日《计划生育宣传试点工作总结报告》,咸阳市档案馆档案,全宗号—案卷号—存期:019—35—长期。

③ 陕西省妇联、陕西省高级法院 1964 年 4 月 27 日联合召开的婚姻座谈会会议记录,陕西省档案馆档案,全宗号—目录号—案卷号—存期:178—1—380—永久。

④ 高陵县妇联 1963 年 8 月 31 日《城关公社计划生育试点宣传工作总结报告》,咸阳市档案馆档案,全宗号—案卷号—存期:019—35—长期。

连基本口粮都分不回来。因为家庭困难，生活一年赶不上一年，丈夫经常骂她生得太多，说咋不死上几个，弄得夫妻感情不和。[①]

有些多子女的妇女不堪多生之累，又不好意思或没有意识去正规医院节育，只好自己想办法少生或不生。如，长武县昭仁公社灵凤大队多子女的妇女有的为避免怀孕，长期和丈夫分居；有的怀孕后故意干重活，促使流产；有的乱吃药堕胎；有的将孩子生下后送人或溺死。[②] 周至县哑柏公社仰天大队1956—1963年在大路口出现丢弃的、求人抱养的婴儿30多个，至于未发现或溺死的又不知其数；1961—1963年间，全大队有18名妇女孕后乱打胎，有的将青色瓷碗捣碎成渣，掺和黄酒内服；有的用生漆盖子熬成汤喝；一队妇女符养元两年连打两胎，四队妇女刘彩霞一年连打两胎；有的夫妻因为害怕怀娃长期不敢同居，如五队的李克辉，1963年40岁，妻子36岁，就有了六个孩子，生活压力很大，两口子经常不敢同房。[③] 在永寿县监军公社、甘井公社、仪井公社的一些生产队，不想再要孩子的妇女有的把刚出生的婴儿送人，有的在婴儿生下后直接倒到野外。监军公社辛勤一队自1958年以来，已经倒掉5个婴儿；有的甚至把婴儿弄死，比如，有个严姓妇女因嫌娃多，没人哄，1962年4月一个孩子生下后，她就让丈夫在婴儿身上压一个胡基，直到把婴儿压死；监军公社永安七队安兴旺和习莲莲两口有六个子女，1962年把一个刚出生的婴儿用铁锨活活铲死。还有的乱用偏方。如，仪井公社曹德一队侯玉莲听说月子里吃白糖、核桃可以不再生娃，她1962年就在月子里吃了大量的白糖和核桃；甘井公社北甘井一队王玉英听人说吃糖精可以不生娃，也想乱吃。[④]

故意流产、用偏方打胎对妇女的健康伤害很大。南郑县梁山区龙江

---

　　① 彬县妇联1964年2月4日《城关公社南街大队开展计划生育宣传试点工作报告》，咸阳市档案馆档案，全宗号—案卷号—存期：019—50—长期。

　　② 长武县妇联1963年6月28日《长武县妇联会关于开展计划生育试点工作报告》，咸阳市档案馆档案，全宗号—案卷号—存期：019—35—长期。

　　③ 陕西省妇联咸阳专区办事处、周至县妇联、哑柏公社妇联（三者共同组成的）工作组1963年7月2日《关于仰天大队宣传计划生育试点第一阶段和第二阶段工作情况的报告》，咸阳市档案馆档案，全宗号—案卷号—存期：019—29—长期。

　　④ 永寿县妇联会1963年8月24日《关于计划生育重点摸底情况报告》，咸阳市档案馆档案，全宗号—案卷号—存期：019—35—长期。

乡妇女周韩氏到 1955 年在生了七个女孩后，又怀孕了，她嫌拖累，就暗地里找到一个旧接生婆，买了些打胎药吃了，已怀了五个多月的胎儿被打了下来，但她自己因打胎出血过多，身体非常虚弱，于 1956 年正月初六死了。① 长武县昭仁公社灵凤大队第七生产队蒋凤英 15 岁结婚，17 岁开始生小孩，在怀第六胎时乱吃药打胎，引起大出血，身体虚弱长期不能劳动。② 周至县哑柏公社仰天大队第八生产队的张玉珍，娃刚 7 个月又怀了孕，娃缺奶吃又黄又瘦，引起夫妻不和，互骂"没血"、"不要脸"。③ 永寿县监军公社永安四队已经有 4 个子女的妇女区秀兰，1963 年怀孕后吃红花打胎，结果胎没打掉，弄得大人几天起不了床，又黄又瘦。④ 户县城关公社吕公大队二队贾怀娃的女人，因快要给儿子娶媳妇了，怕自己再生娃惹人笑话，就自行流产，大出血而死；姜金贵的女人因在 1956 年前后患重病，怀孕后喝碱水打胎，不仅未打掉，还使身体受了损失，产后失血而死。⑤ 彬县城关公社南街大队仅 1963 年乱打胎的就有 3 人，如五队陈翠仙，为了打胎，把豆绿碗打碎喝了，上山担粪，引起大出血，胎还是没打掉，光看病就花了不少钱；三队李春梅，1963 年怀上第三个娃后，要求人工流产，男人不同意，她就随便在市场上花 5 元钱（新币）买了游医的药吃了，结果中毒，几乎造成生命危险。⑥

面对没有安全保障的生育，以及生育对健康的损坏，妇女大都泰然处之。在她们看来，害怕是于事无补的，既然只能接受，那么就只好听

---

① 南郑县民主妇联《周韩氏打胎死亡的原因》，陕西省档案馆档案，全宗号—目录号—案卷号—存期：178—2—116—长期。

② 长武县妇联 1963 年 6 月 28 日《长武县妇联会关于开展计划生育试点工作报告》，咸阳市档案馆档案，全宗号—案卷号—存期：019—35—长期。

③ 陕西省妇联咸阳专区办事处、周至县妇联、哑柏公社妇联（三者共同组成的）工作组 1963 年 7 月 2 日《关于仰天大队宣传计划生育试点第一阶段和第二阶段工作情况的报告》，咸阳市档案馆档案，全宗号—案卷号—存期：019—29—长期。

④ 永寿县妇联会 1963 年 8 月 24 日《关于计划生育重点摸底情况报告》，咸阳市档案馆档案，全宗号—案卷号—存期：019—35—长期。

⑤ 户县妇联会 1963 年 10 月 20 日《关于城关公社吕公大队计划生育工作开展情况的报告》，咸阳市档案馆档案，全宗号—案卷号—存期：019—35—长期。

⑥ 彬县妇联 1964 年 2 月 4 日《城关公社南街大队开展计划生育宣传试点工作报告》，咸阳市档案馆档案，全宗号—案卷号—存期：019—50—长期。

天由命。正如当被问及 20 世纪 60 年代在家里生孩子是否害怕时，1943
年出生的陕西省蒲城县妇女刘秀云所说："（怀孕了）根本都不休息，
干活一直干到快生了。你就是再累，也不休息！一些人都是干活哩把娃
就（流产）没了。唉，可怜的。就算怀孕也要下地干活，凭工分吃饭，
不得不去，挣得多分得多……（在家里生孩子）害怕也没有办法，有
的（妇女）坐月子大出血死了，也没有办法。村里就有人接生，我婆
就给人家接生。"[1] 1943 年出生、20 世纪五六十年代生活在陕西省华县
金堆镇罗监大队的妇女白改秀对当时的生育状况也有同感："（生娃）
谁不怕？人命关天的事当然怕。有多少人为了生娃把命都送了，但那个
年代也只有听天由命了，真要是有啥事，也是没办法，看着送命哩。"[2]

（二）粗放式养育子女

陕西农村虽然在 1956—1957 年、1963—1965 年间宣传过节育与避
孕，但 1949—1965 年间很少有人实施科学有效的节育措施，妇女的生
育基本处于无计划状态之中，不仅生育多，而且生育密度大，2—3 年
一胎的占育龄妇女的比例在 50% 以上。子女多而密，使妇女难以有精
力对每个子女进行精细的照顾和养育。

加之，新中国一直在动员妇女走出家门，参与社会事务，家庭、家
务自然成了妇女业余打理的"后花园"。孩子生下后，她们经常顾不上
管。尤其是 1957 年实行高级农业合作化以后，妇女普遍地下地挣工分。
即使 1958—1959 年有一段时间在公共食堂吃饭不要钱，劳动也不记工
分，但许多食堂对劳动力实行不劳动者不给食的办法，妇女依然必须经
常参加生产劳动，甚至要加班加点。孩子的养育成了妇女有心无力的
心事。

虽然陕西省政府一直呼吁各地大办幼托组织，使妇女能无后顾之忧
地参加生产劳动，但因为场地、经费的缺乏，也因为保姆的工分问题一
直得不到合理解决，一些农村的幼托组织建立不起来，有的虽然建立
了，但得不到有效巩固，很快又散伙。因此，在一般的家庭，婴儿由无

---

[1] 猴小敏 2009 年 7 月、2010 年 2 月对陕西省蒲城县东杨乡三兴村刘秀云的采访记录。
[2] 王亚妮 2009 年 8 月和 2010 年 2 月对陕西省华县金堆镇罗监大队白改秀的采访记录。

力下地的老人照顾，会走路的幼儿由大一点的哥哥姐姐看管，至于五六岁的孩子就完全无人看管，自己玩耍。在没有老人、没有大一点的孩子的家庭，下地的妇女往往把婴儿独自放在家里，任其哭闹；把会走路的幼儿带着一起下地，让孩子在田间地头玩耍。

　　且看商县妇联周玉琴1960年6月了解到的该县梁垣管区麻街公社丹阳生产队及附近几个队的幼儿管理情况。有个别生产队幼托组织的教养员、保育员还没固定，有的连房子都没有，如，丹阳生产队六个小队中有五个小队由于没有固定的教养员和房子，幼托组织流于形式。第六小队从1959年冬天到1960年夏天，教养员就换了四个，夏收中没有专人管孩子，有些孩子自己到河里、车路上玩，有的跟着母亲去田间、场边；该小队22个妇女劳力和半劳力，就有7个引着11个孩子在地里、场里干活，结果有的跌哭，有的被麦芒扎了脚；妇女阎文娃引着3个孩子、背上1个上坡割麦，结果一个得了病。同时，托儿所一般都是婆婆看孙子，大孩子看小孩子；没有婆婆和大孩子看的，就把娃抱到场边，如丹阳生产队第四小队张菊花将才两个多月的孩子放到场里，孩子鼻子、耳朵、手里都堆满了麦子。麻街公社自愿队由于没有教养员，没房子，便采取了大娃看小娃的办法，结果大娃把小娃引到河里睡、玩，互相打架，无人看管，存在很多安全隐患。[①]

　　1928年出生、一直生活在今商洛市商州区杨峪河镇庙坪村六组的任兴华，和1943年出生、1963年开始生育、现居蒲城县东杨乡三兴村三组的刘秀云，对20世纪五六十年代婴幼儿管理情况的回忆，可以说明周玉琴了解的情况颇具普遍性。据任兴华回忆："（母亲下地干活时，）要是家里有七八十岁的老人，因为老人不能到地里做，就看娃。要是没有老人的话，一岁多、两三岁的娃，就引到地里，抱到地里，跟着（大人）。太小的，搁到家里，怕把娃绊了，就用布带带把娃往窗外的柱子上之类的一绑，只要（孩子）不绊了就行，（娃）他妈（放工从地里）回来了才给娃吃奶呀、做饭呀啥的。"[②] 刘秀云至今说起自己孩

------

　　① 商县妇联周玉琴1960年6月16日《关于麻街公社幼托组织的情况报告》，商洛市档案馆档案，全宗号—目录号—案卷号—存期：17—2—69—长期。
　　② 任丹利2009年8月和2010年2月对今陕西省商洛市商州区杨峪河镇庙坪村任兴华的采访记录。

子幼小时的情形仍满含辛酸："（我下地劳动的时候）叫娃睡到屋里，有时候把娃放到草笼里带到地里，有时就没有人管，（把娃）锁到屋里，（大人）活做完，（娃）从炕上滚下来，夹到木床缝，差点夹死……有劲的（人）都到地里干活去了，老的连自己都管不了，（更不可能帮忙照看孩子）。"[①]

有的地方虽有幼托组织，但母亲觉得把自己挣的仅有的一点工分再分给保姆一部分不划算，不愿把孩子送进幼托组织，便让大孩看管小孩，甚至让刚会走路的孩子自己玩。年幼的孩子得不到有效的看护，到处乱跑、乱爬、乱抓、乱吃，很不卫生，增加了孩子生病的几率。1961年对大荔县两宜公社北贝生产队136名1~6岁儿童健康状况的调查显示，患病儿童共56人，占136人的41%，其中：患小儿营养不良的7人，占136人的5.14%，患消化不良症的26例，占19%，患呼吸系统病症的12例，占8.8%，患肠寄生虫的7例，占5.14%，患皮肤病的4例，占2.94%。[②]

幼孩得不到良好的看管，也造成了许多不安全事故。如，榆林县长城则公社仅1961年上半年就有5个幼孩被火烧死或跌死。该公社一张姓队长让11岁的孩子照看1岁的小孩，一时没注意，1岁的小孩跌到火里被烧死。[③]据不完全统计，1959年上半年，洋县城关公社和谢村公社就有5个5岁以下的幼孩因看管不当而掉到尿坑里淹死；华阳公社茅坪管理区三元生产大队社员王芦芦让一个不满10岁的孩子看管一个两岁的孩子，大孩子把小孩子带到河坝玩耍，由大孩子领着小孩子过桥时，小孩子掉到河里被大水淹死。[④]诸如此类的事故不胜枚举。

至于对孩子的教育，也基本处于一种放任自流的状态。家庭教育，妇女们很少有时间，孩子小的时候，她们能保证每天给孩子有吃的、有

① 缑小敏2009年7月和2010年2月对陕西省蒲城县东杨乡三兴村三组刘秀云的采访记录。

② 大荔县妇联1961年4月9日《大荔县妇女联合会关于两宜公社北贝生产队一至六岁儿童健康情况调查报告》，陕西省档案馆档案，全宗号—目录号—案号—存期：178—2—373—长期。

③ 榆林县妇联1961年8月19日《榆林县三年来妇女工作检查报告》，陕西省档案馆档案，全宗号—目录号—案卷号—存期：178—2—340—长期。

④ 洋县妇联1959年7月6日《洋县1959年上半年婴幼儿伤亡情况调查报告》，陕西省档案馆档案，全宗号—目录号—案卷号—存期：178—2—233—长期。

穿的就很不错了。至于食物的营养是根本无力考虑的,只要有吃的就
行;穿着也仅是能蔽体而已,款式、新旧顾及不上。等到孩子上了学,
孩子的教育几乎完全是学校的事,孩子愿不愿学习、学习成绩怎么样
等,妇女们大都很少干涉。一是因为她们认为自己文化水平不够,管不
了;二是在她们看来,孩子学习好坏,主要是个人的能力问题,父母没
有办法。拮据的生活使生存显得尤其迫切,有些妇女对孩子的上学没有
多大热情,她们更乐意于让孩子在生产队劳动挣工分养家,因此,当孩
子想要辍学时,她们便采取听之任之的态度。

这种粗放式的养育,一方面能使孩子在一种非常宽松的环境中成
长,另一方面也使孩子缺少应有的呵护和督促。

五　个案:赵菊兰的生育史①

赵菊兰,女,1931 年 5 月 28 日出生于今合阳县路井镇西庄子村。
1946 年经媒人介绍,与今合阳县路井镇路一村侯永禄(1931 年出生)
订婚,1947 年 5 月 6 日(农历三月十六日)结婚。1948 年 12 月生育第
一胎,几个月后婴儿因病夭折。1950 年 5 月、1952 年 11 月、1955 年
11 月、1958 年 2 月、1960 年 12 月、1963 年 1 月又先后生育六胎,两
女四子。

每一个孩子的出生,尤其是每一个男婴的出生,都让侯永禄的母亲
欣喜无比,庆幸自家人丁兴旺。这位勤苦几十年的老人,一生生育过十
胎,6 个在 6 岁以前就夭折了,养大成人的 4 个中,有一个结婚不几年
也因病去世,只有 3 个(一儿两女)在她年老的时候陪伴在身边。

但是,一个个孩子的出生也增加了侯家的经济负担。家里只有侯
永禄和赵菊兰两个劳力,家务虽有侯永禄的母亲帮补,但吃粮、穿用
都很紧张。尤其是从 1957 年成立高级社以后,完全凭工分分粮,家
里的生活越来越困难。赵菊兰每次怀孕后,为了不影响家庭收入,都
照常劳动。正如 1960 年 7 月夫妻吵架后邻居们所说:她"身怀有孕,
和正常人一样地参加劳动,天天晌晌不脱空,吊上四个娃,连一顿好

① 本节参考了侯永禄《农民日记》(中国青年出版社 2006 年版)的相关内容。

饭都吃不成，哪个娃的穿呀戴呀，不要她缝呀洗呀？身体都瘦成啥样子了？……"①

即使坐月子时，只要身体状况允许，赵菊兰都想办法干一些力所能及的活来挣取工分。比如，1964 年元月，坐第七个月子时，她就在炕上给生产队选棉花种子，而且尽量多选多挣工分，婴儿啼哭她都顾不上管。

哺乳期，她更没有停止参加生产劳动。比如，1958 年 10 月 31 日，家里还有个 8 个月大的婴儿，赵菊兰依然扛着锨，和全队的男女社员一起到离家较远的沟里去种树，中午不回家，喝点开水吃些从家里带来的冷馍就算吃了中午饭。她最操心的是，自己中午不回家，婴儿吃不到奶怎么办。直到下午太阳落山，她才随着其他社员一起收工回家。顾不上一天的劳累，她一进家门放下锨，就抱起因大半天没吃到奶而哭闹不已的婴儿喂奶。

即使如此，全家的糊口依然困难。赵菊兰在生过第三个孩子后，就不愿再生了，一发觉怀孕就犯愁，她曾偷偷地问邻居们打听过打胎药，悄悄地吃下，但不顶事。为了达到堕胎的目的，她也曾暗暗地在孕期从炕沿上往下跳。侯永禄也买过避孕方面的书学习，但一直没有找到有效的办法。

1960 年 12 月，第六个孩子出生后，赵菊兰和侯永禄眼看着饥肠辘辘的一家人，虽然舍不得，但还是决定把嗷嗷待哺的婴儿送人，以让他逃个活命。最后在双方老人的极力劝解下才没有送人。

1964 年元月，第七个孩子生下后，夫妻俩再不生孩子的决心更坚定了。

恰好 1964 年春，计划生育在陕西农村的宣传和技术指导普遍展开。3 月 28 日，侯永禄无意中得知县上来了一位能做绝育手术的医生，他把自己打算去做绝育手术的决定告诉了赵菊兰。赵菊兰担心丈夫做了绝育手术不再是男人，成为太监一样的人。她宁可自己去做结扎手术。在丈夫的解释下，她明白了男子做绝育手术比较简单，对性别、身体、健

---

① 侯永禄：《农民日记——一个农民的生存实录》，中国青年出版社 2006 年版，第 81 页。

康都不会产生影响后,虽然依旧怀着忧虑,但为了不再生孩子而同意丈夫去做手术。

侯永禄的母亲对儿子响应计划生育的做法却难以理解。在她看来,人口兴旺,儿孙满堂,是最大的福气;命里该有几个娃,是天定的。在侯永禄的解释下,他母亲同意他去做绝育手术,但对手术的安全性抱着观望态度。

1964 年 3 月 29 日(农历二月十六日),侯永禄做了绝育手术。术后第二天他照常开会、锄地。第三天,他把自己的生育经历编成快板,向村民宣传计划生育的好处:

> 竹板响,说快板,不说别人把我谈。我和女人赵菊兰,结婚已经十七年,添的孩子不算稠,大小六个在身边,若非解放集体化,定要沿门去讨饭。我母亲,真喜欢,见人说得不停点:新社会,真正好,到处娃娃一大摊;有人就能也有钱,儿孙满堂福无边。我一生添过十个娃,死了七个活下仨;有人比我添得多,老来一个也没见。城壕死娃常不断,黑明听见狼叫唤。如今个个长得欢,党的恩情说不完。我的女人却不然,提起娃多发熬煎,她说娃多苦愁大,怎比娃少好清闲。产前产后多半年,受的苦处对谁言?坐月好像坐牢监,难出屋门如囚犯,晚上难睡实在党,白天难吃热火饭。不等睡着娃叫唤,顿顿给娃要喂饭,家里翻得真难看,身上穿的屎沾严。想熬娘家更作难,大小一齐把人缠。清早收拾到吃饭,临出大门日色偏,不敢多停就回转,到家太阳压了山。想劳动没时间,娃娃身上没啥穿,衣服烂得掉片片,脚趾扎在鞋外边。硬着心肠把活干,饿得奶娃蛮叫唤,劳动少了收入减,少分粮食少分钱。人口多了费用添,费吃费烧费油盐,拼上命来把活干,要想好过也太难。千思万想没法办,把娃给人减麻烦。我丈母,好言劝,你说这话净胡拌,娃多娃少前世定,前世冤孽今世还。你嫌娃多要给人,难道人家就不嫌,不是亲生心不爱,日后娃娃受磨难。从前穷人太可怜,卖儿卖女无奈间,如今世事大改变,娃一出世把粮添。狗头也顶三分糠,亲生娃娃怎敢嫌?给人也是没人要,没娃老人五保管。我的心中暗盘算,心肠虽好理有偏,思想迷信见识浅,三言两语难

推翻。给人之计不长远，给来给去在世间，日后仍然把娃添，越添越多越麻烦……我们两口常交谈，少生娃娃咱情愿。避孕绝育都不嫌，就是方法不太全。吃中药、不保险，中毒生病有危险，避孕药物子宫环，花钱事小太麻烦。千方百计都试遍，总难找到巧机关。过罢新春二月半，大好消息到处传，路井街上卫生院，免费结扎输精管。手术做得很简单，随到随做不花钱，保证不碍行房事，保证不再把娃添。一闻此事心喜欢，忙与女人来商谈。她说这事莫急办，慢慢再等一两年，咱娃未满一百天，生娃还得好几年。旁人做了咱再看，先看是否有危险，腰不疼来腿不酸，身体安然不安然，能劳动来能生产，是否也能像以前。到那时，咱再办，凡事不可冒向前。我说你倒想的诌，谁该给咱做示范？咱是干部是党员，咱的娃娃一大摊，咱的年龄比人小，这事怎敢再拖延。科学办法若不信，越等事情越麻烦，娃多人家把咱看，咱不向前谁向前。如果真把好事办，旁人定会跟着干，若是不好出危险，一人受苦大家安，凡事总是开头难，头开好了就好办。说得菊兰心意转，同意带头去试办，不让我去她向前，结扎她的输卵管。她说万一不安全，有你劳动和生产，如果绝育不保险，生下孩子没怨言，你若绝育不保险，生下孩子我没脸，那时有口也难辩，叫我一个落不然。我听后，笑开言，这话说得实在诌，科学技术还不信，绝育咋能把娃添？即使将来把娃添，保证不把你来怨。男的手术最简单，休息不过三五天；女的手术较麻烦，犯的病多不安全。我死你能把娃管，也能改嫁另找男，你死我却没法办，大小娃娃一摊摊。吃喝穿戴没人管，要我去把灶火钻；决没有人再嫁我，全家大小受磨难。你妈没女难活命，定要哭地又喊天；请你早把心放宽，还是我去最保险。赵菊兰，笑开颜，快说正事少胡编，你的嘴比八哥巧，你说咋好就咋办。二月十六这一天，清早就去卫生院，卫生院里人站满，男男女女一大片。人人都说避孕好，都说娃多太累连，男人要扎输精管，女的要用避孕环。魏医师，像神仙，手术又快又安全，不觉疼痛不觉烦，时间没用一顿饭。手术做过三四天，一切正常都一般，谁若不信请细看，今后还要常见面。有些坏人胡宣传，他说街上把人阉，阉了的人病来缠，整天疼得怪叫唤，不能劳动和生产，不能再把好事办。真叫娃娃门前站，防止暗把娃娃阉，又说吴庄死了人，县上来人把尸验。这些话，是谣言，破坏政策理不端。快板说的是正事，莫当这是谝闲传。

他把快板在社员大会上念了，很受社员们欢迎，也打消了许多人对避孕、做绝育手术的疑虑，对村里的计划生育工作起了一定的推动作用。

1964 年 9 月，侯永禄参加了路井公社为期四天的计划生育宣传员训练班，班上宣传控制人口的紧迫性与必要性，提倡晚婚、避孕、绝育和流产。侯永禄为已经提前做了绝育手术感到很自豪，回村后为了说明做绝育手术不会影响健康，他专干一些需要下大力气的活，如拉粪、推壕、担水、打胡基等。

第四章 生产劳动:为生存而忙碌

一 政府号召下的自由选择:从土改到初级农业生产合作社(1950—1955)

(一) 土改前: 政府的积极动员与典型妇女的有限带动

民国时期,土地私有,农村采取一家一户的经营方式。在陕西大多数农村,家庭中男女的生产劳动分工比较明确:男耕女织,以织助耕。一般情况下,妇女的劳动以家务为主,如照顾子女、纺织、缝补一家人的穿着、打扫卫生、喂养家禽家畜和牲口等,尤其是她们一有空就纺线织布,除了供全家大小的穿着之外,还拿到集市上出售以贴补家用。在有的地方,农忙时节,妇女在做家务之余,也参与一些场里活等。民间所谓"麦黄谷黄,绣女下床"的说法正是反映了农忙时间,尤其是收获季节,连"绣女"都参加生产劳动的场面。

在种棉区,由于棉花种植收获时程序多,又不是力气活,除了少数家庭富裕、男劳力充足或雇有足够长短工者之外,一般都是男女共同下地,尤其妇女在棉田中付出的劳动较多。比如,泾阳、富平、高陵、三原是产棉区,妇女除参加割麦秋收外,在拾棉季节,90%的妇女均参加农业棉田劳动,甚至背着孩子下地,夜里在家剥棉花(注:指在拾棉花的末季,将没有完全开放的棉桃从棉枝上收回家,再一个一个剥出棉花。这个工作的辛苦主要在于未开放或未完全开放的棉桃比较坚硬,用手指剥开很不容易)直到三更。在一些缺少劳力的家庭,妇女甚至是主要的农业生产承担者。如三原县王生刘村雷存生的母亲,1935年,在孩子只有半岁时,丈夫去世,她把孩子背上耕种四亩水地。后来,她凭着双手勤纺棉线,不仅把丈夫因为不务正业吸洋烟典当出去的 16 亩水田赎了回来自己耕种,还换回一头小牛。①

在地多田少的山区,妇女也是重要的农业生产辅助劳动力,做一些力所能及的农活,如种红薯、洋芋、薅草等。

但是,特殊情况是存在的。有的地区,农业方面的活路几乎全部由男子承担。山阳县小口乡一带,妇女大部分只管家务,纺花织布、做针线,农业都是男的做,个别家里缺劳力的妇女,下地都躲着人。② 也有的地区,农业方面的活路主要由妇女承担。像镇巴县山区,男子怕被抓兵拉夫,不敢出面,农活全由妇女做。③

新中国成立之初,为了迅速改善农业生产的落后状况,新中国政府号召妇女走出家庭,参加农业生产,在增强农业生产劳动力的同时,使农户的收入有所增加。如 20 世纪 50 年代初,陕西省人民政府主席马明方在陕西省妇联筹委会上的讲话中所指出的:妇联筹备委员会的主要工作是"动员全体妇女参加到当前的春耕和其他生产事业中去"。他还说,妇女参加生产,既可以增加家庭收入,又可以为社会创造财富,给妇女解放提供坚实的物质基础。④

与此相配合,报刊所宣传的新女性的普遍特点是"能干"和"勤快",除了干家务之外,对农活也很在行。作为妇女界旗帜性刊物的《新中国妇女》1950 年塑造的女性形象便是如此。比如,一首名为《留下毛驴送公粮》⑤ 的民歌这样写道:"新媳妇,正十八。白白脸,黑头发。不擦粉,不戴花。大脚片,长腿把。做起活,真俐洒。有头绪,不乱抓。清早起,拉风匣。会织布,会纺纱。又喂猪,又喂鸭。推豆腐,生豆芽。农忙时,务庄稼。锄谷子,种南瓜。到场里,拿叉把。冬月

---

① 陕甘宁边区民主妇女联合会驻三原分区办事处 1949 年 12 月 24 日《三原分区妇女生产汇报》,陕西省档案馆档案,全宗号—目录号—案卷号—存期:178—1—98—永久。

② 山阳县妇联 1957 年 10 月 24 日《关于山阳县小河口乡妇女工作调查情况报告》,陕西省档案馆档案,全宗号—目录号—案卷号—存期:178—2—127—长期。

③ 镇巴县妇联 1957 年 8 月 7 日关于镇巴县山区妇女情况的调查,陕西省档案馆档案,全宗号—目录号—案卷号—存期:178—2—127—长期。

④ 马明方:《结合春耕生产开展全省妇运——马明方主席在陕省妇联筹委会上的讲话》,《陕西政报》1950 年第 2 期。

⑤ 黎苏:《留下毛驴送公粮》,《新中国妇女》第 7 期(1950 年 1 月 20 日出刊)。

里，不闲下……"同时，向妇女宣传"只有参加生产劳动，才能获得解放"的道理。

鉴于农村妇女以往的劳动习惯，当时动员妇女参加生产，主要是在春荒、夏收、秋收时节。每年春季青黄不接之时，民间容易发生粮荒，故有"春荒"之称。为了顺利度荒，政府动员妇女积极参加农业生产劳动。《群众日报》1950 年 3 月就有多篇关于组织妇女参加农田劳动的文章，如 2 日 2 版的文章《咸阳开妇女代表会议，成立县市妇联筹委会，动员妇女积极生产渡荒》、7 日 2 版的文章《榆林、绥德、黄龙先后开各县妇女主任联席会制订妇女参加生产计划，并决定宣传妇婴卫生常识等》、8 日 3 版的版画《妇女积极参加生产》(郭俊卿刻图中妇女有的在用筐抬土粪，有的往牛车上装土粪，有的在商量生产；附近房门边贴着"努力生产"的标语) 等。夏收和秋收时节，一边收一边种，既要保证成熟的庄稼能低消耗地收运归仓，又要抓紧农时，使下一季庄稼能及时播种，因此，多一个劳力多一份保证。比如，1950 年 5 月 17 日长安县妇联召开会议，决定夏收前向妇女宣传参加夏收的意义，夏收中动员妇女除烧水外，争取参加收麦碾场等，帮助男劳力割麦、拉耙、耧麦、摊场、碾场等，没地或少地的妇女、娃娃，可以组织下地耧柴、拾麦，做到村无闲人，达到增加产量的目的。[①]

在政府动员下，一些妇女积极投入生产之中。宝鸡渭滨区一乡二村的妇女董兰花就是一例。1950 年夏收中，她不仅割麦二亩四分，还套驴驮麦，令当地群众刮目相看。后来被选为宝鸡市农民代表会代表和妇女代表会代表后，她劳动更加积极，带动了许多年轻媳妇、大姑娘、老太太都下地劳动。[②]

但是在有的地方，妇女没有参加生产劳动的传统，认为田间劳动不是女人的事，女人去干是没身价、羞耻的、伤风败俗。再加上，家务和子女的拖累，妇女迟迟不肯走出家门。于是，一些地方政府动员年轻妇女组织起来，组成妇女队，一起以变工的方式参加生产。这样，既可以

---

① 长安县妇联：《长安妇联开会决定动员妇女参加夏收》，《群众日报》1950 年 5 月 22 日 2 版。

② 刘静：《人人都夸董兰花》，《陕西日报》1950 年 7 月 10 日 1 版。

克服妇女走向田间的害羞心理，又可以使她们互相带动。在这方面做得较好的例子很多，如，1950 年夏收中，澄城县中区南社村妇女李焕焕、赵玉换、刘秀英等在妇女代表李俊仙的带动下，组织了赶麦场小组，在自家的麦熟以前，到本县正南区雷河村和本村揽工割麦、拔豆，每人每天赚麦三升，三天赚麦一大石；张竹凤、张改凤等 13 个女娃娃，组织了拾麦小组，在已拉完的麦地和路边拾麦，仅 5 月 28 日一天就拾了一大斗。在她们的影响下，南社村 90% 以上的妇女和娃娃都加入到夏收中去了。① 再如，1950 年，渭南市第三乡农会女委员薛淑贤，领导一行政村 60 多名妇女锄棉田，5 月 12—27 日 15 天锄棉田 400 余亩，改变了妇女 "下地害羞" 的落后观念；该乡五里铺村 20 个妇女组成两个变工组，由农会妇女组长雷淑芳等 13 天内锄棉 130 亩、割大麦 16 亩、割油菜 13 亩。②

在这些典型妇女的带动下，1950 年夏收时，朝邑、临潼、渭南等县都出现了一伙伙、一群群妇女下地、下麦场的现象。③

实质上，新中国成立初期，陕西农村妇女中最突出的典型人物是梁秀英。梁秀英 1917 年生于甘泉县梁家庄，1933 年嫁到本县甄家湾村，家中只有 9 亩薄地，生活贫困。1935 年，当地土改后，她家分得了一些土地，生活渐渐好转。1949 年，刚刚从 1947 年胡宗南进犯延安的战争摧残下生产有所恢复的甘泉县，遭受了严重的旱灾、虫灾和疾病流行，发展生产迫在眉睫。梁秀英领导由六个同村妇女组成的变工队春季开荒 42 亩；春耕中，梁秀英把自己家的三把锄头调剂给缺工具的农户，并推进村民间粮食和农具方面的低利借贷，互相帮助；夏收中，变工组到邻近县赶麦场 20 多天，赚麦子 3 石 1 斗 7 升，且使生产工作获得了显著成绩。1949 年，梁秀英被评为县级劳动模范，并荣获省 "劳动模范" 称号，1950 年荣获 "全国劳动模范" 称号，并光荣地出席了全国英模代表大会。④

---

① 王创基：《澄城南社村妇女赶麦场》，《群众日报》1950 年 6 月 5 日 1 版。
② 王德兴：《麦黄谷黄，绣女下床》，《群众日报》1950 年 6 月 25 日 5 版。
③ 同上。
④ 仲蕴、陶克、远亮：《生产领导上的两种作风两种结果》，《人民日报》1950 年 2 月 14 日第 5 版。

　　梁秀英的事迹使许多农村妇女看到了自己的潜力，一些往年几乎不出门的妇女也纷纷投入农业生产中。1950 年，宝鸡分区参加生产的妇女有 21 万多，长安县有 13500 多名妇女参加了锄麦，延安七区三乡赵志珍领导五个妇女 15 天开荒地 20 亩、锄麦 307 亩，延长县 72 个妇女开荒 163 亩；① 府谷县羌镇区 62003 名妇女中，有 3899 名从春耕开始，耕种、打土圪垯、掏水渠等等，什么农活都干，入夏以后，全区 83400 多垧麦子，有 58000 多垧是妇女锄的。② 南郑专区，在田多地少的地区，如南郑县新民区文家乡李石村，妇女除了犁田、插秧、挖秧不能干，其他的农活如拔胡豆、割麦、摘胡豆、点苞谷、锄草、打麦、晒粮、棉花地里的一切活都干；地多的地区，妇女除了不犁地、不撒种之外，像割麦、打麦、锄地、种棉花及棉地里的一切活也都干。③

　　在各地陆续走向田间的妇女中，涌现出了一些典型的、有带动性的人物。临潼县刘素英就是一例。刘素英是临潼县栎阳七乡薛家村妇女，她从冬学和各种生产会议上明白了参加生产光荣的道理，1952 年春季一开始，她就和丈夫一起把 34 大车粪送到地里，又帮助丈夫把棉田犁了两遍，把棉地整好。她还动员其他妇女也下地生产："旧社会把咱们妇女不当人，新社会人民政府号召男女平等，咱们妇女也只有参加生产才能翻身，日子才能过好。"在她的耐心动员下，薛家村组织起了一个由 9 名妇女组成的变工组，9 天锄麦 115 亩，令当地群众对妇女刮目相看。④

　　尤其是当一些基建项目需要大量的男劳力时，动员妇女参加农业生产以把男性从农业中腾出来显得十分必要。于是，这些基建项目附近的地区更加大力动员妇女参加农业生产。比如，1951 年 2 月 23 日，西北民主妇联下发指示，要求下属的各级妇联利用一切形式向妇女宣传劳动光荣、不劳动可耻的思想，进行向女劳动英雄、女劳动模范学习的教

---

　　① 刘雅青、王立、魏晓峰：《广大农村妇女参加生产，提高了自己的社会地位》，《陕西日报》1950 年 8 月 29 日。

　　② 《失学儿童上学，妇女下地生产》，《陕西日报》1950 年 11 月 3 日。

　　③ 陕西省妇联南郑专区办事处 1951 年 9 月 7 日《南郑专区妇女生产调查材料》，陕西省档案馆档案，全宗号—目录号—案卷号—存期：178—2—12—长期。

　　④ 临潼县人民政府张仰山：《临潼县刘素英积极劳动，带头组织了妇女变工组》，《群众日报》1952 年 4 月 19 日 2 版。

育，动员妇女参加锄麦、送粪、积肥、开荒等工作，把男劳力腾出来参加天宝铁路、天兰铁路的修建。①

（二）土改后：大大方方下田地

从 1950 年 10 月开始，历时 1 年零 10 个月，到 1952 年 7 月，陕西新区的土改基本完成（注：抗日战争前，陕北老区已完成了土地改革。黄龙地区有 5 个县、22.9 万人，也于 1949 年前进行了土地改革）。

土改后，一些贫下中农分到了土地，生产积极性提高，妇女下地参加生产渐渐成为一种社会风气。在咸阳专区，土改后的 1952 年，春耕中，各县妇女劳力广泛参加了锄麦、铲草、喂牲口、垫圈、选种、植树、捉虫、防霜，部分妇女还和男子一道修渠、打井掏泉、打涝池；防旱抗旱中，许多妇女协助男子修渠打井，比如周至县下姚村的郭梅芳互助组在六天内协助男子修渠三条（宽二尺，长 30 丈）；夏收中，妇女和男子一样割麦、拉耙、装车、碾场、选种、锄棉，如礼泉三区铁寺村 18 岁的姑娘李金芳，一天能割三亩多麦子，胜过男子；夏选中，妇女也积极踊跃地选麦种。②

与此同时，《陕西农民》刊登了一些爱劳动的典型妇女的故事，以激励更多的农村妇女走向田间。如一首名为《人人夸我汪素琴》的诗歌描述了这样一位爱劳动的年轻妇女：

> 清早起来凉生生，掂上锄儿出西村；坡坡上野花掐一朵，赛不过我头上"月月红"。我爱花儿也爱劳动，人人知道我汪素琴；去年完小毕业了，起早睡晚把田耕。张大娘说我是姑娘家："只能做饭纺线喂猪娃。"姑娘的本事她小看，姑娘的心思她说差。男子们能够做庄稼，我也能掂着锄头、挽起袖子翻泥巴，男子们朝着社会主义走，互助组我也早参加。犁地哟犁得拐拐弯，栽秧哟栽得不太端；困难挡不住有心人，有心人不怕万丈山。我勤勤学，我苦苦

---

① 西北民主妇联 1951 年 2 月 23 日《西北妇联动员妇女参加春耕指示》，《陕西日报》1951 年 3 月 3 日。

② 陕西省妇联咸阳专区办事处 1952 年 8 月 23 日《咸阳专区妇联半年来生产总结报告》，陕西省档案馆档案，全宗号—目录号—案卷号—存期：178—2—21—长期。

练，清水浇花花才鲜；汗水换来白米饭，口口吃得香又甜。念书时想的是工厂，做庄稼盼的机器转，梦中常见拖拉机，我好像坐着掌舵盘。梦中笑醒亮了天，组里干活走在前；轻风吹动"月月红"，人人夸我汪素琴。①

　　劳动力缺乏的家庭，妇女走向田间的步伐迈得更快更大一些。比如，咸阳县五区帝王乡帝王村东堡农民戚树堂共有四个儿子，其中三个在外地工作，一个参加了中国人民志愿军，地里的农活靠戚树堂和他的弟弟做不过来，他的四个儿媳在上冬学、学文化中认识到"妇女要翻身，只有参加生产劳动，男人能干的活妇女也能干"的道理，都主动下地干农活。② 乾县九区四乡阳峪北村17岁的姑娘马玉玉，家里只有她和父母三口人，有地20多亩，60多岁的父亲干起来很吃力，她就主动和父亲一起下地；1952年，她带头报名参加村里组织的妇女互助组，在组里样样农活都做在人前头：春天锄麦时，她连锄三天，每天锄三亩，且锄得非常干净；防治麦田蚜虫时，她和组里的3个妇女用席拉虫，3天时间在15亩地里拉了8斤虫，还给麦田里撒了两遍灰；夏收中，她除了每天和男人一样地割麦，参加碾场、扬场、装麦车等工作外，晚上还抽空给牲口割草、喂牲口；在雨后借墒抢种秋粮的工作中，她晚上磨了一套面，白天还下地种了四亩糜，带动群众借墒抢种了秋田。村里妇女们都说："马玉玉真能干，是咱妇女的火车头，咱妇女都应该向她学习哩。"③ 更让人不能不佩服的，是咸阳县城郊乡月王洞村妇女肖玉兰。肖玉兰的丈夫50多岁，身体不好，经常腰腿疼，不能干重活，土改后，她一人独自挑起全家24亩地、8口人生活的担子，平时除了担水做饭、喂牲口、织布之外，像男人一样承担着繁重的农业劳动，种地、收割、碾打、务棉花、担粪施肥，她样样都干，而且把庄稼作务得很好。④

---

　　① 南郑七区农村妇女杨桂英：《人人夸我汪素琴》，《陕西农民》1954年6月11日3版。

　　② 《军属戚树堂的四个儿媳妇积极参加农业生产人人称赞》，《群众日报》1952年9月13日3版。

　　③ 乾县九区妇联会吴芸：《马玉玉积极参加农业生产》，《群众日报》1952年10月11日版。

　　④ 王秀智、白俊德：《翻身妇女肖玉兰》，《群众日报》1952年10月29日3版。

　　为了快速发展农业生产，陕西省各级政府大力号召农民组织变工互助组，以互相帮助，解决生产中的种种困难。迅速地，男女合编互助组和妇女变工互助组在各地发展起来，妇女成为农业生产战线上一支不容忽视的队伍。比如，澄县庄头村杜光明领导的五个互助组，1951 年夏收时男女老幼根据体力的不同做了适当分工：老婆抱娃娃看井，老汉碾场，壮年男女进行田间收割，小孩收堆送饭；晚间分三组轮流放哨。① 彬县新民区新民堡乡丑寺村各互助组 1953 年夏收中有85 名妇女下地收割，其中肖向娃互助组因为有了六名妇女参加，三天内割完了组内成熟的 40 亩麦子，还腾出两个男劳力外出赶麦场；新民堡乡苏村的弓森娃互助组，每天有五个妇女下地，该村的青年妇女刘水先每天割麦 2 亩，连割 5 天，有人编了快板赞扬她："龙口夺食夏收忙，妇女积极上战场。十八岁的妇女刘水先，连割五天真正强。"②

　　为了使妇女能安心地下地生产，一些地方想办法帮助妇女解决实际问题，比如组织"抱娃组"和农忙托儿所，减轻青壮年妇女的子女拖累；在田间设临时厕所，解决男女共同下地中妇女上厕所难的问题。如，1951 年夏收中合阳一区就组织了 22 个抱娃组，有保姆 41 人，看管 3—5 岁的小孩 189 个。③ 1952 年夏收中，长安县妇联协助该县王莽村组织了两个小型农忙托儿所，收托孩子 26 名，解决了一部分孩子拖累问题，使妇女安心参加夏收。④ 有 38 户人家的长安县第十区沣西乡新堡子，1954 年开春后，四个互助组（其中男劳力 47 个、女劳力 46 个）分工明确，男劳力往地里拉土、送粪，女劳力锄麦，村里在麦田里用席子围成临时女厕所；宝鸡县第十区清水乡戚家崖赵福汉互助组 1954 年春锄麦主要靠妇女，他们为妇女在田地里设了用四个小竹竿撑起、用布

　　① 渭南地委政策研究室 1951 年底《渭南专区土改后农村面貌简况》，渭南市档案馆档案，全宗号—案卷号—存期：1—56—长期。

　　② 张秉勤：《谁说妇女不如男子汉》，《群众日报》1953 年 7 月 14 日 2 版。

　　③ 渭南地委政策研究室 1951 年底《渭南专区土改后农村面貌简况》，渭南市档案馆档案，全宗号—案卷号—存期：1—56—长期。

　　④ 陕西省民主妇联 1952 年 11 月《王蟒村互助组中女组员在生产上更向前迈进了一步》，陕西省档案馆档案，全宗号—目录号—案卷号—存期：178—1—118—永久。

围成、移动方便的厕所。①

　　名气较大的妇女互助组，有渭南王秀兰互助组、潼关县山秀珍互助组等。渭南王秀兰互助组因为组长王秀兰遇事民主，凡事和大家一起商量，所以互助组不仅能得以维持，还得到发展。西北民主妇女联合会宣传部把这个组的故事编写成一本小册子，取名为《王秀兰和她的互助组》（西北人民出版社1953年版），进行宣传。根据王秀兰互助组的故事编写的连环画《互助组长王秀兰》1953年出版后也广为发行。潼关县山秀珍互助组是1913年出生的潼关县太要镇上马店村山秀珍在1951年组织的。它是全国第一个妇女生产互助组。1952年，山秀珍领导互助组成员大搞积肥、挖渠引水，夺得粮棉双丰收，被中共西北局授予"西北劳动模范"的称号。②

　　组织得好的妇女生产互助组对劳力缺乏的组员家庭的生产有很大帮助，许多人开始对妇女参加劳动刮目相看。如，商县油坊岭村桂连东说："这些妇女组织起来，真了不得，替我们顶了一半事。"黄桂村陈忠德说："我今年，老婆割麦把我的工省下来换牛工，麦也割了，地也犁了，光掉下种了。"黄桂村妇女唐春荣说："从前受婆婆的虐待，我现在参加班子（注：指当地组织的妇女互助组）把我的麦一天割完，婆婆待我也好了。"③

　　但是，有的互助组评工不合理，吃亏的吃亏，占便宜的占便宜；有的互助组认为妇女不是天天下地，一点点工，上不了账，不好记工，因而不认真给妇女记工分，或者男女同工不同酬，同分不同值。如长安县三桥区大寨子村夏季九个组有妇女参加互助劳动，事先说了给妇女买羊肚子手巾作为奖励，结果未给；四个组同工不同酬，如张秀英组，男一分工1200元（旧币），女的只有800元（旧币）。④ 因而，一些妇女认

---

① 赵希文、容铭《为田间生产的妇女设了临时厕所》，《群众日报》1954年3月31日2版。
② 《陕西省志·妇女志》第七篇"人物"之第二章"名录"之第四节"模范人物"，陕西省地情网 http://www.sxsdq.cn/dqzlk/sxsz/fnz/。
③ 商洛分区妇联1950年7月13日《商洛分区妇女工作总结报告》，商洛市档案馆档案，全宗号—目录号—案卷号：17—1—3—永久。
④ 陕西省民主妇联会1954年4月16日《陕西省长安县三桥区四、五乡秋季妇女互助生产的情况和几点体会》，陕西省档案馆档案，全宗号—目录号—案卷号—存期：178—1—131—永久。

为参加互助组划不来，不愿意参加互助组，宁愿自己干自己的。

（三）初级社：政府的号召与鼓励

1. 政府动员背景下的挣工分

1954 年 11 月 15 日至 12 月 5 日，中共陕西省委召开了陕西省第三次农业生产互助合作会议。会后，陕西省在农村进行社会主义思想大动员，大力引导农民加入农业生产合作社。到 1954 年底，全省已建成初级农业生产合作社 3048 个（注：1952 年底有 120 个），基本上达到区区有社，其中有 874 个村庄入社农户占总农户的 80% 以上。1955 年春，各县掀起了农业互助合作运动的热潮，甚至违背"自愿互利"的原则，提出"村村入社，户户报名"、"不入社就是走资本主义道路，是走台湾的路，是不与政府合作"等，引起了农民的恐慌，出现了乱砍树木、杀卖耕畜、大吃大喝和抢购生活资料等现象，生产处于自流状态，牲畜乏瘦死亡严重。陕西省委虽对合作化运动做了调整，但 1955 年 7 月 31 日毛泽东在全国省、市、自治区党委书记会议上所作的《关于农业合作化问题》的报告中对"小脚女人走路"的右倾保守思想的批评，使农业合作化运动再掀热潮，一大批半社会主义性质的初级农业生产合作社转为社会主义性质的高级农业生产合作社：将社员的私有土地收归集体所有，取消土地分红，由社统一经营；耕畜、农具等主要生产资料折价入社，由社分期付款；产品分配，在进行必要的扣除后，分配给社员的部分，按劳动工分分配。到 1955 年底，全省农业生产合作社已发展到6.1 万个，入社农户占总农户的 60% 以上。从 1956 年 1 月起，全省普遍试办高级农业生产合作社。到 1956 年底，全省参加高级农业生产合作社的农户占总农户的 87.4%。到 1957 年底，全省共建高级农业社3.2 万个，参加农户 317 万户，占总农户的 98.2%，经营耕地面积6502万亩，占耕地总面积的 97.8%。[①]

可以看出，到 1955 年、1956 年大多数农村基本实行了初级农业生产合作化，土地归社员所有，只是以土地入股的方式交由农业社统一经

---

① 《陕西省志·农牧志》第三篇"农村经济体制"之第二章"农业互助合作"之第三节"初级农业社"，陕西省地情网 http://www.sxsdq.cn/dqzlk/sxsz/nmz/。

营，在分配上以入股土地的股份多少和社员参加社内劳动所挣工分为依据，二者各占一定的分配比例。随着时间的推移，土地分红的比例呈下降趋势，劳动分红所占比例不断上升。

初级农业生产合作社成立之初，妇女参加社内生产并不积极。她们有的有娃拖累；有的要干家务、纺线织布；有的嫌日晒雨淋；有的下地不懂农业生产技术，比如不会锄地，不知锄深了好还是浅了好，不会作务棉花；还有的自由散漫，不遵守劳动纪律，不服合作社领导管理，说："我当了几十年人了都没人管，现在叫你管呀？"甚至乱骂，胡搅蛮缠；有的男人阻挠，嫌把饭做得晚了；有的大姑娘或小媳妇的家人怕年轻妇女在外面跑学坏了，不让去；有的妇女为一些小问题闹意见、闹纠纷，评工分时，常为给谁多评了一分、给谁少评了五厘而争论；有的妇女只是跟上男人转，或跟上男的一同走，只是埋头生产，啥事不管、不问；有的妇女认为是"给人家社里干活"，因而做活不讲质量，光顾工分。比如，泾阳县史王村农业社白玉兰等三人，1954 年在棉田治虫时，为了打药快，多挣工分，没把药粉打在棉株上；长安县五一农业社拾棉花时按斤两计工分，有的妇女让八九岁的小孩帮忙拾，结果拾得不干净。①

针对这些情况，一些农业社一边对妇女进行爱社教育，讲"劳动光荣"和"妇女只有参加生产才能翻身"的道理，一边给妇女算经济账，打通妇女的思想。如渭南五区郑家村农业社春耕生产初期，女社员大都忙于家务，不愿参加地里活，尤其是孩子多的妇女和单身妇女。有的认为农业社的活有男人做呢，女人家能顶个啥；有的说："给社里锄地划不着"，甚至说，"我入社就是图轻省的，光地股份的就够吃了……"社里根据这一问题向妇女社员算了一笔家务、农活对比账：一天在家纺线顶多四两，纺一斤线需用四天工夫，折合人民币一元二角（新币），

---

① 陕西省妇联渭南专区分会 1954 年 11 月 21 日《十一月间召开农业社女副主任座谈会纪录本》，渭南市档案馆档案，全宗号—案卷号—存期：20—10—长期；陕西省民主妇联会 1954 年《根据七个农业社妇女工作中存在的问题提出几点意见》，陕西省档案馆档案，全宗号—目录号—案卷号—存期：178—1—130—永久；长安县民主妇联 1954 年 11 月 25 日《长安县建社中妇女工作的情况》，陕西省档案馆档案，全宗号—目录号—案卷号—存期：178—2—45—长期。

如果下地生产一天每人所得报酬一元（新币），四天可得四元（新币），超过纺线收入的两倍；更不要说妇女下地后农业生产劳力增强，有利于适时精耕细作，增收粮棉，增加收入。经过这样的算细账，妇女一盘算，思想通了，下地的逐渐多了。[①]

尤其是当妇女们挣的工分分到现钱和粮食后，人们的思想一下子发生了很大转变，妇女下地的人数明显增多。以渭南县双王乡妇女为例。该乡妇女在1955年冬到1956年春农业合作化运动以后，出勤率一般达到90%以上；1956年夏收中，妇女所割的麦子，面积一般都占到各社麦田面积的70%—80%以上，张家庄社达到94%；全乡7767亩棉田中，6278亩棉田管理工作全由妇女承担。[②]

在解决妇女下地的后顾之忧方面，一些农业社也采取了有效措施。比如，泾阳县三渠乡和平农业社18个妇女抚养着26个小娃娃，于是社里组织了托儿所，找了6个性情好又勤快的妇女做保姆，娃娃妈安心地参加生产；同时，社里不给孕妇和月经期的妇女派重活；早上和中午妇女也比男子早一个钟点下工，给妇女留出做饭的时间；平时如果农活不紧，就只男的下地，女的不下地，让她们有时间做家务和针线活；鼓励丈夫多帮妻子干家务，既减轻了妇女家务负担，又增进了夫妻感情。[③]

从全省农业社来看，1956年春季，90%以上的女社员争先恐后地投入生产，锄麦、锄五边草、选棉种、攒草木灰等。[④]

很快地，农业生产战线上涌现出一批巾帼模范，如1955年省级女劳模山阳县九区板仓乡陈玉香、凤县一区荞坪乡四村李银焕、绥德县二区青草沟徐翠林、子长县二区一乡白家枣林村石萍玉、朝邑县四区八里乡小荀村红星农业社爱社模范穆玉仙、华县五区江村乡梁家堡孙玉珍、富平县曹村区曹村乡田家堡军属李淑芳、山阳县过风楼农业社程秀云等，1956年西安市草滩区沟上村农业社的"修堤模范"王玉琴等。她

---

① 陕西省妇联渭南专区分会1955年4月28日《渭南五区巩固社中的妇女工作》，渭南市档案馆档案，全宗号—案卷号—存期：20—16—长期。

② 渭南地委工作组1956年9月5日的报告，见中共渭南地委1956年9月20日《中共渭南地委批转地委工作组的报告》，渭南市档案馆档案，全宗号—案卷号—存期：1—819—永久。

③ 笔夫：《拐渠生产队这样关心女社员》，《陕西农民》1956年8月4日2版。

④ 《陕西省志·妇女志》第三篇"活动 运动（下）（1949—1989年）"之第二章"经济活动"之第一节"农村妇女生产"，陕西省地情网 http://www.sxsdq.cn/dqzlk/sxsz/fnz/。

们中有大姑娘,有年轻媳妇,也有四五十岁的中年妇女,在不同年龄的女性中起到了很好的引领、示范作用。

应该看到,在有的初级农业合作社,干部脱离实际地一味要求妇女出勤率,不注重合理安排活路和人力,出现了妇女下地没活干或抢活干的现象,造成了劳动力的浪费。比如,渭南六区红星社夏收时,女社员碾场过程中不敢回家休息,拿着针线坐在场边等收场,抢活做。一次,妇女闵玉梅回家取了个手巾来就没活做了。有些妇女发牢骚:"人家入社后忙哩,咱入社后闲得难过。"渭南五区很多农业社夏收时,大量劳力拥到场里为挣大工分抢活干,而棉田防旱治虫工作因为工分少而没有人干。①

妇女下地生产,在一定程度上,改变了男子认为妇女琐碎、"既不能犁又不能耱"、在农业生产上不顶用的看法。正如青年团渭南地方工作委员会刘立在《群众日报》发表文章所说:以前,一提到"农村妇女",他脑子里就是纺线、织布、养娃、做饭、盐呀、醋呀这些琐碎家务事,虽然他嘴上也说"妇女一样能成",但内心里总觉得"妇女到底不如男子",认为农村妇女啰唆得很,小气得很,可是在了解了当地王秀兰互助组良好的劳动秩序和生产积极性后,他大受教育,对妇女的看法发生了很大改变。②

妇女下地劳动在初级社挣到工分,使妇女对家庭的贡献显性化,她们在家庭中的地位有了改善。仅举三例。其一是安康二区陈家沟农业社妇女柯美兰。柯美兰过去因为家务和孩子拖累,下地干活少,公婆丈夫歧视她,认为她没出息只会在家抱娃娃做饭吃现成的;参加农业社之后,她积极劳动,虚心学习,很快学会了许多农业技术活,如双手点籽、给棉花整枝打片等,年终所得的工分除了养活自己外还有剩余,从此以后,公婆、丈夫再也不认为她是吃现成的了,家庭也和睦了。③ 其

---

① 陕西省妇联渭南专区分会 1955 年 7 月 11 日《关于夏收夏选中妇女工作总结报告》,陕西省档案馆档案,全宗号—目录号—案卷号—存期,178—2—62—长期。

② 青年团渭南地方工作委员会刘立:《王秀兰领导互助组的模范事实,纠正了我轻视妇女的错误思想》,《群众日报》1952 年 12 月 24 日。

③ 1955 年 3 月 26 日陕西省妇联安康专区分会《安康县九区兴胜乡二村建社第一阶段对妇女进行思想发动工作报告》,陕西省档案馆档案,全宗号—目录号—案卷号—存期:178—2—64—长期。

二是华阴县丁家窑村年轻夫妇杨九娃和李淑云。以前，李淑云在家里管娃、做针线、做饭，每天都闲不住，但杨九娃总说一年365天，是他把媳妇当猪当狗一样养活着。李淑云饭一做迟，杨九娃就打，小两口成天摔碟子砸碗。自从1954年冬天李淑云一家入了农业社，勤劳的淑云除了做饭奶娃，还跟着村里一伙伙妇女务棉花、割麦子，一年做了41个劳动日。一天，淑云故意问杨九娃，你看这41个劳动日能折多少钱？杨说：五六十万元（旧币）吧。淑云问他这些钱够不够她自己一年的吃喝？杨很不好意思。淑云理直气壮地说："你常骂我不如狗不如猪的。我问你：吃的我挣着，娃娃我管着，衣服我纳着，屋里活我做着，到底谁养活谁？"小两口的关系一下子转变了。[①] 其三是长安县龙口村青年夫妇程生安和李翠英。程生安和李翠英有两个孩子，在没入社的时候，屋里、屋外、粗活、细活就他们夫妻两个干。有时，生安下地了，翠英又忙孩子，又要经管牲口，到她做饭的时候，两个孩子你哭他喊，生安从地里回来看见翠英饭没做熟，就把眼一瞪："你就是能吃！"两口子为此没少吵闹。自从入了农业社，翠英把孩子放进托儿所，也下地挣工分了；因为能劳动，她说话理直气壮了，生安也不耍态度了，从地里回来知道帮翠英做饭干家务，翠英让他歇着，他说："都一样干活，谁不乏？"自此两口子小日子过得和和气气。[②]

但也应该看到，在一些家庭，妇女和男子一样下地生产劳动，对家庭的贡献更大了，但在家庭中依然没有经济地位。如，咸阳劳模鲁桂兰成年劳动，但丈夫不仅依然时常打骂她，还不给她一点点经济权；咸阳出席省劳模大会的军属何淑兰，除担水喂牲口、做饭、管理家务等，还参加农业劳动，但平时想做一件衣服、买点鞋面或线等小零碎，都要看兄嫂的脸色。这种情况大大地妨害了妇女参加农业生产的积极性。

2. 超负荷劳动之痛

令人遗憾的是，有的地方在动员妇女下地生产时，不注意妇女的体力和生理特点，只机械地强调"男的能做的女的也能做"，让妇女参加

---

① 山川、德兴：《有这么一对夫妻》，《陕西农民》1955年1月1日2版。
② 王英侠：《龙口村夏收预分方案公布了，人人眉开眼笑，家家喜气洋洋》，《陕西农民》1956年6月7日1版。

一些力不能支的重体力活。如，商洛专区有的让小脚妇女参加修堤；有的修渠时让妇女抬石头。① 泾阳县城关区八乡冉子村一个男女合编互助组，1952 年春耕时组内打井，女组长曹焕英将男的、女的各编一组，男组搬一个碌碡（注：井口上方安装的一种用以提取井下土、沙、石、水等的机械。），女的也搬一个碌碡，下井淘水时，男的下井两个，女的也下井两个；礼泉县四区二乡崔家崖村 1952 年春季生产时，让妇女单独淘涝池，五个妇女推一车土推不动，男的在一旁站着看。② 商县西河乡刘桂香互助组要求女组员和男组员同样下到冷水中捞秧田。③ 有的农业社让妇女干打井、拉铧车、推水车、抬土、拉犁等重活；有的妇女为了争口气而和男的硬比体力，如高陵县姬家庄乡团结社 30 多个女社员抬了一天粮，多数人肩上发肿，第二天被分配抬砖时，很多妇女表示撑不下来，不想去，男社员却说："连两天活都干不下来还能翻身，男女平等吗？"于是，女社员就负气继续劳动。④ 澄城县良周村农业社有的男社员说："婚姻法里都说男女平等，妇女就要和男的干一样的活。"他们让妇女和男的一样没黑没明地干活，不照顾怀娃娃和有吃奶小娃的妇女，因大人忙着下地，致使一些小娃没有得到很好的照看，长得很不健康。⑤

　　也有的妇女自己不顾体力，为了多挣工分而蛮干。如，1956 年，高陵县钓鱼寨子村黄淑琴有三个小孩，又怀了一个，她怕再生小孩不能参加劳动挣工分，就故意做重活让其流产。⑥ 也有的妇女来了月经也不请假，

---

① 商洛专区妇联 1953 年《发动妇女参加生产和互助合作中存在的问题》，商洛市档案馆档案，全宗号—目录号—案卷号—存期：17—2—13—长期。

② 咸阳专区妇联办事处 1952 年 7 月 11 日给陕西省妇联生产部的报告，陕西省档案馆档案，全宗号—目录号—案卷号—存期：178—2—21—长期。

③ 陕西省民主妇联商洛专区分会 1953 年 12 月 6 日《商洛专区分会关于妇女参加生产及婚姻等方面的调查报告》，陕西省档案馆档案，全宗号—目录号—案卷号—存期：178—2—35—长期。

④ 高陵县妇联 1956 年 5 月 6 日《关于在劳动中伤害妇女身体情况的报告》，见陕西省妇联渭南专区分会 1956 年 5 月 14 日通报（第 23 号），渭南市档案馆档案，全宗号—案卷号—存期：20—31—永久。

⑤ 张峰山：《为女社员说话》，《陕西农民》1956 年 9 月 1 日 2 版。

⑥ 高陵县妇联 1956 年 5 月 6 日《关于在劳动中伤害妇女身体情况的报告》，见陕西省妇联渭南专区分会 1956 年 5 月 14 日通报（第 23 号），渭南市档案馆档案，全宗号—案卷号—存期：20—31—永久。

不休息。

超负荷的劳动对妇女身体造成了极大的损害。比如，铜川 1952 年修渠时叫妇女背石头，孕妇也不例外，导致几个妇女流产。① 1952 年耀县一区有的妇女除了干家务外，和男人一样抬石头、打井，结果闹病。② 安康专区一些妇女也因劳动过重而得病，甚至有个别的人出现吐血症状。③ 镇坪县复兴乡妇女汤宫里 1952 年和互助组一起挖地畔时，来了月经，没有休息，后来得了血崩病，经常流血不止。④ 富平一区南舍村一个男女合编互助组组长于文彬，在 1952 年夏收中，为了完成生产任务，他动员怀孕八个月的妻子参加夏收工作。有一天妻子感觉身体不适，于文彬还是动员她去，结果，她割了不一会儿就小产了。⑤ 1956 年，高陵县夹滩农业社女社员王彩玲怀孕已两个月，农业社干部还派她和男的一起抬土垫地，她抬完土回家，就流产了。⑥ 渭南县双王乡槐衙社青年妇女刘宝玲，在 1956 年 3 月的积肥运动月中，每天除了和男子一样在渭南市推粪 5 小车以外，还额外在天亮以前挑粪尿一担，被评为"积肥模范"，可是，过度劳动导致她阴户肿烂，子宫下坠。⑦ 1956 年，高陵县一个 18 岁的姑娘，本来身体就不好，再加上劳动拼命干，吃饭不按时间，不顾热冷，结果吐血致死；湾子乡太兆村刘氏怀孕七个月，正月十四抬了一天土，十五日早晨就早产了；通远乡灰堆坡村孙玉梅十多年来不生小孩，好不容易怀了孕，却由于劳动过度而小产；通远乡高桥村一个妇女在经期拉铧车，

① 陕西省妇联咸阳专区办事处 1952 年 8 月 23 日《咸阳专区妇联半年来生产总结报告》，陕西省档案馆档案，全宗号—目录号—案卷号—存期：178—2—21—长期。
② 耀县民主妇女联合会 1952 年 10 月 11 日《耀县第二届妇女代表大会总结报告》，咸阳市档案馆档案，全宗号—案卷号—存期：019—15—长期。
③ 陕西省民主妇联安康专区分会 1953 年 11 月 28 日《安康专区妇女参加农业生产运动情况》，陕西省档案馆档案，全宗号—目录号—案卷号—存期：178—2—35—长期。
④ 安康专区妇联办事处 1953 年 6 月 28 日《关于目前妇女参加生产互助合作中的几个问题》，陕西省档案馆档案，全宗号—目录号—案卷号—存期：178—2—35—长期。
⑤ 咸阳专区妇联办事处 1952 年 7 月 11 日给陕西省妇联生产部的报告，陕西省档案馆档案，全宗号—目录号—案卷号—存期：178—2—21—长期。
⑥ 李成生：《彩玲小产的教训》，《陕西农民》1956 年 7 月 21 日 2 版。
⑦ 渭南地委工作组 1956 年 9 月 5 日的报告，见中共渭南地委 1956 年 9 月 20 日《中共渭南地委批转地委工作组的报告》，渭南市档案馆档案，全宗号—案卷号—存期：1—819—永久。

造成大出血，得了血崩病。[①]

这种情形的出现，使一些本就不愿意下地生产的妇女更把参加户外劳动视为畏途，也使一些家庭生活条件较好的男子更不舍得让妻子下地。

也有的基层干部，脱离实际地动员妇女下地生产，不顾她们的实际困难，在群众中造成了极不好的影响。比如，商县黑山区极力动员青壮年妇女下地生产，参加互助组，一个妇女顾不上照顾年幼的孩子就参加了互助组，结果孩子生病死去，丈夫骂她，再不让她参加互助组；商县六区谢塬乡杨芋河村动员妇女都要下地锄草，结果有些女人牵肠挂肚地下地干活，男人只好在家里做饭管娃。[②] 1955 年夏天，高陵东城坊乡隆昌社三岁的男孩雷均娃，母亲下地生产时他没人照管，独自在地边玩，结果不小心掉进水渠淹死；朝邑三区两宜乡胜利农业社因母亲下地干活，8 个没有大人看管、未到学龄的小孩在一起玩火烧毁了约 147 亩地的麦子，估计损失粮食约 32000 斤。[③]

(四) 小结

1949—1956 年，在土地家庭经营和之后的土地入股、农业社集体经营的情况下，政府把参加农业生产劳动和妇女解放结合起来宣传，号召妇女加入农业生产队伍，以增强农业劳动力，并且把男劳力腾出来让他们参加各种基本建设项目。但是，陕西民间长期以来形成的"男主外，女主内"的家庭格局已经成为一种稳定的夫妻模式和心理习惯，要想打破它实非易事。尤其是，它的形成和存在有一定的现实基础：其一，在大多数农村，男劳富余。除了夏收和秋收外，一般不需要妇女参加农业生产。即使这样，男劳在农闲时节还可以搞副业、打零工。土改

---

① 高陵县妇联 1956 年 5 月 6 日《关于在劳动中伤害妇女身体情况的报告》，见陕西省妇联渭南专区分会 1956 年 5 月 14 日通报（第 23 号），渭南市档案馆档案，全宗号—目录号—案卷号—存期：20—31—永久。

② 陕西省民主妇联商洛专区分会 1953 年 12 月 6 日《商洛专区分会关于妇女参加生产及婚姻等方面的调查报告》，陕西省档案馆档案，全宗号—目录号—案卷号—存期：178—2—35—长期。

③ 陕西省妇联渭南专区分会 1955 年 7 月 11 日《关于夏收夏选中妇女工作总结报告》，陕西省档案馆档案，全宗号—目录号—案卷号—存期：178—2—62—长期。

后情形依旧。如，商县二区六乡三政村、岭底村平均一个男劳力 5 亩地，实际上按该地情况，一个男劳力可以承担 10 亩地，因此劳力有余。有的男子说:"只这一点地，用脚就做了，还要妇女做?"① 有的男子觉得妇女做农活没效率、没技术、没力气，说:"男子少吃半袋烟，顶住妇女做半天。"② 其二，新中国成立初期，陕西农村青壮年妇女中平均一半以上为小脚，即民间所谓"辣子脚"、"红薯脚"，不便于参加田间生产。放脚之风大概直到 20 世纪 30 年代中期才在陕西农村兴起，因此，1930 年以前出生的妇女大都或裹成了小脚，或时裹时放，形成了半大不小的所谓"解放脚"，天足极少。新中国成立的最初几年，20 岁以上的妇女几乎百分之六七十为小脚，有的地方甚至高达百分之八九十。小脚妇女在崎岖不平、疙里疙瘩的田地里劳动，其艰难可想而知。难怪男子们说:小脚妇女到地里，自己跌倒摔着了不说，还会把庄稼压坏。其三，传统上"多子多福"的观念，再加上恶劣的生育环境和简陋的医疗条件造成了人们对子女夭折的恐惧，陕西农村妇女生育密度大、生育率高。新中国成立初的几年，20 岁以上的农村妇女很少没有子女拖累的，且一般至少有 3—4 个年幼子女。在子女没有得到妥善安置的情况下，母亲很少有愿意下地的。更何况，一家人的一日三餐、四季穿着全要靠妇女一双手，她们哪里有精力下地劳动?正如商洛专区妇联 1953 年的一份调查报告所说:妇女的家务劳动和副业生产是很繁重的，我们现在要求她们抽出过多的时间去抛开家务走向田间，是对妇女直接的和变相的压迫。③ 难怪 1956 年，当基层政府宣传组织托儿所减轻妇女的子女拖累，以动员妇女下地时，镇坪县文彩社有的妇女就说:"有了托儿所把娃送去那里，那家

---

① 商洛专区妇联 1953 年《发动妇女参加生产和互助合作中存在的问题》，商洛市档案馆档案，全宗号—目录号—案卷号—存期:17—2—13—长期。

② 安康专区妇联办事处 1953 年 6 月 28 日《关于目前妇女参加生产互助合作中的几个问题》，陕西省档案馆档案，全宗号—目录号—案卷号—存期:178—2—35—长期。

③ 陕西省民主妇联商洛专区分会 1953 年 12 月 6 日《商洛专区分会关于妇女参加生产及婚姻等方面的调查报告》，陕西省档案馆档案，全宗号—目录号—案卷号—存期:178—2—35—长期。

里的猪也送到托儿所？妇女都上坡去生产家里叫谁做饭呢？"① 因此，虽然政府想尽办法号召妇女下地，而且认为妇女只有下地劳动才能获得解放，但实际效果并不明显。

　　事实上，土改后，到1954年，大多数妇女依然只是农忙时参加生产，农闲时几乎不下地，且更不愿意参加变工互助组，省事省心；在1955年大规模的农业合作化运动开始后建立起来的初级农业合作社中，土地分红仍然占一定比例，妇女下地人数虽然增多，但依然有较大的自由度，尤其是有年幼子女拖累的妇女和老年妇女较少下地。商县二区六乡1953年83个互助组仅有33个女劳力，占全乡互助组劳力819人的4.5%，占全乡女劳力1012人的3.7%。② 安康县妇女实际参加常年定型互助组的人数只占到互助组员的2%左右。③ 1953年，商县六区赵湾乡有妇女劳力418人，农忙季节下地生产的149人，实际在一起互助的只有4人，而且时间很短。④ 勉县赵家庄乡26个互助组里，除赵克都长年定型组有6个女组员外，其余全无妇女参加。⑤

　　经常下地参加农业生产劳动的，多是家庭男劳力缺乏或无男劳力，或家庭土地较多，男劳力干不过来的。以商洛专区为例。商县杨院乡岭底村共有28个女劳力，下地劳动的15个，其中有5个是因为家庭无男劳力或男劳力缺乏。商南县桑树乡谢家店村40个女劳力中，有18个经常下地，其中有4个是因丈夫是盲人或出外工作不在家，如妇女熊秀莲，儿子参军，媳妇在上学，老汉是盲人不能劳动，地里的农活就主要由她来做，重活和互助组换工做；妇女任秀珍家4口人，公公年纪大了，丈夫在外工作，需要自己下地；其他14个经常下地的女劳力，家

---

　　① 镇坪县妇联1956年8月10日《镇坪县妇联试办托儿所总结报告》，陕西省档案馆档案，全宗号—目录号—案卷号—存期：178—2—112—长期。

　　② 商洛专区妇联1953年《发动妇女参加生产和互助合作中存在的问题》，商洛市档案馆档案，全宗号—目录号—案卷号—存期：17—2—13—长期。

　　③ 陕西省民主联安康专区分会1953年11月28日《安康专区妇女参加农业生产运动情况》，陕西省档案馆档案，全宗号—目录号—案卷号—存期：178—2—35—长期。

　　④ 陕西省民主联商洛专区分会1953年12月26日《关于妇女参加互助组问题的调查报告》，陕西省档案馆档案，全宗号—目录号—案卷号—存期：178—2—35—长期。

　　⑤ 陕西省妇联南郑专区分会1953年12月1日《南郑专区沔县赵家庄乡妇女参加农业生产中的几个问题》，陕西省档案馆档案，全宗号—目录号—案卷号—存期：178—2—35—长期。

里虽都有男劳力，但每户土地大都有 10—20 亩，仅靠男劳力比较吃力。[1]

当然，一些农业社涌现出一批女领导，像正、副女社长，生产队长等。如陕西潼关县太要镇上马店村农业社女社长山秀珍、被群众夸赞为"年轻聪明又能干，纯朴老实能吃苦。工作认真脚手勤，劳动生产她带头"的临潼县北尚乡泾光农业社第一生产队队长王淑云[2]等。

可见，这个时期妇女有相当大的选择自由度：既可以以家务和家庭副业为主，只在农忙时参加农业生产劳动，又可以平时既负责家务又作务庄稼；既可以以个体身份参加农业生产，又可以加入变工互助组织集体参加农业生产。

二　高级社：为挣工分而劳动（1956—1957）

（一）抢挣工分：全面参加田间劳动

如前所述，从 1956 年 1 月起，全省普遍试办高级农业生产合作社。到 1956 年底，全省参加高级农业生产合作社的农户占总农户的 87.4%。到 1957 年底，全省共建高级农业社 3.2 万个，参加农户 317 万户，占总农户的 98.2%，占耕地总面积的 97.8%。[3]

初级社时期，分配由入股土地和在农业社的劳动两部分组成。一些年轻妇女因为有家务和子女拖累，不愿下地，认为庄稼活有男人做就行了；一些老年妇女认为自己不下地劳动，仅靠入股土地分红也不至于饿死，再加上纺线织布或其他家庭小副业所赚的钱，可以养活自己，同时，她们对年轻妇女下地劳动看不惯，认为媳妇下地是"成精作怪"，不仅耽误针线活，而且增加老年人的家务负担。[4]

---

① 陕西省民主妇联商洛专区分会 1953 年 12 月 6 日《商洛专区分会关于妇女参加生产及婚姻等方面的调查报告》，陕西省档案馆档案，全宗号—目录号—案卷号—存期：178—2—35—长期。

② 《女生产队长王淑云》（无作者），《陕西农民》1955 年 9 月 16 日 2 版。

③ 《陕西省志·农牧志》第三篇"农村经济体制"之第二章"农业互助合作"之第三节"初级农业社"，陕西省地情网 http：//www.sxsdq.cn/dqzlk/sxsz/nmz/。

④ 陕西省妇联渭南专区分会 1955 年 4 月 28 日《渭南五区巩固社中的妇女工作》，渭南市档案馆档案，全宗号—案卷号—存期：20—16—长期。

　　高级农业生产合作社，土地收归农业社所有，分配完全依据社员在社内劳动所挣的工分。不下地劳动，生存就面临问题。因此，各个年龄段的妇女，只要能下地的，纷纷参加农业生产劳动，以求多挣工分，增加收入。如，1956年高级农业合作化以来，在耀县瑶曲乡和平农业社第二生产队，妇女成为生产战线上的一支重要力量，做的农活有积肥、运肥、修梯田、埝地、垒石练、植树造林、删畔、打土块、点籽种、除草、收割、打场、选种、防治病虫害等。1957年，妇女劳动的价值占全队总收入的30%以上。① 在解放前妇女没有做农活习惯的山阳县小河口乡，初级社时只有三个妇女勉强参加农业生产，1956年转高级社以后，下地妇女迅速增多，到1957年，女劳力全部下地，参加了积肥、挑沙、掏渠、锄草、点种、施肥、收割、授粉、补苗、移苗等40多种农活。② 在咸阳，1958年夏收中妇女出勤率高达99%。据咸阳市郊区六个农业社的统计，共有女全、半劳力1479人，除有病、怀孕、生孩子不能参加生产的135人外，其余1347人，就有1344人投入了紧张的夏收。甚至有些历年不参加生产劳动的妇女也下地了。③ 1958年初，西安市未央区谭家乡红光社学习了张秋香的植棉经验后，有30多个妇女要求学张秋香，就连个别从来不劳动的妇女也主动找妇女主任要活干；在春季积肥运动中，两个妇女积肥小组共48人，10天内搜肥500大车，并坚持了一个多月时间。④

　　在城固县，妇女在生产劳动中的表现也是令人称奇的。在1956年夏收中，城固县许多农业社的妇女白天穿上短裤子，晚上点上汽灯，不分昼夜地和男社员一道收割。⑤ 1957年底至1958年初的整风整社运动

---

① 耀县妇联1957年11月29日《耀县瑶曲乡和平农业社第二生产队妇女工作调查报告》，陕西省档案馆档案，全宗号—目录号—案卷号—存期：178—2—127—长期。

② 山阳县妇联1957年10月24日《关于山阳县小河口乡妇女工作调查情况报告》，陕西省档案馆档案，全宗号—目录号—案卷号—存期：178—2—127—长期。

③ 咸阳市妇联1958年7月12日《咸阳市妇联关于夏收中妇女工作的报告》，陕西省档案馆档案，全宗号—目录号—案卷号—存期：178—2—186—长期。

④ 陕西省民主妇女联合会1958年5月17日转发的西安市未央区妇联1958年5月5日写的"谭家乡红光社妇女工作委员会的几点工作方法"的简报［总号（58）035，简字08号］，陕西省档案馆档案，全宗号—目录号—案卷号—存期：178—1—195—永久。

⑤ 城固县妇联1956年6月21日《城固县夏收插秧中妇女工作总结》，城固县档案馆档案，全宗号—目录号—案卷号—存期：34—34—20—永久。

中，城固县掀起了一个兴修水利和积肥运动的高潮，80%以上的妇女劳力都能积极参加；五堵区五堵乡三社共有女劳力113人，每天上工的就有102人，占妇女劳力总数的90.26%；城固县原公区竹园乡平均每天上工修水库抬田的1674人，其中妇女777人，占总人数的40.1%；不少地方还提出"家家门上锁，户户无闲人"的口号，丘陵地区还提出"把红苕坡坡变成大米窝窝"；有的提出：男女互助齐动手，完成任务不用愁，年老脚小抱娃娃，年轻媳妇去担沙，偏沟小岔挖矿源，旱地变田有保证。[①]

在一些地多的或生产不断拓展的高级社，农业生产活路多，妇女参与的农活种类也多。如，略阳县接官厅乡星光社，春季生产有修梯田、打胡基、挖地边、开堰渠、背粪、锄草、灌麦、锄麦、耕田地、挖粪、送粪、施肥、补苗、匀苗、点洋芋、锄洋芋、捡石头、砌石墙；夏季生产有插豆类、插秧、割麦、回茬、打麦、簸麦、风麦、锄秧、挖洋芋、锄苞谷草、种苞谷、种巴山豆、种荞、锄二道秧、点萝卜、防治虫害等；秋季生产包括扯巴山豆草、扯荞草、扯苞谷草、刮田盖、挖地边、割谷子、打谷子、晒谷子、晒谷草、风谷子、背谷子、玉米人工辅助授粉、治虫、搬苞谷、砍苞谷秆、背苞谷、背苞谷秆、剥苞谷皮、打苞谷、割豆类、打豆类、背豆子、筛豆子、簸豆子、割荞、打荞、收豆类、种麦、点豌豆、种菜麻等；冬季有抬田一种。全年农活共计60余种。其中，除耕田地外，其余的农活妇女都可参加。新中国成立前，这里妇女下地做活的占30%，土改后因程度不同地分到了一些土地，下地妇女增至50%，初级社时，因土地有报酬，可以收一部分土地分红，但妇女劳动出勤率变化不大，甚至还有少数妇女由劳动转为不劳动，1956年高级合作化开始后，妇女劳动出勤率增加到70%以上，妇女劳动所做工分占男女总劳动工分的15%强，高级合作化的第二年妇女出勤率增加到90%以上，仅从1957年1—4月的统计看，妇女所做的劳动就占到男女总劳动工分的25.9%。[②]合作化后，横山县赵石畔乡妇女

---

① 城固县妇联1958年2月6日《城固县农村整风整社运动中的妇女工作报告》，陕西省档案馆档案，全宗号—目录号—案卷号—存期：178—2—183—长期。

② 略阳县妇联1957年7月2日《略阳县妇女工作调查报告》，陕西省档案馆档案，全宗号—目录号—案卷号—存期：178—2—127—长期。

参加的农业生产种类也逐渐扩大，主要有担粪、送粪、抓粪、点籽、打土疙瘩、修梯田、打坝、修墕窝地和"水簸箕"、井头防护、地边埂、植树造林、锄地、掏地、种务瓜菜、收割、背庄稼、打场、选种、刨洋芋、摘老麻、摘豆角、割青草、积肥、喂牲口和羊羔、浇水地等。① 在咸阳市，农村妇女也在生产中大显身手。1958 年夏收中，麦田总数的 30% 左右为妇女收割；她们提出响亮的口号："赶任务，抓时间，要把晚上当白天。"曙光社一队的女队长贺桂芳领导 84 个妇女苦战两昼夜，割麦 426 亩；东方红一社肖玉兰是 7 个孩子的妈妈，两个通夜没睡觉割麦。除割麦之外，妇女还担任了选种、楼麦、拾麦等，以及一些场里活，如摊场、翻场、抖场、起场等。在种秋季作物时，妇女主要担任施底肥和溜种工作，如，东方红一社三队 1200 亩玉米地的底肥，有 746 亩就是由 41 名女劳力送的，而且这些妇女都是白天搞收割碾场，晚上加班送粪。夏收的同时，妇女还主要承担了全市 9463 亩棉田的管理。如，王治民的母亲 74 岁，包务了三亩棉花，务得很好。②

在一些生产门路没有得到有效拓展的农业社，男劳力富余，妇女劳力参加农业生产的活路很少。如，1957 年，西安市灞桥乡一妇女反映说："整天开会讲安排妇女劳动，也没见给妇女找下活路。"妇女干部也觉得为难：国家政策上不断地要求动员妇女下地生产，但现实情况是妇女下地的越多，给妇女找活越不容易。灞桥乡厂塔长青社妇女干部说的话就反映了这种情况：前年锄麦一个月，去年锄了半个月，今年只有三天把头遍麦就锄完了，再给妇女找不下啥活。③

在这种靠工分分配、活路有限的情况下，抢工、抢工分是自然而普遍的。以合阳县路井镇路一村的妇女赵菊兰为例。为了多挣工分以便多分红，只要有活，赵菊兰就尽可能去做。但下雨天，地里干不成活，想挣工分也没处挣。为此，赵菊兰 1957 年把生产队的三头牛犊拉回家来

① 陕西省妇联榆林专区分会 1957 年 9 月 21 日《横山县赵石畔乡妇女工作调查情况综合》，陕西省档案馆档案，全宗号—目录号—案卷号—存期：178—2—127—长期。

② 咸阳市妇联 1958 年 7 月 12 日《咸阳市妇联关于夏收中妇女工作的报告》，陕西省档案馆档案，全宗号—目录号—案卷号—存期：178—2—186—长期。

③ 西安市妇联 1957 年 7 月 26 日《西安市郊区妇女劳力安排工作安排》，陕西省档案馆档案，全宗号—目录号—案卷号—存期：178—2—144—长期。

和母亲一起抽空喂养，拌草、饮水、打扫牛圈、给牲口放风……婆媳俩忙得不可开交。但令她们欣慰的是，一年下来，能多挣好几百个工分。①

争抢工分，自然会出现有些妇女单纯挣工分、干活不求质量的现象。安康文武乡枣园子高级社 1956 年夏收中，打场时有的队没有按妇女的特长把妇女编组，只要有打场活，不管多少妇女全部出马，认为"人多热闹，大家的活大家干，反正做了就有工分"，有的妇女拿上连枷到处跑，生怕找不到插手的地方，形成了抢工、窝工、晚上评工时争工分的现象；割麦中，有些妇女社员贪图多挣工分，不求质量，社内规定留麦茬不能超过二寸高，有些妇女留到四五寸高，麦把子大小不匀，乱堆放，麦穗漏得很多，甚至有些妇女故意掉些麦穗让自己的孩子拾，形成了妈妈前头乱割，孩子后头多拾（拾的麦子交社按斤记工分）的现象。② 黄土高原半山半沙区的横山县赵石畔乡的高级社，利大、工分多的活，妇女争着干，工分少的活没人愿意干。比如抓粪，除过早上，一天能挣 9 分工，妇女们争着干；给林站锄树苗一天挣一元（新币，其中五角交给农业社），妇女们也抢着干。③

在大荔县东方红农业社的棉田作务中，这种求量不求质的现象非常突出。比如 1956 年的棉田"抹裤腿"（注：这是民间对棉花作务中给棉株打杈这种农活的俗称）当中，不少人为了快，不是把油条（注：指棉株上应该打掉的杈）没抹净，就是把担子（注：指棉株上不应该打掉的杈）抹掉了，甚至连棉株都折坏了；有的锄棉花时只除行子中间，棉株间的空隙不锄，有时连草都没锄掉；有的为做活快，把小孩叫到地里帮忙，不但做不好，连棉株都踏坏了。④

---

① 侯永禄：《农民日记——一个农民的生存实录》，中国青年出版社 2006 年版，第 58—59 页。

② 陕西省民主妇联会安康专区分会关于安康文武乡枣园社妇女夏收中的问题的《通报》（1956 年 6 月 5 日），陕西省档案馆档案，全宗号—目录号—案卷号—存期：178—2—105—长期。

③ 陕西省妇联榆林专区分会 1957 年 9 月 21 日《横山县赵石畔乡妇女工作调查综合情况》，陕西省档案馆档案，全宗号—目录号—案卷号—存期：178—2—127—长期。

④ 陕西省民主妇联 1956 年 7 月 13 日关于下发"大荔县东方红农业社棉田管理工作情况报告"的通报［总（56）071，通字 028 号］，陕西省档案馆档案，全宗号—目录号—案卷号—存期：178—1—157—永久。

(二) 被排挤的尴尬

正是因为工分是唯一的分配依据，有的农业社出现排挤妇女的现象。一些男社员或男社干部因为自己家的女人出于种种原因不能下地，便不愿叫别人家的女人下地生产，不愿给妇女分活，怕妇女把工分挣了去。1956 年春耕时，礼泉县新时乡友好二社女副主任给妇女要活，社管委员朱志俊说："妇女要活做，去做义务工去！一天做活多少没工分。男的都没活做，哪里有活给妇女做？"① 同样的情况也发生在宝鸡县陈仓乡前进社。1956 年，前进社一队女社员李满巧等八个妇女向队长要活干时，队长说："男的都没有活干，哪还有你们做的活呢？"为了阻挡妇女干活，队长故意派给一些不适合妇女干的体力活，说："你们去挖稻地去、担稀粪去，就是这活，干得了干，干不了就回去，坐在你炕上去。"因妇女坚持要活干，队长没办法，最后才让女社员去驮粪。女社主任派男社员毛生枝帮助妇女装粪，队长阻挡毛生枝不让帮妇女，说："不要装，叫把她本事试一试。"②

有的高级社虽然给妇女派活，但故意压低妇女工分。据 1956 年在南郑县三皇乡联合社两个组的调查，18 个女劳力 1955 年 10 月至 1956 年 4 月 7 个月共出勤 592 天，挣了 308 个劳动日，每天平均挣 5.2 分，就连劳动最好的安秀英平均每天才挣到 7.2 分；在夏收中，一个组 11 个妇女 20 天共出勤 155 天，挣劳动日 44.19 个，平均每人每天挣 2.8 分。妇女普遍反映累一天挣的工不够喝水，或不够伙食钱等。③ 宝鸡县陈仓乡前进社 1956 年积肥运动中妇女们扛上铁锨到处搜肥，但记工时没有按妇女搜肥情况给以合理记工，比如，妇女孙秀莲搜一天肥只给记

---

① 礼泉县妇联 1956 年 8 月 18 日《礼泉县妇女在同工同酬上的情况和存在问题报告》，陕西省档案馆档案，全宗号—目录号—案卷号—存期：178—2—105—长期。

② 宝鸡市民主妇女联合会 1956 年 6 月 20 日《陈仓乡前进社安排妇女活路和贯彻同工同酬中存在的一些问题》，陕西省档案馆档案，全宗号—目录号—案卷号—存期：178—2—105—长期。

③ 陕西省妇联汉中专区分会 1956 年 6 月 16 日给"汉中地委并省妇联"的报告，陕西省档案馆档案，全宗号—目录号—案卷号—存期：178—2—106—长期。

了2分工。①

有的社妇女做得再好再多，给的工分总少于男社员。如，1956年，礼泉县安乐乡和平二社男女社员同样锄秋、掰棉花杈，男社员计10分工，给女社员计8分工。②宝鸡县陈仓乡前进社1956年春季防虫时，撒药粉的大都是妇女，男的只是拌药粉和送药粉，按活路说，妇女的工作要细致些，工分应该比男社员记得高一些或一样才是，结果都按底分记了工分，男的按8、9、10分记了，女的按6、5、4分记了。③1957年，旬阳中心社对有定额的活评工时只要是男女共同做的，不管谁快谁慢，首先提出一条原则：女的一律比男的低2分。评工时，先男全劳力、半劳力，后女劳力，有时最后剩的工分少了，就给妇女评得少。该社一队二组十个人（男五女五）薅苞谷草评工时，给男的评了以后，才给女的评，本来江玉琴的底分是8分，可是只剩下7分工，就给评了7分工。④

有的社无论女社员做活多少和好坏，一律按底分计工。礼泉县郎井田农业社给男社员按碾麦多少定工，而给女社员一天规定给5分工。⑤

妇女参加农业生产挣工分，对家庭的贡献显性化，有利于改善妇女在家庭中的地位，尤其是那些不精于织布、纺线，能做力气活的所谓"笨媳妇"的地位得到明显改善。有的因为做的劳动日多，被评为劳动模范，社会地位得到提高。如，华阴县西阳乡西阳南社的童养媳卫淑珍，过去一贯被婆婆、丈夫认为手不巧、是个无用的人，常受侮辱、打

---

① 宝鸡市民主妇女联合会1956年6月20日《陈仓乡前进社安排妇女活路和贯彻同工同酬中存在的一些问题》，陕西省档案馆档案，全宗号—目录号—案卷号—存期：178—2—105—长期。

② 礼泉县妇联1956年8月18日《礼泉县妇女在同工同酬上的情况和存在问题报告》，陕西省档案馆档案，全宗号—目录号—案卷号—存期：178—2—105—长期。

③ 宝鸡市民主妇女联合会1956年6月20日《陈仓乡前进社安排妇女活路和贯彻同工同酬中存在的一些问题》，陕西省档案馆档案，全宗号—目录号—案卷号—存期：178—2—105—长期。

④ 陕西省妇联工作组、安康专区妇联办事处1957年12月《安康专区旬阳、紫阳、宁陕、汉阴等县关于妇女工作情况调查》，陕西省档案馆档案，全宗号—目录号—案卷号—存期：178—1—177—永久。

⑤ 礼泉县妇联1956年8月18日《礼泉县妇女在同工同酬上的情况和存在问题报告》，陕西省档案馆档案，全宗号—目录号—案卷号—存期：178—2—105—长期。

骂，高级农业社建立后，她一年在社内共做了 86 个劳动日，按社内每个劳动日 2.03 元（新币）的分红，她给家庭增加了 174.58 元（新币）的收入，她家由原来的缺吃少喝变为余粮户，婆婆和丈夫再也不说她没用了；同时，由于她积极劳动，在社内当上了妇女队长，很受人尊敬。[①]

（三）过度劳动之累

妇女为工分而积极下地，就出现了有的妇女只顾眼前挣工分，只要是大工分的活就不顾实际地抢着干的现象。如，高陵县张卜乡张卜村惠××的女人 1956 年怀孕五个月了还要求拉铧车，社干劝她做其他活，她还混骂。[②]

不顾实际地过度劳动，给妇女身体造成一些不应有的损害。1956年，富平县曹村区董村高级社老堡子生产队 23 岁的妇女董×，6 月 1 日来了月经，她没有休息，清早即参加收割，收割过程中感到疲劳，割一会儿歇一会儿；早饭后仍坚持下地，在困乏和口渴的情况下，喝了几口凉水，不久肚子开始难受，但她一直坚持收割；下午回家的路上，她摇摇摆摆、脸上失形，到家一会儿就死去了。[③] 1956 年夏天，绥德县四十里铺区三个村子中，妇女因做重活小产者 12 人；安康县五里区汪台社让妇女担石头，女社员张世英因劳累过度，吐血便血致死。[④]

有些妇女思想封建，认为怀孕或来月经是丑事，所以自己怀孕或来月经后，嫌羞，不愿告人，坚持干活，容易发生意外。

有的干部一味强调"妇女只有参加农忙生产才能求得真正平等"的说法，提出妇女出勤、多参加劳动争取家庭经济地位，要求妇女加班加点，结果损害了妇女健康。如，城固县 1956 年夏收期间，原公

---

① 华阴县妇联 1956 年 11 月 12 日《关于检查开展劳动竞赛及工作日完成情况的报告》，陕西省档案馆档案，全宗号—目录号—案卷号—存期：178—2—106—长期。

② 高陵县妇联 1956 年 5 月 6 日给渭南专区妇联的报告《关于在劳动中伤害妇女身体情况的报告》，见陕西省妇联渭南专区分会 1956 年 5 月 14 日通报，陕西省档案馆档案，全宗号—目录号—案卷号—存期：178—2—111—长期。

③ 陕西省妇联渭南专区分会 1956 年 6 月 12 日《通报》56（026）号，渭南市档案馆档案，全宗号—案卷号—存期：20—31—永久。

④ 陕西省民主妇联 1956 年 7 月 6 日的通报［总号（56）068，通字 026 号］，陕西省档案馆档案，全宗号—目录号—案卷号—存期：178—1—157—永久。

区女社员夏海琴劳动很好，干部不断鼓励表扬，把她树为典型，她干活更加卖力不休息，一直在社里坚持担田，结果病倒，长时间不得痊愈；二里区二里社不分体力强弱，都让妇女担麦，结果一个孕妇累得流了产。①

比较普遍的情况是，妇女因为既要挣工分，又要顾家务，得不到应有的休息而有损健康。许多没有老人帮忙做家务的妇女放工后，要赶紧做饭，饭做好后又要给饿不可支的幼儿喂奶、安排家畜，来不及吃好饭，见别人下地，她们随即又要跟着走，结果，这些妇女在生活上饥一顿饱一顿，影响了健康。更何况，有的农业社白天让群众下地干活，晚上又召集群众开会，占用群众的休息时间。如，华阴县二区班庄等几个农业社 1956 年夏收期间几乎每天晚上都要开会，而且会开得很长，会毕，生产队、小组还要记工分，弄得社员经常晚上到 12 点甚至第二天凌晨两点才休息。社员们说："这样下去，等到麦收完，就把人弄垮了。"② 难怪妇女普遍反映说："社会主义过得好，妇女娃娃却受罪了。"③

对于一般妇女来说，田间劳动的艰苦足以抵消因挣了工分而带来的家庭地位与社会地位的提高。她们有的说："社会主义享福哩，人都成了牛了"；"成天把人整来翻土块，这就是妇女在翻身哩"；"当个婆娘这么苦，到找个男人做啥"！④ 有的说："我们翻身翻到土坝了，熬回了头。"⑤ 有的说："过去不生产有吃有喝，一天光是送个饭、打个场，太阳大了还要休息休息，现在把人整得就和劳改队一样，比犯了法还恼火。"⑥ 也有的妇女对高级社把劳动力统得过死有意见，说："入了社好

①　城固县妇联 1956 年 6 月 21 日《城固县夏收插秧中妇女工作总结》，城固县档案馆档案，全宗号—目录号—案卷号—存期：34—34—20—永久。

②　腾蛟：《让农民睡够觉》，《陕西农民》1956 年 6 月 4 日 2 版。

③　南郑县妇联 1956 年 10 月 7 日《南郑县农村妇女参加生产关于在高级合作化后的新情况新问题》，陕西省档案馆档案，全宗号—目录号—案卷号—存期：178—2—100—长期。

④　陕西省妇联汉中专区分会 1956 年 6 月 16 日给"汉中地委并省妇联"的报告，陕西省档案馆档案，全宗号—目录号—案卷号—存期：178—2—106—长期。

⑤　南郑县妇联 1956 年 10 月 7 日《南郑县农村妇女参加生产关于在高级合作化后的新情况新问题》，陕西省档案馆档案，全宗号—目录号—案卷号—存期：178—2—100—长期。

⑥　略阳县妇联 1957 年 7 月 2 日《略阳县妇女工作调查报告》，陕西省档案馆档案，全宗号—目录号—案卷号—存期：178—2—127—长期。

像关在铁笼子的麻雀有翅难飞。"①

针对这种情况，《陕西农民》刊登文章对妇女进行"爱劳动"教育。如，一篇名为《刘家媳妇子》②的文章，塑造了一个反面形象：成天光想吃好的、不想干活，还和一家人吵闹的刘家媳妇，通过她来教育妇女要爱劳动、不贪图享受。

身心承受压力最大的，当属小脚妇女。在陕西大多数地方，20世纪30年代后半期才开始放脚和停止裹脚，所以1935年以前出生的女性大多缠了小脚。1956年、1957年，这些小脚妇女中年轻一些的不到而立之年，如果不下地劳动挣工分，仅靠男人的工分怎么能够维持一家老小的生活？更何况，青壮年女性，是妇联动员下地的主要对象之一。从这些小脚女性的心理上来说，她们觉得自己有下地劳动、养家糊口的必要，但她们又对下地心存恐惧，因为小脚在崎岖不平的田间行走十分困难，站不稳，容易摔跤，干活吃力。比如，凤翔县五台乡新庄河试办高级社时，冯雪英的母亲说："我女人家脚小，要和男人在一起做活，我们撑不住，不如寻绳吊死。"③

怕归怕，青壮年小脚女性和缠过又放开的所谓"解放脚"的妇女还是走出家门去挣工分了。虽然艰难，虽然吃力，但她们不得不迈开户外劳动的步子。

三 大跃进：不得已的劳动（1958—1960）

1958年8月15日，中共陕西省委发出《关于合并农业生产合作社的指示（草案）》，决定将3.2万个农业生产合作社合并成1万个大社。1958年8月25日，中共陕西省委根据中共中央政治局扩大会议（即北戴河会议）即将公布的《关于在农村建立人民公社问题的决议》，召开了地、县领导干部电话会议，要求各县普遍试办建立农、林、牧、副、渔全

① 中共城固县委员会《关于重点调查访问农村情况的报告》，城固县档案馆档案，全宗号—目录号—案卷号—存期：1—1—85—永久。

② （合阳）郭成斌，郭五生：《陕西农民》1957年3月27日5版。

③ 陕西省民主妇联会宝鸡专区分会1956年4月22日《凤翔县五台乡新庄河试办高级社妇女工作介绍》，陕西省档案馆档案，全宗号—目录号—案卷号—存期：178—2—100—长期。

面发展和工、农、商、学、兵互相结合的人民公社,具体要求全省平均每社2000户左右,关中及其他人口稠密的地区每社可达三四千户到五六千户,一乡一社的可逐步走向政、社合一。此后,全省各地风起云涌,迅猛异常地掀起了建立人民公社的高潮。从8月下旬到9月中旬,在高级社尚未稳固之际,只用了不到一个月的时间,在一片锣鼓声中,实现了全省人民公社化。将3.2万多个农业生产合作社合并成1673个人民公社。参加公社的农户323万多户,占总农户的99.2%,平均每社1932户。

在大办人民公社的同时,各行各业都在开展声势浩大的跃进运动。在农村,声势最浩大的是农业大跃进、水利水保跃进、钢铁跃进等。这就使劳力需求空前增加,大量的男劳力被抽调去参加炼钢铁和修水利,妇女成为农业生产战线上的主力。正如1958年11月陕西省委农业工作团在相关文件中所说:"今后工、农业生产任务日益繁重,需要长期组织妇女群众参加各项生产建设。今冬炼铁、水利等任务仍很艰巨,农业生产任务的完成基本上还要依靠妇女。"①

大跃进1958年开始,1959年进入高潮,1960年继续跃进。然而,由于大跃进对劳力的平调,没有遵守经济发展的规律,破坏了工业与农业之间的平衡,等等,导致了严重的经济困难。对农村来说,最大的困难是缺粮吃,饥饿笼罩着一切。

(一) 农业生产上的生力军

1958—1960年,在全面跃进的狂热中,平调风严重,男劳力被平调外出,妇女在农业生产方面顶了大梁。这里仅取延安姚店子乡四十里铺生产队、山阳县过风楼乡、蒲城县城关公社八付生产队、眉县横渠公社古城村作为观察点。1958年秋,延安姚店子乡(胜利人民公社)四十里铺生产队男全劳力、半劳力71人中,有59人被抽出参加水利、煤矿、铁矿、瓦厂、修建国营煤矿、运输及养路段等工作,只有12人参加队内生产,因此,社内秋收、秋打、公购粮入仓都以女劳力为主,特

---

① 陕西省委农业工作团1958年11月15日转发山阳工作组1958年11月2日《山阳县过风楼、三里店两组组长发动妇女参加秋季生产工作的经验》,陕西省档案馆档案,全宗号—目录号—案卷号—存期: 178—2—187—长期。

别是在公购粮入仓任务中，妇女们日夜突击晒、扬、碾、送公粮。① 山阳县过风楼乡1958年秋季由于男劳力大部分被抽去参加了各项工业生产，75%的秋田由妇女收获，47%的轧地任务由妇女完成，100%的豆类由妇女打完。② 蒲城县城关公社八付生产队共有151户人家，有劳力335人，其中女劳力207人，占总劳力的61%；由于工农业的全面大跃进，农村一部分青壮年男女劳动力，被调到其他生产战线上，留在农业战线上的317个劳动力，就有205名是妇女；加之这个队的妇女从小就有劳动习惯，能耕地、吆车、挑担，从参加人数、从担负的活路上、从参加的时间上，都与男劳力接近平衡；1959年的积肥，全队共积6400万斤，其中妇女积的占麦田总数的83%，全队80%的麦田管理、90%的棉田管理等繁杂零碎活，以及割麦、秋收中，收割面积的70%以上都由妇女承担；同时，队里的108头猪322只鸡都由妇女喂养；这个队女全劳力35个，除3人因怀孕和生孩子外，其余32人1959年劳动日都在100—200个，有4人则达到200个以上。③ 眉县横渠公社古城村共有男劳力180名，1958年下半年外出120名，1959年外出88名，1960年上半年外出62名，妇女除全部承担了各种作物的间苗、定苗、锄草、防虫、整枝、施肥之外，还铡草、拉大车、推小车、扶犁、耕地、翻地、收割碾打等，因此老年人说："不是妇女就不得了，没有她们，庄稼要烂在地里了。"④

更不用说，"大跃进"中，陕西产棉区的各县都开展了妇女"学秋香，赶秋香"运动，提出"学秋香，赶秋香，细作细务争棉王"的口号，妇女在棉田管理中大显身手。张秋香生于1908年，是陕西渭南县八里店村民，1955年春八里店农业社成立以后，她带领李凤英、谷淑

---

① 陕西省民主妇女联合会1958年12月22日转发省妇联周淑兰、李永清1958年12月16日写的"延安姚店子乡工作汇报"的"简报"，陕西省档案馆档案，全宗号—目录号—案卷号—存期：178—1—195—永久。

② 陕西省委农业工作团1958年11月15日转发山阳工作组1958年11月2日《山阳县过风楼、三里店两乡发动妇女参加秋季生产工作的经验》，陕西省档案馆档案，全宗号—目录号—案卷号—存期：178—2—187—长期。

③ 蒲城县妇联皎秀琴、万凤梅1959年10月《关于城关公社八付生产队妇女劳动保护的调查报告》，陕西省档案馆档案，全宗号—目录号—案卷号—存期：178—2—221—长期。

④ 眉县妇联1961年8月30日《公社化以来妇女工作的经验和问题、领导方法及领导作风》，陕西省档案馆档案，全宗号—目录号—案卷号—存期：178—2—340—长期。

芬、李莲英、刘秋芳、朱淑兰、刘慧琴、任道君、田凤琴等八名妇女务育棉花丰产田，连续三年亩产籽棉超过千斤，创造了"全国少有，秦川第一"的棉花丰产奇迹。[1] 1957 年，张秋香参加了全国劳模大会，被国务院授予"全国农业劳动模范"称号。陕西省妇联 1958 年夏季还组织了各地近千名"秋香棉花丰产小组"的妇女代表到渭南八里店参观秋香丰产田，取经学习。[2]

由于以往由男女共同承担的农业生产要由妇女主要承担，所以各地尽可能地挖掘一切妇女劳动力。如柞水县太河乡第二连在 1958 年的秋收冬播工作中，除把全部劳动力组织起来外（有病、产妇除外），还把 4 名无劳动能力的老太太和能做活的学生都组织起来参加秋收；有一个生产队共有劳动力 26 名，炼铁、修路调走 6 人，3 人害重病，队上动员一切力量组织起包括非劳动力在内的 22 人参加秋收冬播工作，连 60 多岁的老太婆也上坡拔豆子。[3] 渭南华州公社辛庄管区李家生产队 1960 年秋收中所有的妇女都参加了生产，连孕妇也不例外。[4] 有的地方为了增加劳动力，甚至阻止有一定劳动能力的未成年人上学，让他们下地劳动，形成了生产队干部把未成年人往地里赶，未成年人从地里往学校跑的现象。辍学的未成年人更是普遍地参加生产劳动。如，洋县红旗人民公社社员、1943 年出生的何淑兰，从 1956 年小学四年级毕业后回到农业社就一直当队里的猪饲养员。1958 年粮食缺乏，她想："粮食人都不够吃，还用来喂猪？"于是她想办法用青草喂猪，不仅亲自尝了上千种草草叶叶，为猪挑选味道好的青草，还在调配猪食方面巧用心思，把生产队的猪喂得个个上了膘。[5]

再加上，人民公社建立初期，大办公共食堂，虽然说实行了"吃饭不要钱，做活不记工"的制度，但是，稍有劳动能力的人都必须下地，

---

① 《九员女将务棉立奇功》，《陕西农民》1958 年 1 月 7 日 1 版。

② 《关中千名"秋香"访秋香》，《陕西农民》1958 年 7 月 14 日 1 版。

③ 柞水县妇联会 1958 年 10 月 15 日《柞水县妇联会关于检查红岩寺蔡玉窑东川营盘四区中心工作与组织妇女群众参加工农业生产概况的汇总》，陕西省档案馆档案，全宗号—目录号—案卷号—存期：178—2—187—长期。

④ 1960 年 11 月 16 日《渭南华州公社辛庄管区李家生产队妇女工作调查汇报》，陕西省档案馆档案，全宗号—目录号—案卷号—存期：178—1—254—永久。

⑤ 邸素英：《小淑兰为猪尝百草》，《陕西农民》1958 年 10 月 21 日 2 版。

否则食堂不让吃饭或要少吃饭。为了有饭吃或多吃一口饭，妇女都参加了集体劳动，就连孕妇、满月不久的产妇、小脚妇女、刚刚有劳动能力的未成年人也不例外。如，大荔羌白公社八鱼大队把特殊劳动力都调动起来：让双目失明的郝翠花在食堂踏鼓风机，让下肢瘫痪的吴萎萎给孤儿、单身汉缝衣服。[①] 几个月后，"吃饭不要钱，干活不记工"的制度废除，实行干活记工分，吃饭凭饭票的制度。1961年，生活实在困难，一些生产队分给社员少量的粮食，让社员自己回家去吃。1962年，在贯彻"调整、巩固、充实、提高"八字方针中，陕西农村食堂基本解散，农民各自回家开伙。

　　无论是吃公共食堂时期，还是食堂解散后，有的基层干部为了保证有足够的劳动力，就实施军事化管理。如，安康地区不少基层干部把人民公社的"组织军事化、行动战斗化、生活集体化"理解为群众一切都要服从命令，动不动就说这是"军事时期"，谁不听话就"不给吃饭"、"辩论斗争"、"带白条子"，甚至"捆绑"、"禁闭"等。白河县火箭公社歌风联队组建的"学好队"编有80多个"不听话"的群众，把他们和犯人一样集中起来强迫劳动。[②] 在平利县，有的干部对群众出口就是"组织军事化，多做事少说话……"群众稍不听话，就给扣上"不满公社化，不服从领导"的大帽子；对于不积极劳动，或稍有过失的社员，动辄辱骂、停伙、扣工分、组织斗争、晒太阳、戴高帽子，甚至给喂狗屎、灌尿、罚站、关押、捆绑、吊打、穿耳朵、跪瓦碴、坐老虎凳、夹楔子、刺嘴、火钳烙嘴等，其中，不给吃饭是最常见、最普遍的惩罚办法。该县洛河公社把一些有劳动能力，但干部群众不喜欢的人强迫送进养老院，在吃、住、衣等问题上进行惩罚，且干部经常打骂、虐待，冻、饿、打死的社员不少，[③] 其中有20多岁的小伙子，也有十七八岁的大姑娘，山阳县城关人民公社城郊管区干沟生产队女社员郭金娃

　　① 陕西省妇联1961年6月10日《大荔羌白公社八鱼大队实行定额管理，贯彻男女同工同酬的调查报告》，陕西省档案馆档案，全宗号—目录号—案卷号—存期：178—1—280—永久。

　　② 陕西省委农业工作团杨伯伦、苏资琛1958年12月3日《关于安康地区三秋工作检查总结报告》，安康市档案馆档案，全宗号—目录号—案卷号—存期：1—1—501—永久。

　　③ 习仲恺1959年7月15日写给"安康地委、陕西省委并张、赵、李书记"的报告，安康市档案馆档案，全宗号—目录号—案卷号—存期：1—1—579—永久。

1958 年搞了一冬水利，1959 年春节后对班长张才娃说："我爱人去铁厂，老人年纪大了，还有两个孩子拖累，去水利工地有困难，想在家做农业活路。"张才娃跟连长谈后，连长说："军事化，说一句话就是命令，不去不行。"洛南县巡检人民公社伍仙管区主任王占福，1958 年 12 月因社员上工迟到，他就在早晨把柳光辉、李华成、柳三升等七名迟到社员叫到附近的学校罚冻罚跑步，不准其中一名社员穿棉衣，让他披着被子边跑边到各户坦白："希望你们莫学我的样子……"又一天早上王占福督促社员上工，妇女柴兰香还没起床，他一手就把兰香盖的被子掀开摔到院子里。① 在城固县农村，干部以罚站、斗争、摇铃、软禁、刮脸、揪头发、打骂等多种方式对待不听指挥和难以管理的群众。② 城固县二里公社二里管理区谷雨生产队小队长赵天财 1959 年规定，社员旷工半天扣一天的工分，旷工一天扣三天的工分。③ 凤翔县柳林公社赵村营生产队支部书记乔应瑞给社员规定不上工或走亲戚不请假不给吃饭。④ 1960年，平利县城关公社五峰队六小队张小兰因孩子多，无人照顾，两个多月时间没有参加劳动，队干部叫食堂把张小兰的伙食停了，不许她在食堂吃饭，也不给她称粮食让她自己在家做饭。⑤ 面对这种情况，群众自嘲：锅在食堂里，人长了一张嘴要吃食堂的饭，你就得劳动。

　　在基层干部的粗暴管理下，妇女只有无条件地顺从。比如，1958年，紫阳县红椿公社深阳管理区复兴生产队妇女来发友，因没有听从被群众称为"山大王"、"新恶霸"的生产队长宋方元的指挥，结果遭到

---

　　① 《关于干部思想与工作作风方面的问题》，载中共商洛地委宣传部编《思想动态》总第 11 期（1959 年 2 月 20 日），商洛市档案馆档案，全宗号—目录号—案卷号—存期：6—2—40—长期。

　　② 中共城固县委监委 1959 年 8 月 19 日《中共城固县委监委关于当前少数党员干部中的强迫命令违法乱纪情况的报告》，城固县档案馆档案，全宗号—目录号—案卷号—存期：1—1—202—永久。

　　③ 中共城固县监委 1959 年《关于目前农村党员干部强迫命令情况的报告》，城固县档案馆档案，全宗号—目录号—案卷号—存期：1—1—202—永久。

　　④ 陕西省委农工部《凤翔一生产队给社员规定"十不给吃饭"》，见中共陕西省委文件《关于制止农村干部违法乱纪的八条规定》［陕守发60（817）（亥）号］的附件，榆林市档案馆档案，全宗号—案卷号—存期：（1—1）—495—永久。

　　⑤ 平利县妇联 1961 年 3 月 22 日《平利县妇联会关于调查妇女疾病情况》，陕西省档案馆档案，全宗号—目录号—案卷号—存期：178—2—373—长期。

宋的毒打,被吓得大便都拉在裤子里。[①] 凤翔县城关公社淡家门前大队
女社员杨清珍产后40天身体还未恢复,队长就叫参加劳动,说:"你不
在家里劳动就到水库上去!"在队长再三催促下,杨参加了食堂做饭,
用大桶搅水得了子宫脱垂。[②]

　　尤其严重的是,群众生病时,干部不准他们请假休息,还以强硬
手段逼迫群众带病劳动。1958年冬到1959年春,城固县二里公社这
种情形非常严重。当时,二里公社一带疫病流行,一些基层干部对群
众的疾苦置若罔闻,片面强调生产,采取"不出勤不能吃饭"、"宁叫
死一个人,不叫减一分活"、"宁叫死一个人,不叫死一根苗"、"宁
死在阵前,不死在阵后"、"宁叫死在地里,不叫死在家里"、"病人
每天只给二两米、一个萝卜的稀饭"等手段,强迫群众参加生产劳
动;有的把有病的人集合起来叫群众评议能否出勤,有的对病人随便
打骂故意为难,有的公开规定不参加生产的人一律不给饭吃。八角管
理区有一个食堂的会计葛长贵因一个女社员护理病孩未出勤就不给吃
饭;火箭公社女社员李桂芳因家中三个孩子患病没出勤,干部罚她背
上病孩子久站;女社员尹义英,爱人在略阳炼铁,家中小孩出麻疹,
生产队长潘明玉硬逼着她去汉中运粮,尹三次请求护理病孩子都得不
到应允,潘明玉说:"你不去运粮,除非把蒋介石搬来帮你担。"结果
尹运粮回来后的晚上孩子就死了。小盘管理区韩玉队队长董国正,逼
着女社员杨素珍去修公路,杨素珍说:"我家有两个孩子生病,以后
拖死了咋办?"董说:"拖死了我给你抵命。"结果,两个孩子无人看
护,又无钱看病,都死了。二里管理区谭家生产队食堂会计于世忠,
因社员张素珍(女)腿有病,并在家看护孩子未出勤,便几天不给张
素珍饭吃,导致张上吊自杀。这样一来,许多群众不得不带病或背上
病小孩参加生产,有的妇女加夜班将小孩放在家中无人照料,使无病
的生了病、病轻的变重、病重的死亡。

---

　　① 陕西省妇联联合检查组1959年8月28日《关于紫阳县红椿公社深阳管理区今年前半
年人口死亡情况的检查报告》,安康市档案馆档案,全宗号—目录号—案卷号—存期:1—1—
492—永久。

　　② 凤翔县妇联1961年5月11日给陕西省妇联关于妇女健康状况调查的报告,陕西省档
案馆档案,全宗号—目录号—案卷号—存期:178—2—372—长期。

对于这些问题，有的领导干部不仅不加以制止，反而认为是动员出勤的"经验"，加以推广，造成了大量生病和死亡的困难局面：有的一户死亡三四人，有的儿女死绝。如，二里公社八角生产管理区胡林队第二生产小组共 14 户，85 人，13 人死亡，占总人数的 15.3%。群众反映说，这是"人有病不信，人死了才信"。① 在眉县一些生产队，小脚、体弱、有病的妇女也被叫去干活，迟到了就要罚站、被批判。首善公社段家庄队一名 40 多岁的妇女经常有病，大队长赵建中嫌她不上工，叫去罚站、辩论，在辩论会上还拿来绳子和煤油壶威胁说："你不讲就绑你、烧你！"金渠公社宁渠大队一个老太婆在 1960 年秋收中去看女儿，回来带了一瓶醋、一筐野葡萄，大队书记汶家成嫌她没请假，把醋没收了，把野葡萄散给小孩子吃了，把老太婆还辩论了一次。老太婆一年后还一提起此事就哭。②

通过种种方式，妇女被彻底地动员起来，几乎参与了田间 95% 以上的活路。以大荔县羌白公社八鱼生产队妇女为例。她们参加生产的活路有：备耕——包括翻地、耱地、耙地、平地、整地、施底肥、选种、土壤消毒等 11 种；田间管理——各种作物间苗、定苗、中耕、松土、追肥、整枝、授粉、灌水、防虫等 8 种；收获——包括收割、拉运、打、碾、扬、晒等四种；农业基本建设——包括修渠、打井、平整土地等。一些群众因此作诗赞扬妇女在生产中的表现："新社会妇女不简单，提耧下种抚麦秸，扬场会用左右锨，吆车打的回头鞭，庄稼行里称状元。"③

妇女实做劳动日数和所做劳动日占总劳动日的比例也不断上升。还是以大荔羌白公社八鱼大队 1957—1960 年的情况为例：

---

① 中共城固县委员会 1959 年 4 月 7 日《关于城固县二里公社疫病死人问题的检查报告》，城固县档案馆档案，全宗号—目录号—案卷号—存期：1—1—202—永久；中共城固县委 1959 年 2 月 9 日关于转发中共汉中地委检查组所写的关于二里公社疫病流行和死亡情况的报告的文件，城固县档案馆档案，全宗号—目录号—案卷号—存期：1—1—202—永久。

② 眉县妇联 1961 年 8 月 30 日《公社化以来妇女工作的经验和问题、领导方法及领导作风》，陕西省档案馆档案，全宗号—目录号—案卷号—存期：178—2—340—长期。

③ 大荔县民主妇女联合会 1960 年 8 月 31 日《关于对羌白公社八鱼生产队妇女劳动保护的调查》，陕西省档案馆档案，全宗号—目录号—案卷号—存期：178—2—317—长期。

年份	女劳力人数	女劳力实做劳动日数	占总劳力百分比
1957	66	4356	21
1958	66	7792	31.9
1959	59	7864	30.5
1960	59	11973.5	43.2

　　有的干部把全国妇联提出的"妇女什么也能干，什么也干得好"，误认为这意味着凡是男的能干的，妇女也不能示弱，于是，1959 年 10 月间，提出在全省青壮年妇女中开展扶犁站耧群众运动。并在 1960 年省妇联的工作计划中提出年内在青壮年妇女中基本普及扶犁站耧技术。显然，扶犁站耧是笨重的体力劳动，和妇女的一般体力是不相适应的。①

　　许多地方还大办"妇女养猪场"、"妇女丰产田"、"妇女农场"等，完全由妇女承担其中的各种活路，并且，为了显示妇女赛过男子，还对她们提出很高的指标。比如，1959 年，西乡贯山公社金家岭妇女火箭排成立了妇女农场，在巴山顶上一个"屙屎不生蛆"的贫瘠之地搞水稻丰产实验田，提出亩产要突破五千斤的指标。当时，在当地，即使好田，水稻亩产都超不过千斤，在巴山顶上的贫瘠之地要让水稻亩产达五千斤，谈何容易！②

　　为了完成生产任务，妇女下地经常是"两个六点半，早上六点半出工，天还黑着，晚上六点半收工，天可（注：又）黑了。你不去劳动不行"③。正如《陕西农民》1958 年 11 月 17 日 3 版立生、克文的文章《千军万马上南坡》中所描述的："千军万马上南坡，背着被子拿着锅，上工惊动鸟出窝，下工明月映山河；生产跃进热似火，一日做过十日活。"合阳县路井镇农民侯永禄在日记中对自己妻子赵菊兰在"大跃进"中处境的叙述也可以作为佐证："赶上大跃进的年月，谁稍不注意，上工迟到了，便要被拔白旗，在众人面前做检讨，受批判。因而菊

---

　　① 省妇联 1961 年秋《陕西妇女工作检查报告（初稿）》，陕西省档案馆档案，全宗号—目录号—案卷号—存期：178—1—48—永久。

　　② 荣卫：《巴山顶上的娘子军》，《陕西农民》1959 年 4 月 27 日 2 版。

　　③ 任丹利 2009 年 8 月和 2010 年 2 月对今陕西省商洛市商州区杨峪河镇庙坪村任兴华的采访记录。

兰争着气，虽吊上个不到一岁的吃奶娃，哪怕自己饭没吃毕，只要上工铃一打，便放下碗，拿块馍，扛起农具忙去上工，从不拖后。"

　　与此同时，"大跃进"、人民公社化严重破坏了各方面的平衡，缺粮情况普遍严重，为了缓解饥饿，牲畜饲料被作为群众的口粮，导致牲畜饲料不足，再加上大跃进对牲畜的过度役使和爱护不够，牲畜乏瘦、死亡现象非常普遍。以神木县的情况为例。仅窑镇乡的大牲畜1959年春就有85头死亡、552头乏瘦。① 因此，各地畜力非常紧缺，一些原本全部或部分由畜力负担的活不得不由人力承担，如犁地、拉土、拉粪、给粮站送粮等。在男劳动力被普遍外调参加修路、修水利、炼钢铁等劳动的情况下，妇女在相当大的程度上参与了代替畜力操作的农活。这对妇女的身体来说无疑是巨大的负担。

　　加之，生产队根据每个妇女劳动力的情况，确定了劳动定额，即每个妇女每月必须完成的基本劳动日。"（生产队）给你定的有工分任务，有劳动定额，你要是完不成人家那个任务，达不到那个劳动定额的话，人家反过来罚你的工分。人家扣你的工分你要是不乐意、反抗的话，就会上批判会，可要批判你呢。"②

　　不得不下地，一些人下地后就消极怠工，"吃饭像李瞎子攻城，做活像吊死鬼寻绳"，"吃饭乘火箭，做活慢中慢"；有的说"公社活慢慢干，做得多了划不着"，有的说"干不干两顿饭，干得多了不合算"，有的说"牛皮鼓咚咚响，混一天是两响"。③

　　长期的超负荷劳动，致使到1960年，虽然高喊"继续跃进"，但发动妇女从事长时间、高强度劳动已经越来越困难，再加上工分不合理，影响了妇女们的劳动积极性。在工分分值低的农村，妇女下地缺乏积极性的情况较普遍。比如，在户县城关公社北斑竹园生产队，除秋夏两忙外，平时妇女的劳动工分绝大部分都是采用死分活记，即按底分适当增

　　① 《神木县当前生产情况和问题》，载中共榆林地委整社办公室编《农村动态》第5期（1959年5月9日），榆林市档案馆档案，全宗号—案卷号—存期：（1—4）—17—永久。

　　② 任丹利2009年8月和2010年2月对今陕西省商洛市商州区杨峪河镇庙坪村任兴华的采访记录。

　　③ 中共商洛地委宣传部1958年12月28日印发《商洛专区开展社会主义和共产主义教育运动的情况简报》，商洛市档案馆档案，全宗号—目录号—案卷号—存期：6—1—52—永久。

加 1—2 分工的办法。在 1960 年秋间谷苗时，男女同样摊行、同样的质量和数量，给男的一天记 10 分工，给女的一天记 5 分；在剥苞谷中，不管妇女剥多少，都按底分记工，一般都记 4—6 分左右。其他活路也是如此。妇女的劳动底分和基本劳动日，也一般是按年龄、身体及是否有孩子等情况进行评定，如，18—25 岁的姑娘或虽结婚而没有孩子的，底分为 5 分，基本劳动日为 18 个；25—30 岁，有一个孩子的，底分为 4 分，基本劳动日为 15 个；30—40 岁，有两个孩子的，底分为 3 分，基本劳动日为 13 个；40—45 岁的，底分为 2 分，基本劳动日为 10 个；45—55 岁的在一般情况下不管做多少活、质量如何，一天只按本人底分记 1—2 分工。[①] 在眉县，由于公社化后吃饭不要钱、做活不记工，取消了高级社时的劳动定额和生产制度，因而妇女普遍抱着"干不干三顿饭"的思想，假装老、弱、病、娃多，不下地劳动，后来虽评级评底分，按响按底分记工，但同量同样的活，男的一天记 10 分，女的一天记 6—7 分。如，1961 年首善公社西关大队二队的妇女杜桂荣说："1958 年至去年冬，我们都是按底分记工，小队把我们亏扎了，锄地明明和男的一样，男的记十分工，女的记六分工，人做活实在不高兴。"再加上决分后，大队抽钱买牲口、买农具，所余工资很少，即使发了工资，大多数都是按户发，妇女辛勤劳动一年，老是见不到钱，心里不满意。如一位妇女所说："1959 年我全家挣工 400 个，我一人挣 99 个，全家共分钱 160 元（新币），家里只给我 4 元（新币），看病一次就花了 3 元（新币）。"[②] 妇女得不到应得的报酬，因而劳动不积极，上工等人，迟出早回，上地一条龙，干活一窝蜂，检查团来了干，走了休息，上地时做针线活。

同样的情况也存在于平利县和户县。平利县凤凰管区马鞍队三小队 1960 年一直男女同工不同酬，女劳动力的工分远低于男劳动力：男劳动力一等 10 分、二等 8 分、三等 6 分，女劳动力一等 8 分、二等 6 分、

---

① 户县妇联 1960 年 12 月 19 日《户县城关公社北斑竹园生产队是如何结合整风整社贯彻男女同工同酬的》，陕西省档案馆档案，全宗号—目录号—案卷号—存期：178—2—317—长期。

② 眉县妇联 1961 年 8 月 30 日《公社化以来妇女工作的经验和问题、领导方法及领导作风》，陕西省档案馆档案，全宗号—目录号—案卷号—存期：178—2—340—长期。

三等 5 分。此外，劳动日价值低，留粮标准规定有限，许多妇女认为劳动日做得再多，挣的钱也买不到啥，做得够口粮就行了。因此，妇女普遍没有出勤积极性，该队 35 个女劳中，平时实际出勤的只有 12 人。①户县余下公社吴家堡生产队 1960 年秋剥苞谷中，男女同时出勤，剥的数量相同，男的记 9 分工，妇女记 6 分工；在召开群众大会时，男、女队长一样地召集人，给男队长记 3 分工，给女队长只记 1.5 分工。户县太平公社一个生产队在给国家收购鸡蛋时，男、女干部晚上同样分担任务，男干部记 2 分工，女干部记 1 分工；年终决算时，区上给男干部补助 80 分工，妇女干部全部不补助。② 这种情况极大地打击了妇女的生产积极性，导致普遍的出工不出力现象。

在生活方面，一些地区对男劳动力、女劳动力也不同等对待。以户县为例。1960 年，余下公社西屯队妇女和男的一样下地干活，但吃饭时，男的有馍女的没馍；因为食堂经常给妇女吃稀饭，有时妇女下地回来饿得不行了就向食堂管理员要馍，得到的答复是"没有！回去！"或是"你比谁长得皙吗？"麦忙抢收时，男女晚上都加班，但男的有加班饭，女的没有。城关公社西街生产队 1961 年秋男女同样翻地，食堂每天给男的补贴一斤红芋，给妇女却不补贴。对托儿所的保姆在吃饭方面照顾也普遍不够，如，余下公社西屯队三小队有个老年妇女说："夏忙时候在托儿所当保姆，整天抱上娃摇，甚至比下地出的力多、操的心大，但吃饭时人家吃馍咱喝稀的，像这样行事以后谁还愿意当保育员呢？"③

在有的地方，除了家庭成分不好的妇女和积极分子，一般妇女找各种借口躲避出勤，想办法为自己家找野菜、拾麦子等，即使出勤，磨洋工的现象也很普遍。周至县妇联 1960 年 7 月 17、18 日对该县五丈塬大队杨家小队妇女出勤情况做了一个调查，发现：65 个女劳中，这两天

① 平利县老县公社妇联会王秀英 1961 年 3 月 22 日写给老县公社党委并平利县妇联的报告，陕西省档案馆档案，全宗号—目录号—案卷号—存期：178—2—362—长期。

② 户县妇联 1961 年 1 月 5 日《关于我县农村男女同工不同酬问题的点滴情况反映》，陕西省档案馆档案，全宗号—目录号—案卷号—存期：178—2—317—长期。

③ 户县妇联 1961 年 1 月 5 日《关于我县农村男女同工不同酬问题的点滴情况反映》，陕西省档案馆档案，全宗号—目录号—案卷号—存期：178—2—361—长期。

未出勤的 30 名（包括有病的 6 名、怀孕的 6 名、产妇 3 名、走娘家的 3 名、走其他亲戚的 4 名、在家睡觉的 8 名）；17 日下午下地的 15 名妇女，年龄最大的 25 岁，最小的 17 岁，下午三点半下地到下午八点钟收工，共四个多小时，锄了四亩半棉花地，平均每个劳力一下午才锄三分地。①

由于得不到适当休息，妇女在生产时不断发生呕吐、晕倒等现象，像女社员侯秀芳，有月经病，每半个月来潮一次，自实行多劳多吃后她从不敢休假，由于劳累过度，出现月经一直不停的现象；另一女社员拉痢疾，但天天还坚持下地，别人说她"为了吃粮不要命"②。

在这种情况下，妇女的劳动负荷之重可想而知。西安市灞桥区洪庆公社灞桥堡生产队是一个蔬菜队，生产、福利、妇女的劳动保护在当时做得比较好，妇女 1960 年夏季每天正常的劳动时间为：上午 6 时—8 时，中午 9 时—12 时，下午 15 时—20 时，每晚除了开会，社员们集体参加学习政治和文化。在蔬菜成熟的时候，妇女的劳动时间常常突破此限。如，五月间，队里种的 75 亩菜豆角（注：指墨豆）陆续成熟，妇女每天除了要管好其他作物外，还要摘卸豆角上市，每天采摘不是10000 斤就是 8000 斤，在整整 20 多天的时间里，妇女忙得不可开交，早上下地直到天黑才回来，谈不上中午的休息和回家吃饭，孕妇和来月经的妇女也不例外。妇女干部比一般社员更加劳累，她们除了要和女社员一样白天参加劳动、每天晚上开会和学习之外，还要给妇女记当日的工、安排第二天的活路。再加上其他政治任务，如 1960 年 5 月上级派下来收购鸡蛋的任务，妇女干部的休息得不到保障，全队 10 个妇女干部就有 3 个得了头晕病，1 个成了红眼，1 个害腰疼。如，女大队长刘全云有一天收完鸡蛋，拿着秤杆走出门，由于太累，不知不觉碰到树上才醒过来；还有一天，她从早上下地，一直到晚上九点浇完六亩棉花

① 周至县妇联崔维杰 1960 年 7 月 18 日给周至县妇联关于在五丈原大队杨家小队调查妇女出勤情况的报告，陕西省档案馆档案，全宗号—目录号—案卷号—存期：178—2—317—长期。

② 《雁塔区春光生产队在实行粮食多劳多吃中有关妇女方面的问题》，载西安市妇联会《情况反映》第 1 期（1961 年 8 月 8 日出刊），陕西省档案馆档案，全宗号—目录号—案卷号—存期：178—2—362—长期。

"保险田"才回家，吃完饭接着开社员会，一直开到十二点多，又继续和干部们研究工作到一点多，第二天正常出勤浇地时，她累得挂着铁锹就睡着了。李连芳小队长同样由于休息不足，几次在劳动中晕倒。①

一个对妇女劳动保护做得好的生产队尚且如此，其他生产队妇女的劳动负担之重可想而知。如大荔县羌白公社八鱼生产队是一个普通队，这里的妇女 1960 年每天劳动 10 小时左右，农忙时期还有夜战，上半年夜战达 30 次，平均五天一次，每次 2—3 小时。② 渭南华州公社辛庄管区李家生产队 1960 年秋收中包括孕妇在内的所有妇女早上六时半带点馍下地，下午七时放工，中午饭由人送到地里吃，有时晚上又要连续苦战三四个小时（一般从 20 点到 22 点，有时 24 点才放工），从 10 月 28 日至 11 月 11 日，夜战达 6 次，有的小队达 8 次。③ 宜川县城关人民公社圪崂生产队"大跃进"中也常常让群众苦干。正如圪崂村妇女刘兰英所说："1958 年把人做扎了，白天苦干，晚上夜战，肩膀上磨出了一层死皮，把地踏得跟石板一样。"④ 白河县药树公社朝阳生产大队 1958 年曾有男劳力 98 人、女劳力 77 人一起风雨不避、昼夜不分，连续苦战八天八夜，抬田 32 亩。当时女社员朱凤亭已怀孕四个多月了，要求照顾调做轻活，队干部说她装病，吃不了苦，不给调；九个孩子的母亲田凤治，也丢下吃奶的孩子昼夜苦战；不少月经期的妇女，也没有得到任何照顾。⑤ 平利县城关公社五峰队有的干部见妇女因来例假请假或要求照顾，就说："懒病发了，妇女每月老规矩，还不是流点血，就不得了

①　西安市灞桥区妇联 1960 年 9 月《关于在洪庆公社灞桥堡生产队对妇女劳力使用和劳逸结合的调查报告（草稿）》，陕西省档案馆档案，全宗号—目录号—案卷号—存期：178—2—317—长期。

②　大荔县民主妇女联合会 1960 年 8 月 31 日《关于对羌白公社八鱼生产队妇女劳动保护的调查》，陕西省档案馆档案，全宗号—目录号—案卷号—存期：178—2—317—长期。

③　1960 年 11 月 16 日《渭南华州公社辛庄管区李家生产队妇女工作调查汇报》，陕西省档案馆档案，全宗号—目录号—案卷号—存期：178—1—254—永久。

④　中共宜川县委工作组 1961 年 9 月 5 日《在城关人民公社圪崂生产队"关于妇女生产出勤和劳动保护等问题的调查报告"》，陕西省档案馆档案，全宗号—目录号—案卷号—存期：178—2—361—长期。

⑤　中共安康地委 1961 年 11 月 27 日《中共安康地委批转专区妇联党组关于〈白河县药树公社朝阳生产大队妇女疾病情况的调查报告〉》，陕西省档案馆档案，全宗号—目录号—案卷号—存期：178—2—373—长期。

了，啥思想？"该公社有的队虽配备了女队长，但女队长当不了家，妇女有特殊情况向女队长请假，男队长却不准假，如，三星队王定凤身体弱，女队长已经给安排了晒粪的活，男队长硬叫她去担粪，致使王定凤长期得病，一年多时间不能参加劳动。①

如果换个角度来分析 1959 年的一首歌颂妇女干劲冲天的歌曲《公社妇女是英雄》，也很能看出当时妇女的劳动负担之重。这首歌曲写道："东风公社妇女是英雄，干劲冲天打先锋，一女赛一男，小脚变成大脚片，姑娘比起小伙子更能干……白天战太阳，黑夜战星星，战热战冷战困难……"②

况且，由于妇女产假期间没有工分照顾，致使一些妇女为了家庭收入，产后早早地就拖着尚未恢复的身体下地参加劳动，和一般妇女一样，每天从事 10 个小时以上的体力劳动。

经常苦战、夜战、会战，超负荷、长时间的疲劳生产，对妇女健康造成了很大损害。正如全国妇联 1959 年 7 月的一份报告中所反映的：当前妇女发生流产、小产、闭经及子宫脱出病的，不是个别现象，而且问题比较严重。据安徽、江苏、河南、宁夏等地典型调查，妇女患子宫脱出病者一般占到妇女全、半劳力的 15% 左右。发病率从 1956 年以来逐年上升，其中"大跃进"以来得病的一般占到患病总人数的 30% 左右。如，安徽当涂县太公圩公社福山大队，妇女全、半劳力 424 人，其中患子宫脱出病的 96 人，占妇女劳力的 22.6%，其中一生产小组有 20 个妇女劳力，患此病的 10 人，占女劳力的 50%；中闸大队一生产组 40 个妇女全、半劳力中，患病者 18 人，占妇女劳力的 45%。患病时间是：解放以前得病者 26 人，1949—1954 年 19 人，1955—1957 年 26 人，1958 年得病的 31 人。患病者多是 20—40 岁的壮劳力。这不仅使妇女在精神上、肉体上受到极大的痛苦，重者完全丧失了劳动能力，引起了群众思想上极大的顾虑和不安，而且直接影响了农业生产。对江苏句容县郭庄公社汤巷管理区 34 个妇女得子宫脱出病前后劳动力变化的调

---

① 平利县妇联 1961 年 3 月 22 日《平利县妇联会关于调查妇女疾病情况》，陕西省档案馆档案，全宗号—目录号—案卷号—存期：178—2—373—长期。

② 陕北民歌，杨秀云词：《公社妇女是英雄》，《陕西农民》1959 年 3 月 17 日 3 版。

查显示：全劳力由 25 人下降到 13 人，半劳力由 6 人上升为 13 人，辅助劳力由 3 人上升为 5 人，还有 3 人完全丧失了劳动能力。①

在陕西，妇女因分配活路不当，或劳累过度而流产、早产、得月经病、子宫脱出和其他疾病者同样既普遍又严重。如，眉县齐镇关存庵大队共 50 多名成年妇女，1959—1960 年就有 13 名患子宫脱出，其中有 3 名脱出三度。② 周至县横渠公社（注：1958 年 12 月 1 日，根据国务院调整县市规模的通知，撤小县并大县，眉县被撤销建置，并入周至县。1961 年 8 月，周、眉分县，恢复眉县建置。横渠公社现为眉县横渠乡）古城生产大队二小队妇女赵占先产后 40 天被派去用手推车给粮站送公粮，三小队邓玉梅产后 40 来天被派去翻地、杨福贤产后 50 天被派去拉大车等，均引起子宫脱垂；1960 年 10 月间，一小队张青梅、邓应梅、陈毛兰等三人来月经了，还和其他人一样由横渠粮站往绛帐车站推粮食大包，一人 100 斤，20 多里路，要过桥过河，她三人在这次推包子中，同时患了子宫脱垂；1958 年 5 月，妇女布春花产后 42 天，队长就叫她割麦，一连割了五天，苦战了两夜，就病倒半年，此后一干较重的活，就心惊肉颤；1959 年忙毕，邓玉莲推水车浇地时月经来了，要求队长换人，队长说："'咻'是假装呢，月经来怎么不叫人看？要换人，你去把毛主席叫来换。"她只得忍耐着推，一连推了七天，病了三个月，且导致子宫脱出约二度；在 1960 年的百日大旱中，第一小队妇女推水车，六人一组，白天三晌再加夜班，中间不休息，渴了就喝凉水，一直推了十天，有个小组中有六个人不同程度害了病，其中一个怀孕四个多月流产了，一个引起经闭，一个病倒两个月。③ 平利县城关公社妇女林忠英 1959 年在月经期下田插秧，得下月经病导致不孕，林忠英的婆婆说："忠英叫共产党喂公了，结婚几年连娃也不生一个。"因而影响了家庭

---

① 省、市、自治区妇联主任扩大会议参考资料·全国妇联国内工作部 1959 年 7 月 27 日整理《农村妇女劳动保护问题》，陕西省档案馆档案，全宗号—目录号—案卷号—存期：178—2—211—长期。

② 眉县妇联 1961 年 8 月 30 日《公社化以来妇女工作的经验和问题、领导方法及领导作风》，陕西省档案馆档案，178—2—340—长期。

③ 周至县妇联 1961 年 4 月 30 日《关于妇女健康状况的调查报告》，陕西省档案馆档案，全宗号—目录号—案卷号—存期：178—2—372—长期。

团结，林忠英自己也苦恼。① 平利县老县公社凤凰管区马鞍队 1958 年大
搞抬田时，第三小队妇女陈怀英刚生小孩 20 天，干部就强迫她劳动，
造成她严重的月经病和吐血。② 白河县卡子公社三双生产大队东沟队妇
女周益兰，1958 年冬正在地里种小麦时来了月经，又淋了雨，结果造
成闭经；另一青年妇女黄治花，1960 年来月经后还在地里冒雨干重活，
从此每隔几个月或半年才来一次月经。③

（二）参与各种工程

1958 年"大跃进"开始后，妇女除了参加农业生产，也被要求参加
炼钢铁、修水利、办养猪场、抗旱保秋、植树造林、搜肥积肥等工程，连
孕妇、哺乳期的妇女都被抽调。比如，柞水县截至 1958 年 10 月 12 日，
已抽调 12196 名劳力组成炼铁大军，其中有妇女劳力 1647 名；已建炉 99
个，有 19 个炉子正常出铁，其中有妇女炉 8 个，2 个出铁；还有一些妇
女白天参加生产劳动，晚上轮班上坡给铁厂烧木炭；窑镇乡自从开展大炼
钢铁运动以来，每天晚上有 50 余名身强力壮的男女群众借着月光前往 15
里路外背铁矿；有的乡还组织妇女从铁屎里找碎铁，再放到炉内冶炼。④
在镇安县黄龙乡康家沟，1958 年 9 月 18 日全省第一座"三八"妇女冶炼
厂开工，看火、上洋桥、拉箱、放矿石这些技术活全由妇女们掌握，当天
出炉铁水 1900 多斤，据说，一个月后，该厂日产铁水已经提高到 2700
斤。⑤ 安康县在 1958 年 11 月 15 日至 12 月 4 日的钢铁"淮海战役"中，
全县 14 岁以上、60 岁以下的妇女全都参加了；岚河公社 20 多名妇女上
山砍柴，苦战六天六夜，共砍木柴 105600 斤；关庙公社妇女干部刘昌琴

---

① 平利县妇联 1961 年 3 月 22 日《平利县妇联会关于调查妇女疾病情况》，陕西省档案
馆档案，全宗号—目录号—案卷号—存期：178—2—373—长期。
② 平利县老县公社妇联会王秀英 1961 年 3 月 22 日写给老县公社党委并平利县妇联的报
告，陕西省档案馆档案，全宗号—目录号—案卷号—存期：178—2—362—长期。
③ 白河县妇女联合会 1961 年 5 月 20 日《关于卡子公社三双生产大队妇女儿童健康状况
调查报告》，陕西省档案馆档案，全宗号—目录号—案卷号—存期：178—2—373—长期。
④ 柞水县妇联会 1958 年 10 月 15 日《柞水县妇联会关于检查红岩寺蔡玉窑东川营盘四区
中心工作与组织妇女群众参加工农业生产概况的汇总》，陕西省档案馆档案，全宗号—目录号—
案卷号—存期：178—2—187—长期。
⑤ 晓山：《全省妇女的一面红旗："三八"妇女冶炼厂》，《陕西农民》1958 年 10 月 21 日 2
版。

带领 45 名妇女运、砸、装矿石和木炭,三天三夜不休息。①

在大炼钢铁运动中,周至县和眉县共有 11 万名妇女参加了找矿、建炉、炼铁、浪铁沙等,她们还建立了"三八炉"、"穆桂英炉"。另外,妇女们还参加了兴修水利、治山、治水、植树造林、除害灭病等各项运动,如,五丈塬公社的妇女在引水上五丈塬的工程中和男子一起开石方、炸石山。②

1959 年 11 月—1960 年 2 月,全省开展水利水保运动,100 多万妇女(占总民工 294 万的 33% 以上)和男子一道投入其中,包括孕妇、经期的妇女。在陕北,投入的妇女占到当地民工总数的 57% 左右。靖边县张家畔公社 526 名女社员与男社员一起背着干粮到十里地以外的工地安营扎寨修水利;城固跃进渠上评出模范 84 人,其中有女模范 46 人。参加水利运动的,不仅有十五六岁的姑娘,刚结婚的新娘,还有六七十岁的老太太。③ 1959 年,延安县女劳的 55% 投入水利运动,上级对她们喊出的口号是:"全民动员妇女干,大干特干加巧干,不怕地冻和路远,40 天任务 5 天完。"④ 人民公社化以来到 1959 年 3 月,仅商洛专区和延长、横山、兴平等 22 个县就有近 70 万妇女投入到水利工程中,修梯田 68 万多亩,修渠 640 多条,打坝 870 多道,打井窖将近 9 万眼,修塘堰、挖涝池将近 8000 个;长安县韦曲公社还出现了 60 多名女子钢铁突击手、80 多名钢铁劳动模范。⑤ 在洋县,1959 年修龙王潭水库,有 1.4 万人参加。龙亭镇双苗沟妇女张秀兰是工地上的劳作者之一,她当时 28 岁,是三个孩子(其中最小的一个才两岁半)的母亲。半个世纪后她这样谈及当时在工地上的经历:

---

① 安康县妇联《关于发动妇女参加钢铁"淮海战役"总结报告》,陕西省档案馆档案,全宗号—目录号—案卷号—存期:178—2—193—长期。

② 眉县妇联 1961 年 8 月 30 日《公社化以来妇女工作的经验和问题、领导方法及领导作风》,陕西省档案馆档案,全宗号—目录号—案卷号—存期:178—2—340—长期。

③ 陕西省民主妇联 1960 年 1 月 8 日《陕西妇女参加水利、水保运动情况》的报告〔总号(60)005,报字 01 号〕,陕西省档案馆档案,全宗号—目录号—案卷号—存期:178—1—250—永久。

④ 参见陕西省档案馆档案,全宗号—目录号—案卷号—存期:178—2—223—长期。

⑤ 《从数字看妇女的干劲》,《陕西农民》1959 年 3 月 7 日 2 版。

咱们就光劳动，担哩挑哩的，人多……龙王潭水库工程是建国后洋县的第一大工程，那时生活紧张，你不去就没吃的，我去担土一天都没铆空（注：指连一天都没休息过），整整去了 7 个月，把人做得不成样子！那龙王潭大概有一万七千方土，宣传员天天宣传每个地方的功效，上了多少人；拔红旗，谁起得早就把红旗拔走了，咱们村的秋田就是龙王潭水库修好后造出来的。①

1958—1960 年，宜川县城关人民公社圪崂生产队有的队把能劳动的几乎全部外调去大炼钢铁、大修水利、治山治川等，仅洛窑科生产队外调的劳力就达 44.33%；女社员吴凤英说：几年来，她年年被调到外面去做工，有时全家人都被调去，她年年在家时间没有在外面时间多。②

在许多地方，炼铁工地和水利工地上完全实行军事化管理，安排活路采取男女一样干的办法，让妇女背矿石、担土、拉车等，忽视了妇女的人身自由、生理特点和家庭拖累大的实际情况。如商县某生产队队长任××，深夜到妇女李竹兰、李菊梅家的窗户下面喊，叫她两个起来背上被子到距家 80 多公里的地方去修水库，如果不去就不给吃饭；商县土门庵公社社长崔××，将全公社的男女集合起来一起修河堤，家家门上锁，家里的孩子叫老年妇女经管，参加修河堤的人都被编成队，轮流休息，不准回家，晚上男女分开集体睡；工地上的口号是："两个六点半，中间一顿饭，加班没上算，男女老幼齐动员，脱皮掉肉都要干。""两个六点半"，是指早上六点半要按时开始劳动，晚上六点半才收工，谁要是不按时，就开批斗会批斗谁，还扣工分，对一般群众批斗得轻，对阶级敌人可以随便骂、随便打。③ 在眉县，炼钢铁时男女统一行动，前三天一律背矿石，后三天一律砸石子，或一律建炼钢炉、浪铁沙等；兴修水利时，要求男女露宿，晚上苦战，谁有意见就被认为是不服从命

---

① 熊乐 2010 年 8 月对陕西省洋县龙亭镇高原寺村张秀兰的采访。

② 中共宜川县委工作组 1961 年 9 月 5 日《在城关人民公社圪崂生产队"关于妇女生产出勤和劳动保护等问题的调查报告"》，陕西省档案馆档案，全宗号—目录号—案卷号—存期：178—2—361—长期。

③ 任丹利 2009 年 8 月和 2010 年 2 月对今陕西省商洛市商州区杨峪河镇庙坪村任兴华的采访记录。

令。比如，五丈塬公社在兴修水利中，提出在地头安营扎寨，睡觉吃饭都不准回家，大大损害了妇女的身心健康；首善公社王家庄大队陈家庄生产队妇女李淑贤有五个孩子，当时最小的只有半岁，生产队派她到离家约二里路的地方去修渠，早上四点起床，晚上还要苦战，她抽空回家给娃吃奶，总是连颠带跑，上工迟了就受批评，还请不下假，一连做了15天。两年后回首当时的劳累，她还是忍不住流泪："那时把人给扎了，差一点活不到现在!"[①] 宜川县1959年在程落（注：地名）修水利时，妇女同男子一样连战了七天七夜。妇女薛梅英说："……把我们调到工地修水利，早上还要上操，把人难扎了。"[②]

仅仅为难、疲劳倒也罢了，给身体造成长期伤害则令人痛心不已。洛川县城关公社胡村大队妇女干部刘巧琴1959年在水利工地上的遭遇是一个典型的案例。刘巧琴当时18岁，是妇女组长，一天晚上，水利工地上的营部开动员大会，让青年妇女负责抬土，刘巧琴正好在月经期，本来不能干抬土之类的重活，但她想到自己是妇女干部，不好意思请假，就一直强打精神和连长领头抬土，不落人后；抬了一天土，渴得不行，喝了些冷水，此后就不来月经了，每月该来月经的三四天一直腹痛，后来还吐血。[③]

1936年出生、现居陕西省商南县梁家湾镇梁家湾村三组的李翠英的经历给我们展示了当时一位农村妇女鲜活的经历：

> 1958年秋到1959年春，我到距家十多里的开河参加大炼钢铁运动。开始，我们几个妇女同男的一起上山背铁矿石。从铁厂到矿山往返十多里，其中一大半是山路，每天背五次，每次男的背一百二三十斤，女的背八九十斤，背矿石下山时汗水湿透衣服，空手上山时，湿淋淋的衣服贴在身上刺骨地冷。干了十天，我们妇女撑不

---

① 眉县妇联1961年8月30日《公社化以来妇女工作的经验和问题、领导方法及领导作风》，陕西省档案馆档案，全宗号—目录号—案卷号—存期：178—2—340—长期。

② 中共宜川县委工作组1961年9月5日《在城关人民公社圪崂生产队"关于妇女出勤和劳动保护等问题的调查报告"》，陕西省档案馆档案，全宗号—目录号—案卷号—存期：178—2—361—长期。

③ 洛川县妇联1961年5月18日《胡村大队一、二生产队妇女儿童健康状况调查报告》，陕西省档案馆档案，全宗号—目录号—案卷号—存期：178—2—372—长期。

住了，便回到铁厂拉风箱。当时没有电，要用手拉风箱为炼铁炉鼓风，以增强火力促进矿石熔化。但炉子高，风箱大，每班需要两个男劳力或三个女劳力才能拉得动风箱。拉风箱时，要拉着退三步，推着进两步半，才能送进去一股风，要使风源源不断地送进去，需要连续不停地推拉风箱。这也是一项很重的活，我们女的干了三天，臂膀酸痛，无力坚持，又改为给工人做饭。我在这个岗位上一直干到大炼钢铁结束。当时是大干快上的"大跃进"年代，工人普遍加班，我们做饭的是两班倒，每班干 12 个小时，以保证工人晚上加班也有饭吃。腊月三十，我们只休息了一天，回家吃了顿年饭，初一又照常上班去了。

1959 年 4 月，大炼钢铁结束，我回到家里，只歇了很短的时间，又和梁家湾西头的妇女队长、党员刘小凤一起被调到梁家湾西头农学院猪场去养猪。猪场有肉猪、公猪、母猪，我们每天要从半里路外的水井中打水，挑二十多担，为猪煮食、喂水。母猪生小猪时，要昼夜守候在猪圈招呼小猪吃奶、吃食，防止大猪踩踏、伤害小猪。当时养猪场没有防疫和治病条件，猪病频发，猪时有死亡，办养猪场得不偿失。[①]

四 抢挣工分（1961—1965）

1960 年 11 月 3 日中共中央发出的《关于农村人民公社当前政策问题的紧急指示信》（简称"农业十二条"），提出了允许社员经营少量的自留地和小规模的家庭副业、坚持按劳分配原则、认真执行劳逸结合等 12 条指示。1961 年 3 月 22 日，中央工作会议通过的《农村人民公社工作条例（草案）》（简称"农业六十条"），指出生产大队对生产队必须认真实行包产、包工、包成本和超产奖励的"三包一奖"制，包产指标要留有余地，超产的大部或全部应奖给生产队，人民公社的各级干部必须坚持实事求是的工作作风，严禁打人、骂人和变相体罚，严禁用

---

① 段瑞、段存才 2010 年春对陕西省商南县梁家湾镇梁家湾村李翠英的采访记录。

"不准打饭"、"不发口粮"和乱扣工分的办法处罚社员等。"农业十二条"和"农业六十条"的相继出台,大大刹住了大跃进的极左做法。

1961 年,各地不同程度地实行了劳动定额管理,推行小段农活包工,坚持男女干同质同量的活,付给同等报酬的办法,但还有个别生产队干部嫌麻烦,对劳动定额管理坚持得不好,也不能根据情况变化随时调整定额,仍有按响按底分记工的情况,如,在眉县,1961 年夏收时场里活男子干一天 15 分,妇女干一天 12 分,挖稻地男的 13 分,女的 9 分,拔草按包工,女的一天挣 20 分,超过男的,队长就要给妇女减工分。① 妇女内部,也存在记工不合理的现象。如,临潼某生产队修渠时,实行包段干活,一人一天干一段,每个人干的一样多,但晚上记工时,年龄小的社员却记的工少;锄秋时,不管大小人一人两行往前锄,记工时也是给年龄小的记的工少,队长对此的解释是"年龄小,底分少,技术不同"②。

更不合理的是,咸阳地区有的生产队不论社员做活质量好坏、数量多少、上工迟早、费工大小,按天按响平均记工。结果,如社员所说:"亏了老实人,便宜滑头鬼。"③

为了调动群众参加集体劳动的积极性,一些生产队从 1961 年下半年开始实行粮食多劳多吃的政策,但相应地提高了妇女吃够基本口粮的劳动定额,实际上却加重了妇女的劳动负担。比如,西安市雁塔区春光生产大队从 1961 年 6 月开始,由劳力的定量标准中提取 22% 的粮食作为多劳多吃奖励粮,规定凡男女强劳力每半月做够 18 个劳动日、弱劳力做够 15 个劳动日,就可吃到自己的定量,超额完成劳动日的多劳多吃。④

每 10 个工分为一个劳动日,对于绝大多数妇女来说,每一天的工

---

① 眉县妇联 1961 年 8 月 30 日《公社化以来妇女工作的经验和问题、领导方法及领导作风》,陕西省档案馆档案,全宗号—目录号—案卷号—存期:178—2—340—长期。

② (临潼)伊都哲:《不能按年龄记工分》,《陕西农民》1965 年 7 月 28 日 3 版。

③ 咸阳地委农村工作部调查组 1962 年 1 月 29 日《关于生产队生产管理中几个问题的调查报告》,咸阳市档案馆档案,全宗号—案卷号—存期:005—2—永久。

④《雁塔区春光生产队在实行粮食多劳多吃中有关妇女方面的问题》,载西安市妇联会《情况反映》第 1 期(1961 年 8 月 8 日出刊),陕西省档案馆档案,全宗号—目录号—案卷号—存期:178—2—362—长期。

分在 6—8 分左右，出勤一天挣不到一个劳动日。加之，妇女本来就比男的拖累大、体力弱，要求男女普遍要做够同样劳动日才能吃够定量，对妇女显然不公平。难怪有的妇女说：“本来妇女骑上竹马也赶不上男人们的工分多，如果再休假坐上火箭也赶不上了，妇女的口粮只好减低。”① 因此，妇女们为多挣工分以吃够定量或多分粮食而争抢分值大的农活，轻重不避，不管脏净，抢干重活，甚至干和男性一样下大力气的活，并自动放弃了一切休息时间和假期，有时连饭也顾不得吃，头不梳、脸不洗，就急急忙忙地下地生产；特别是孩子多、家务拖累大的妇女，经常不能按时给孩子喂奶和照顾家务，一些身体不好的妇女也挣扎着下地。如，三原县高渠公社和平生产大队六队妇女辛青云刚出月就去掏渠，半夜给孩子把尿布洗好后，天不亮就和妇女进城拉粪；八队妇女全桂花出月 40 天，就和其他妇女拉了两天架子车，结果造成出血。② 西安市丈八公社东辛庄生产队除过碾地、整地、打畦子、拉尿、改水、播种、培育菜苗这些活以外，其余的活大部分都由妇女做，她们管粮又管菜，收夏又收秋；全队 73 个女劳力，95% 都经常出勤，有五六个 60 岁左右的老婆婆也经常出勤。③ 合阳县路井公社路一村 1963 年元旦放假，妇女赵菊兰依然向队长要了个用架子车给地里送粪的活，和丈夫一起顶着北风，忍受着耳朵被冻得又红又肿的痛苦，拉了五六天的送粪车。④ 1964 年 1—2 月，赵菊兰坐月子期间，仍在炕上给生产队挑拣棉种挣工分。⑤

　　原本在一些生产队就有“劳力剩余”，实行按劳分配之后，群众抢

---

① 《雁塔区春光生产队在实行粮食多劳多吃中有关妇女方面的问题》，载西安市妇联会《情况反映》第 1 期（1961 年 8 月 8 日出刊），陕西省档案馆档案，全宗号—目录号—案卷号—存期：178—2—362—长期。

② 陕西省妇联会 1962 年 1 月 30 日印发的关于学习“三原县高渠公社和平生产大队是怎样调动妇女生产积极性的”通报，咸阳市档案馆档案，全宗号—案卷号—存期：019—23—长期。

③ 西安市阿房区妇联 1962 年 11 月 21 日《东辛庄妇女集体生产劲头大》，载陕西省妇联办公室编《妇工简况》第 5 期（1962 年 12 月 20 日），咸阳市档案馆档案，全宗号—案卷号—存期：019—23—长期。

④ 侯永禄：《农民日记——一个农民的生存实录》，中国青年出版社 2006 年版，第 111 页。

⑤ 同上书，第 126 页。

活干、成天嚷着向干部要活的现象显得非常突出。如临潼县徐杨公社新庄生产大队新庄北队共 20 户、100 人，劳力 54 个，牲畜 5 头，集体耕地 209.3 亩，平均每个劳力负担耕地 3.8 亩，每个牲畜负担耕地 40 亩，1962 年入春后，出现了争活干的现象，比如垫牲口圈用的土，一个月内拉了 300 车，一年都用不完。[①] 有人用"铃一响，心乱咧！社员就像猪贱咧，只怕大工分叫队长相好的满占咧"[②] 的顺口溜描述这种抢活干的现象，很是生动形象。

在这种连男劳都争活干的情况下，排挤女劳似乎是顺理成章的事。更不要说，有些男劳和干部的家属因孩子拖累或体弱不能下地，不希望别的妇女挣到工分，因而借口妇女干活质量不高、爱争吵、拖累大、有"四期"（注：指孕期、产期、哺乳期、月经期）保护等而随意压低妇女工分，甚至不给或少给妇女派活。如，1962 年，西安市灞桥区水流公社西堡五队因怕妇女吵架，十多天不给妇女派活；灞桥公社莫灵庙生产队夏收期间男女每天均记虚工 10 分，折实工时，男的一天仍以 10 分记，女的折成 3 分；洪庆公社路家湾六队，同样是在葱秧地里拔草，男的一天 9 分，女的一天 6.5 分。[③] 1964 年冬，扶风县城关公社后沟大队农田基本建设开始以后，队干部嫌妇女做活不利洒，还要工分，就不叫妇女出工，有的妇女刚到工地，干部就说："你回去吧，这活重，你做不了。"[④] 更何况，妇女因为要承担大量的家务，出工时家务牵绊多，等她们走出家门，往往生产队长已经把活安排完了，她们没活做，也就无法挣到工分。由于工分与分配直接相关，妇女在挣工分方面的劣势自然会影响到她们在家庭中的经济地位。《陕西农民》1964 年 12 月 26 日 2 版刘文斌的文章《不能限制妇女和辅助劳力出工》就反映了这种

---

① 《如何安排"剩余劳力"？—— 一个生产队劳力安排的调查》，载中共渭南地委办公室《情况反映》第 65 期（1963 年 4 月 18 日），渭南市档案馆档案，全宗号—目录号—案卷号—存期：1—3—1418—永久。

② 侯永禄：《农民日记——一个农民的生存实录》，中国青年出版社 2006 年版，第 104 页。

③ 《安排使用妇女劳力中的几个问题》，载陕西省妇联办公室编《妇工简讯》第 1 期（1962 年 11 月 2 日），陕西省档案馆档案，全宗号—目录号—案卷号—存期：178—1—317—永久。

④ 扶风县委中心通讯组：《后沟大队充分发挥妇女的作用》，《陕西农民》1964 年 12 月 26 日 2 版。

情况。

社员们抢挣工分、向队长要活干的心理，为一些基层干部对社员实行军事化管理提供了便利。吴旗县蔡砭公社白草沟生产大队1964年冬至1965年春修水平梯田期间，搞了三天突击，每晚开会到深更半夜，早上天不明就得下地，社员第一天和第三天晚上只睡一会儿就起来做饭、吃饭、赶紧下地，第二天晚上根本没敢睡觉，有的把饭做好了，来不及吃就去集合。有个社员说："晚上一开完会我就做饭，吃了饭就往白草沟跑，一夜没睡。"由于深更半夜路不好走，有的社员从墕畔掉下去，有的掉到冰窟窿里。更荒唐的是，为了鼓舞所谓的革命士气，有一天凌晨离天亮还很早，干部就把参加修梯田的五个村100多名社员集中起来上操，跑步、搓耳朵、搓手，还要社员大喊不苦。①

1958—1960年的持续跃进，再加上1961年以来为挣工分而从事长时间、超负荷的体力劳动，农村妇女过度劳累的现象非常普遍。仅以1961年蒲城、韩城、大荔的夏收为例：收割中不断发生有妇女中暑晕倒事故；蒲城党木公社孝通大队5月24日中暑晕倒的17人中有15人是妇女；大荔县5月24日割麦时中暑晕倒妇女42人，多系哺乳期妇女；韩城县5月25日中暑11人，一个妇女因急救无效而死亡。②

妇女在劳动中遭到意外伤亡的事件也时有发生。兴平县城关公社东昇大队第四生产队1961年12月12日在拆老墙搜土肥中，因墙倒，女社员杨淑贤、张桂芳二人被压死，张惠珍被压伤。③ 西安市灞桥区毛西公社东李大队1961年6月2日在场上推麦时，妇女刘清贤（57岁）下身被尖叉撞伤，伤势相当严重；1961年夏季，长安县五星公社一个妇女月经期下地割麦，因口渴喝了三碗凉水，一小时后即死去。④

---

① 根据延安专区检查团报告整理：《一个严重脱离群众的典型事例》，载中共延安地委办公室编《情况反映》第16期（1965年4月20日），延安市档案馆档案，全宗号—目录号—案卷号—存期：（1—1）—1—322—永久。

② 陕西省妇联1961年6月19日《夏收妇女工作中值得注意的几个问题》，陕西省档案馆档案，全宗号—目录号—案卷号—存期：178—1—276—永久。

③ 1962年1月4日 中共咸阳地委农村工作部《关于兴平、长武发生死人事件的通报》，咸阳市档案馆档案，全宗号—案卷号—存期：005—2—永久。

④ 陕西省妇联1961年6月19日《夏收妇女工作中值得注意的几个问题》，陕西省档案馆档案，全宗号—目录号—案卷号—存期：178—1—276—永久。

同时，妇女因长期劳累，营养不良，患子宫脱出、闭经、不孕不育等症的比例不断攀升。如，据安康县张滩公社 1961 年调查，妇女患子宫脱垂病的占已婚妇女的 10%。该县水利重点红星队 15 名妇女干部中，仅患炸力病（注：档案中的原词，笔者猜测为当地对"伤力病"的称呼）的就有 5 个。①

为此，对妇女月经期、孕期、产期、哺乳期的"四期"劳动保护在1961 年提上了日程，即在给派活时，经期调干不调湿，孕期和产期调轻不调重，哺乳期调近不调远，以保证妇女在月经期不干湿活、在孕期和产期不干重活、在哺乳期不干远活，以便能及时给婴儿喂奶。

"农业六十条"颁布后，陕西开始给农民少量的自留地，并允许农户开荒，农村集贸市场也有限地开放，一些妇女把主要精力放在自留地和集贸市场，经营一些家庭副业。

五 小插曲：苦乐劳模

用模范带动一片是新中国进行社会动员的重要策略，对妇女的动员也不例外。1949—1965 年间，为了动员妇女参加社会生产劳动，陕西省推选出不同级别的妇女劳动模范，比如，1950 年、1957 年先后被国务院授予"全国劳动模范"称号的甘泉县梁家庄村梁秀英、渭南县八里店村张秋香，1952 年获"西北劳动模范"称号的潼关县太要镇上马店村山秀珍，分别于 1960 年、1963 年被授予"陕西省劳动模范"称号的渭南县双王村薛俊秀、华阴县桃下镇高贞贤，1959 年出席全国建设社会主义积极分子代表大会的陕西省植棉能手"五朵银花"之一曹竹香，1956 年选出的县级模范像子洲县郭秀春、清漳县白桂兰、米脂县马世荣、绥德县武爱生和薛继兰，佳县李荣年、高荣清、刘月明、田开秀、常统英等。通过对这些劳模典型事迹的宣传，尤其是组织基层妇女干部和积极分子对劳模生产实验田的参观，女劳模在农业生产上肯用心、不怕苦的精神传播开来，在陕西农村妇女中起了一定的带头作用。

---

① 陕西省妇联安康专区办事处 1961 年 12 月 14 日《妇女工作总结》，陕西省档案馆档案，全宗号—目录号—案卷号—存期：178—2—341—长期。

用自己的辛勤劳动换来的荣誉给了女劳模精神上极大的满足。因为在传统社会，这些农村妇女是很难获得如此高的社会认同度的，她们的人生天地只在家庭，抛头露面的机会少之又少，更不用说受到国家领导人的接见。虽然作为劳模，获得的奖励不过是毛巾、锄头、镰刀、笔记本之类的物件，但在物资紧缺的 20 世纪五六十年代，它们所包含的精神鼓励是超乎想象的。

但是，劳模也有许多困惑与重压。其一，作为劳模，政府不仅把她们作为生产模范，还把她们当作执行各个方面政策的典范，事事要求她们走在群众前面、起模范带头作用。这对劳模形成极大的精神压力。比如，在实行人民公社化之前，统购统销中妇女惜售思想很严重，她们普遍地不愿多卖余粮，这成为基层政府完成收购任务的最主要障碍。解决妇女惜售思想时，基层政府总是从女劳模入手，不仅让她们动员家人尽可能多地卖粮，而且让她们做其他妇女的思想工作。当时农业产量低，农民一年所获，除了自己消费外，剩余不多，而基层政府派给农民的出售任务远远超过农民的负担能力；甚至在卖粮中形成一种恶性循环：哪一户农民完成任务，政府就会觉得这户农民还有粮可挤，于是进一步动员他们再卖。在这种情况下，说服家人或邻居卖粮实非易事，甚至是容易让人仇视的行为。可是，在基层政府看来，劳模如果不带头卖粮，还叫什么模范? 1954 年，延安专区在统购统销中动员女劳模和女积极分子带头。甘泉县劳模梁桂英给家人做工作卖粮，没有得到家人支持，她只好自报卖余粮 20 石，结果闹得家庭不和，让她十分苦恼。[①] 再比如，三年严重困难时期，政府提倡妇女勤俭持家，想办法用极少的粮食维持一家人的生活，劳模就被要求在勤俭持家方面成为典型，家里再困难也不向政府要救济。

如果不能义无反顾地响应和执行党和政府的政策，劳模的处境将是非常尴尬的。洛南县妇女何金凤的遭遇就是一例。何金凤，1917 年生，娘家在洛南县第六区娘娘庙乡，15 岁时，她与该县古城区姜村乡姜志刚结婚。姜为医生，家庭为中农。土改后，当地政府动员群众组织互助

---

① 陕西省妇联延安专区分会 1954 年 2 月《妇女在统购统销工作中的情况的报告》，陕西省档案馆档案，全宗号—目录号—案卷号—存期：178—2—36—长期。

组,她开始担任互助组长,被选为洛南县农业劳动模范,于1950—1953年间曾五次出席县劳模会议,获得了一个锄、一个镰、一个铧、一个日记本、一支水笔、八尺丝布、一条毛巾、一面锦旗、一张奖状等奖品。但当政府要求把她领导的互助组由临时互助组提为常年互助组时,她要求退出互助组。1954年他所在的互助组建成初级农业生产合作社时,她退出了初级社。何金凤不能始终如一地响应政府把临时互助组建成长年互助组、把长年互助组发展为初级农业生产合作社的号召,当地政府对她很不满意,撤掉了她的县妇女代表、乡妇联主任和乡人民代表等职务和称号。①

其二,劳模经常被要求出外开会、参观、传授经验、做报告,这成为她们生产和家务之外的又一沉重负担。以渭南的几个劳模为例。1964年1—4月,张秋香、薛俊秀、山秀珍、曹竹香等七个著名女劳模出外开会、参观、传授经验(不包括社、队组织的)共计364天,平均每人52天,其中渭南县张秋香64天、薛俊秀58天、曹竹香81天、潼关县山秀珍47天、大荔县侯玉琴36天、蓝田县麻福珍28天、韩城县孙爱弟50天;外出次数最多的达10次。② 在1963年带领青年战胜自然灾害、夺取棉花丰收中表现突出,得到专区、县、公社表扬和奖励的华县赤水公社妇女袁润仙从1964年2月21日到4月3日共40天,开了9个会,占去28天;所开会议是:2月21日至26日参加华县三干会6天、3月3日在县妇联开会1天、3月3—8日参加公社三干会5天、3月17—19日参加专区棉花丰产座谈会3天、3月20日公社开妇代会1天、3月22日在赤水公社研究县人代会发言1天、3月25日在农水局研究材料1天、3月26—31日在白水传授经验6天、4月1—2日在县妇联准备省妇代会发言材料2天,此外还给队上买打机井材料2天,袁润仙实际在家时间仅有12天。仅这12天,还为开会兑换粮票和办私事而占去了一些时间,真正在田间劳动顶多有七八天。有的群众讽刺说:"咱润仙去年是'植棉模范',今年是'开会模范'。"袁润仙也很为难,

---

① 洛南县民主妇女联合会1955年1月24日《洛南县女劳模何金凤情况调查报告》,陕西省档案馆档案,全宗号—目录号—案卷号—存期:178—2—66—长期。

② 《妇女劳模的意见和要求》,载中共渭南地委办公室编《情况反映》第36期(1964年5月7日),渭南市档案馆档案,全宗号—目录号—案卷号—存期:1—4—1614—永久。

说："领导上能叫，咱不能不到。"①

有的地方把兼职作为给劳模的荣誉，但太多的兼职也让劳模不堪重负。如，咸阳劳模鲁桂兰曾兼17职，一个月内外出开会22天。②

六　群众的声音

在政府的宣传话语里，人民公社是跨向共产主义的"金桥"，妇女在人民公社参加农业生产和各种工程，是摆脱传统妇女一生围着三台（注：指灶台、炕台、磨台）转的受压迫命运的途径，是对妇女人生舞台的拓展，是妇女解放的重要道路，"人民公社千般好，幸福生活万年长"③，"人人欢乐心舒畅，幸福歌儿唱不完"④。

然而，妇女们普遍感受到的却是过度劳累之苦。榆林赵石畔王佃英（中农）说："谁说人民公社好，提高了妇女地位？提起真是气死人，从前我们是炕上坐，现在把我们从沟底提高到山顶上了，掉下来就摔死了。"⑤ 一些老年妇女不满意公社化后把老年人也当成劳力使用的做法。延安姚店子乡的部分老人就觉得自己有儿有女，有人养活，不劳动一样能行，可是入了公社，不是被叫去给托儿所看娃，就是被派到食堂做饭，成天把人难受死。⑥ 华县有人看不惯人民公社妇女参加拉犁等重体

---

　　① 中共华县县委1964年4月20日文件《中共华县县委批转詹志科同志"关于袁润仙同志开会过多问题的报告"》后面附有詹志科1964年4月3日所写的《关于袁润仙同志开会过多问题的报告》，渭南市档案馆档案，全宗号—目录号—案卷号—存期：1—4—1614—永久；《妇女劳模的意见和要求》，载中共渭南地委办公室编《情况反映》第36期（1964年5月7日），渭南市档案馆档案，全宗号—目录号—案卷号—存期：1—4—1614—永久。

　　② 陕西省妇联咸阳专区办事处1952年8月23日《咸阳专区妇联半年来生产总结报告》，陕西省档案馆档案，全宗号—目录号—案卷号—存期：178—2—21—长期。

　　③ 肖杰词，王玉西曲：《李双双小唱》，《陕西农民》1965年2月2日3版。

　　④ 胡愈之1960年4月在全国人大二届二次会议上的发言《汉语拼音方案是文化革命的有效武器》，《胡愈之文集》（第五卷），生活·读书·新知三联书店1996年版，第549—550页。

　　⑤ 陕西省妇联榆林专区办事处1960年2月17日《榆林专区整社中妇女工作总结》，陕西省档案馆档案，全宗号—目录号—案卷号—存期：178—2—220—长期。

　　⑥ 陕西省民主妇女联合会1958年12月22日转发省妇联周淑兰、李永清1958年12月16日写的"延安姚店子乡工作汇报"的"简报"，陕西省档案馆档案，全宗号—目录号—案卷号—存期：178—1—195—永久。

力劳动，讽刺说："人民公社耕地不用牛，套的是剪发头。"①

尤其是 1958 年开始"大跃进"运动后，各种基本建设工程全面铺开，对劳力的需求大大增加，各地普遍提出了"抽男换女"的口号，即抽调男劳力外出参加各种工程，如修水库、炼钢铁、修路等，妇女不仅成为农业生产上的主力，而且与男子一样，被抽调参加各种工程。如果妇女不参加，基层干部就会以各种方式进行惩罚，如扣口粮、批判、捉懒汉等。

在合阳县孟庄公社孟庄大队，有的基层干部忽视妇女的生理特点和特殊困难，多次表扬一些在田间整天劳动不回家的行为，把参加水利运动中一天挖土 70 多方的妇女邓西娃树为典型，不断奖励，并号召妇女们向她学习。结果，许多妇女因过度劳动而患病。有些妇女因此讽刺说："妇女翻身咧，由家里翻到地里咧，由地里翻倒不得回去咧！"②

更让人不忍提及的是，农民普遍认为妇女病是"私房病"，是不能启齿的病，因而，许多妇女因超负荷的体力劳动引起妇女病后不积极治疗和休息，依然参加劳动，使身心承受巨大的痛苦。如白河县卡子公社三双生产大队妇女彭玉珍得了子宫脱出后，用布把脱出来的子宫兜起来继续上坡做活，她说："我有病不好说，只能和别人一样拼命地劳动。"③

就连一些基层干部也认为人民公社对妇女有过分动员之嫌。铜川县刘集公社施家生产队妇女队长何淑梅说："大跃进把人做得挣死呀！"④商县妇联副主任唐秋芳说：大炼钢铁正在秋收时间，农村把男劳力都抽去炼铁，秋收让妇女来搞，日夜苦战搞不过来，有些庄稼都忘收了，红薯在地里都烂了；中央说叫妇女翻身哩，是家里翻到地里，由锅台翻到

---

① 1962 年 9 月 20 日华县妇联《华县妇联关于妇女群众对待集体经济认识情况的反映》，陕西省档案馆档案，全宗号—目录号—案卷号—存期：178—1—317—永久。

② 合阳县妇联 1961 年 8 月 28 日《合阳县妇联关于几年来妇女工作中经验教训总结》(61) 合妇字 002 号，陕西省档案馆档案，全宗号—目录号—案卷号—存期：178—2—340—长期。

③ 白河县妇女联合会 1961 年 5 月 20 日《关于卡子公社三双生产大队妇女儿童健康状况调查报告》，陕西省档案馆档案，全宗号—目录号—案卷号—存期：178—2—373—长期。

④ 铜川县民主妇联会 1960 年 3 月 12 日《铜川市农村整社整风运动妇女工作总结报告》，陕西省档案馆档案，全宗号—目录号—案卷号—存期：178—2—220—长期。

炉台上去了，真个翻得苦。① 汉中市的妇联干部也有同感：男劳力调得太多去炼钢铁，妇女在农业生产上承担重活"有些可怜，有些苦"②。志丹县有些干部说：男女社员在水利工地上太辛苦，"水利建设不是整地，而是整人"③。

这种过分动员，不仅使群众极度疲惫，也严重影响了群众的生产积极性，出现"初级社起鸡叫，高级社睡天明，人民公社睡得满天红"④的现象。群众迫不得已地出勤，往往是出勤不出力，表面上看起来劳动场上人头攒动，轰轰烈烈，实际上磨洋工、凑热闹的占大多数，生产没有效率。正如有的干部所说：自从人民公社化后，生产上就像"哈巴狗拉车，只见狗头扬，不见车动弹"⑤。

有的男性认为人民公社的妇女还不如母马，母马可以光管繁殖后代，而人民公社的妇女除了生育子女，还要像骡子一样干重活。⑥

应该说，新中国成立后，动员妇女走出家门参与社会生产劳动，扩大了农村妇女的人生选择，使她们可以有更加广阔的人生空间。但是，过分地强调甚至一律要求妇女走出家门，并以妇女参加户外劳动为光荣，不断进行渲染和夸大，则是不值得肯定的。因为农村妇女这个群体中的个体情况千差万别。对子女拖累小、身体强壮、不喜欢也不擅长做女红的妇女来说，走出家门参加生产劳动既能扩展生活天地，有新的人生选择，又能增加家庭收入，是好事情。对家庭拖累大、身体弱、小脚的女性而言，让她们参加田间劳动和各种工程建设，无疑增加了另一重负担，是苦差事。

在这种情况下，政府大力宣扬妇女走出家门是进步、光荣，对家庭

---

①　中共商南地委组织部1960年1月15日给省妇联党组的《关于商洛专、县两级妇联干部在整风运动中的思想情况反映》，陕西省档案馆档案，全宗号—目录号—案卷号—存期：178—1—33—永久。

②　中共汉中市委员会组织部1960年1月5日《关于汉中市妇联干部整风运动中暴露的问题的报告》，陕西省档案馆档案，全宗号—目录号—案卷号—存期：178—1—33—永久。

③　中共延安地委办公室《情况》（21号）（1961年10月13日），延安市档案馆档案，全宗号—目录号—案卷号—存期：（1—1）—1—179—永久。

④　同上。

⑤　中共延安地委办公室《情况》（21号）（1961年10月13日），延安市档案馆档案，全宗号—目录号—案卷号—存期：（1—1）—1—179—永久。

⑥　李巧宁2009年8月、2010年8月对陕西省眉县金渠乡田家寨村肖喜雀的采访记录。

拖累大和身体不堪户外生产劳动重负的妇女来说，无疑是巨大的精神压力。一方面，一般人都有追求进步、不愿落后的心理，可是要打破客观条件的限制去追求进步谈何容易！另一方面，这样的宣传使男性对女性的期待发生了变化：以往，户外劳动理所当然地由男性担当，女性负责好家务就是尽了本分，现在，男性认为女性也应该参加户外劳动。至于家务怎么样办，男性很少去考虑。当然，要维持正常的家庭生活，家务是避免不了的。女性在传统的责任之外，又要增添新的责任，负担大大加重。即使男性能够分担家务，女性生理上的相对柔弱和因为生育所造成的身体负担也是男性无法分担的。

除了政府的大力宣传与号召，现实政策的变化也使农村妇女在外出劳动问题上可选择的余地越来越小。尤其是1957年以后，参加户外劳动挣工分成了生存的重要手段，女性不下地的选择余地很小。人民公社化后的集体食堂时期，不参加户外劳动等于放弃了饭碗，同时面临着基层干部的凌辱与处罚，外出劳动成了一切具有劳动能力的女性唯一的正常选择。集体食堂解散后，貌似不下地也可以吃饭，事实上，口粮的获取全靠工分，不劳动没有口粮，劳动少口粮就是少，只有劳动，且抢做工分多的活，才是出路，不再是基层干部而是"生存"二字时时提醒着妇女外出劳动。

女性走出家门参加田间劳动和各种建设工程，无论是主动的还是被动的，政府都必须照顾她们的生理、生育等特殊情况，不能一味地要求她们和男子一样。否则，"解放"的口号再响亮，也只是对妇女的压迫。

第五章　家务:见缝插针

一　从民国到新中国成立之初

　　民国时期,陕西农村的基本家庭格局是"男主外,女主内",女性的主要天地在家庭,她们的人生职责在内务——生儿育女、料理家务,她们帮补家庭经济的主要方式是以织助耕。农忙时节,虽有"糜黄谷黄,绣女下床"的说法,但妇女从事的主要是辅助性的生产劳动,如喂牲口、做一些细碎的场里活像晾晒粮食等,也就是说,她们主要的责任依然是做好后勤工作。

　　听起来,妇女的主要责任只是"家务"两个字,似乎很清闲、清静,事实上,在家务劳动社会化水平极低的传统社会,"家务"二字几乎是"琐碎"和"没完没了"的代名词。说它"琐碎",是因为家务活种类多:一家人的一日三餐(包括从择菜、洗菜、切菜、炒菜、生火、烧水、下米、和面、揉面、擀面,到盛饭上桌、饭后洗锅刷碗各个环节,甚至需要经常性地人力舂米、推碾等)、老老小小的穿衣缝补与洗晒(新的包括衣帽从纺线、经布、织布到缝补,鞋子从打背子、拧绳子到纳鞋底、做鞋面、底与面的缝合,乃至做袜底等;旧的更有经常性的补补缀缀、换洗晾晒)、屋里屋外的打扫收拾、未成年儿女的照看与教育、喂养家禽家畜,有的地区,妇女甚至要担水、打柴……说它"没完没了",是因为绝大多数家务都是反复的,要维持家里的正常生活有秩序地运转,同样一件事就需要反复地进行。比如扫地,要保持清洁,需要一日数次地清扫;一日三餐、喂养家禽家畜的重复也很明显;照看子女更是需要无底洞式的操劳。

　　民间品评一个女性的能力,主要看她的家务功夫:是否能把家理得有条不紊,是否能让一家人穿戴得整齐干净,是否把儿女教养得正派、有出息。

家务的琐碎和没完没了,使妇女日复一日、成年累月地在炕台、锅台、磨台之间来来回回、不停歇地操劳。一双双裹着的小脚,每天走的距离不远,但走过的路绝对不少。

妇女们对家务的料理看起来无关紧要,事实上关乎一家人生活的正常运转,否则,正常的生活会变成一团乱麻。因此,人们常说:"男人是个耙耙,女人是个匣匣","耙耙"捞回来的东西如果没有"匣匣"的有效储存和整理,"耙耙"会很辛苦却积攒不下家业,更谈不上全家生活的蒸蒸日上。

新中国成立到初级农业合作化时期,基层政府通过冬学等的宣传,动员妇女走出家门,解放自己。然而,对妇女来说,做不完的家务已经够她们操劳了,哪里有时间走出家门?如果她们走出家门了,家务怎么办?家务没人做,正常的家庭生活肯定会受影响。更何况,民间有"媳妇活,慢慢磨"的说法,许多人认为妇女下地做活质量差、效率低,妇女做的活男人少抽一支烟的工夫就做出来了。因此,虽然初级农业合作社时期劳动分红已经占一定比例(注:初级社实行土地分红和劳动分红相结合的方式,比例的多少各个农业社之间有差异),但妇女们依然把主要精力投入到家务中,只有极少数没有家务拖累的女性开始大胆地迈出了家门。以勉县赵家庄乡1953年为例。赵家庄乡是平川区的一个水稻乡,全乡4200多亩土地上,只有靠河一带有900多亩沙地种着甘蔗、花生和少部分棉花、豆类;除个别缺少男劳的家庭和经济作物区的妇女直接参加田间做活以外,其他绝大部分妇女多是操持家务、织布纺线和做些场院活路;妇女参加互助组的很少,全乡26个互助组里,除赵克都长年定型组有6个女组员外,其余全无妇女参加。[①]

二　高级社到人民公社时期

1956年开始普遍实行高级农业合作化,土地归高级社所有,农户

---

① 陕西省妇联南郑专区分会1953年12月1日《南郑专区沔县赵家庄乡妇女参加农业生产中的几个问题》,陕西省档案馆档案,全宗号—目录号—案卷号—存期:178—2—35—长期。

的收入完全靠工分分配，为了生存，妇女们不得不下地挣工分。1958年秋季，陕西省掀起了人民公社化运动。公社化后的最初几个月，虽然"吃饭不要钱，干活不记工"，但全面大跃进对劳力的大量需求使得女性被充分地动员起来参加生产劳动。"吃饭不要钱，干活不记工"的制度被废弃后，按工分分配成为重要的分配方式，妇女们又开始了竭尽所能挣工分的生活。

无论在高级社还是人民公社，妇女们为了生存而走出了家庭。与此同时，家务依然是她们的牵系。比如，安康专区妇联和汉阴县妇联1961年对汉阴县太平公社中坝大队四、五生产队的调查发现，当地的主要家务项目有做饭、带小孩、缝补、洗浆、推磨、打柴、担水、打扫卫生等八项，除打柴是男人负责，担水、打扫卫生是男女共做外，其余五项都几乎纯粹由女人来做。①

（一）子女照顾

自从1953年陕西农村开始建立初级农业合作社时，政府就倡导组织农忙抱娃组、农忙托儿所。但是，对抱娃组的保姆的工分问题一直得不到妥善解决。有的由农业社给保姆记工分，但没有子女进抱娃组的妇女有意见，认为不能由社里负担孩子的照看。有的社规定从入抱娃组的母亲所挣工分中匀出一部分给保姆，但妇女本身工分底分少，给保姆匀出后，孩子母亲的工分就所剩无几，因此一些妇女认为孩子入抱娃组后自己挣的工分少，划不来，且要操心孩子，因而不愿让孩子入抱娃组。有的社规定保姆的工分由入抱娃组的孩子母亲匀一点，再由社里给补助一些，但保姆普遍感到看护孩子很辛苦，成天抱着孩子摇，才挣一点点工分，不愿当保姆。基于种种原因，许多地方的抱娃组一直办不起来，或者办起来后很快就垮了。

因此，出现了一些妇女因下地或忙于其他家务，没有照管好孩子而造成了一定损失的情形。1955年夏收夏选中，高陵东城坊乡隆昌社三

---

① 安康专区妇联、汉阴县妇联1961年12月21日《汉阴县太平公社中坝大队四、五生产队妇女参加农业生产及家务劳动的情况调查》，陕西省档案馆档案，全宗号—目录号—案卷号—存期：178—2—361—长期。

岁的男孩雷均娃，母亲劳动时将他放在地边，不料他跑到水渠边玩，掉进水渠淹死；朝邑三区两宜乡胜利农业社 8 个小孩玩火，烧毁约 147 亩地的麦子，估计损失粮食约 32000 斤；朝邑县类似的 16 起失火问题中，因孩子看管不当引起的就有 11 起。[①] 1953 年 12 月 30 日早上，留坝县六区上西沟村农民涂龙和出去卖粮，妻子出去磨面，只留一个小女孩在家，灶里未灭的火燃出来，燃着了灶边的柴，引起火灾，不仅烧掉了家里所有的东西，连小孩都烧死了。[②] 1954 年 3 月 26 日下午，陕西泾阳八区三乡李吉坊村三个不满 10 岁的小孩无人看管，在秸秆堆旁边玩火，不小心失火，两个小些的孩子被烧死，一个大一些的孩子被严重烧伤。[③]

　　到 1956 年开始普遍地实行高级农业合作化时，抱娃组、农忙托儿所仍旧未能很好地巩固下来。其中的主要原因依然是两个方面的问题：其一是保姆的工分问题；其二是保姆难找的问题。妇女工分本来就评得低，分给保姆一部分后，自己所剩无几，孩子母亲觉得划不来。如，安康文武乡枣园子高级社 1956 年夏收夏选工作中，第一生产队 15 个妇女打了一天场，晚上计算工分时平均每人才得到 9 厘工，第五生产队 20 多个妇女打了一天场，平均每人得 1.5 分工，结果有孩子的妇女挣的工分不够匀给保姆的，生产积极性大大受挫。妇女邓子银说："妇女翻身一天翻了 9 厘工，不如在家领娃子做饭。"[④] 在南郑县三皇乡，有的母亲几乎把每天所挣工分的 1/2 到 2/3 都匀给了保姆，她们觉得不划算，不愿送娃入托儿所。[⑤] 保姆难找，是因为保姆工分低，而且许多老年妇女认为自己领了一辈子娃都领伤了，看见娃就心烦，再说，领别人的孩子怕吃力不讨好，受人抱怨，不愿当保姆，宁可做家务、夏收后给自己

　　① 陕西省妇联渭南专区分会 1955 年 7 月 11 日《关于夏收夏选中妇女工作总结报告》，陕西省档案馆档案，全宗号—目录号—案卷号—存期：178—2—62—长期。
　　② 留坝县政府一读者：《乡亲们，注意防火》，《陕西农民》1954 年 2 月 6 日 3 版。
　　③ "群众来信"栏目：《李吉坊村又烧死小孩了，再建议乡亲们管好小孩》，《陕西农民》1954 年 5 月 6 日 3 版。
　　④ 陕西省民主妇联会安康专区分会关于安康文武乡枣园社妇女夏收中的问题的《通报》（1956 年 6 月 5 日），陕西省档案馆档案，全宗号—目录号—案卷号—存期：178—2—105—长期。
　　⑤ 陕西省妇联汉中专区分会 1956 年 6 月 16 日给"汉中地委并省妇联"的报告，陕西省档案馆档案，全宗号—目录号—案卷号—存期：178—2—106—长期。

家拾麦等。①

更何况，有的地方，如山区，人口居住分散，把婴幼儿组织起来很不方便，接、送孩子本身就是一件费时的麻烦事。

即使1958年秋季的"大跃进"中，陕西各地掀起了大搞"五化"（注：指吃饭食堂化、幼儿托管化、生育产院化、缝纫专业化、米面加工动力化）的运动，建立起来的托儿所，仍是最低级的组织形式：多数是婆婆看孙子，并给别人捎着看一两个小孩，或是因其他原因不能下地的孩子母亲们，在看护自己孩子的同时，附带给别人看一两个孩子；还有部分生产队的托儿组织，仅是空架子，并未收托孩子。据1959年初在石泉县石梯大队四连的调查，有一个托儿小组，只有一个老太太管着大大小小八个娃（主要靠大娃管小娃）；此外还要喂两头猪，有时还帮助食堂炊事员切菜，孩子们的卫生很差，更谈不上教育。② 平利县有的公社声称实现了幼儿"八化"，但多流于形式，如，幼儿园、托儿所挂有牌子，却没有保姆和孩子，上面检查时，基层干部临时催妇女送孩子入托、入园，检查人员一走，园、所立刻变成了空壳；有的基层干部为了应付上级的检查，群众不愿送孩子入园时，干部就强行把孩子一个一个地往幼儿园背。③

可是，妇女如果不下地，在家里照看孩子，挣不到工分，家庭收入少，不仅不能改善家庭生活，还会遭到家人的嫌弃。妇女们也普遍认为"男人上地做活有踪，女人在家做活无影"。再加上1958年以后，由于大炼钢铁和基本建设工程对男劳力的大量抽调，一些基层干部为了动员妇女补充劳力的不足，片面强调参加农业劳动光荣、靠男人吃饭可耻。因此，农村一些妇女不愿操作家务，婆婆不愿给媳妇看孩子，认为得不到工分就是靠儿媳养活，不气长，宁愿下地。尤其是过去受丈夫打骂的

---

① 镇坪县妇联1956年8月10日《镇坪县妇联试办托儿所总结报告》，陕西省档案馆档案，全宗号—目录号—案卷号—存期：178—2—112—长期。

② 杜修艳、王萍1959年3月15日给陕西省民主妇联的工作汇报，陕西省档案馆档案，全宗号—目录号—案卷号—存期：178—1—211—永久。

③ 平利县妇联1961年10月8日《为了总结经验，吸取教训，坚决执行党的政策，迅速改变全县妇女工作面貌而努力——王雅文同志在县妇联扩大妇女干部会上检查报告》，陕西省档案馆档案，全宗号—目录号—案卷号—存期：178—2—341—长期。

妇女，更不安心家务了。①

妇女下地参加生产劳动，年幼的子女怎么办？家里有下不了地的老人的，孩子可以由老人照看，有的老人虽然连自己都照顾不了，但毕竟可以"看"着不会走路的婴儿；家里没有老人，却有尚未进入学龄的儿童的，由尚未进入学龄的儿童将就着照看婴幼儿；家里既没有老人，又没有稍大一点的儿童的，要么由母亲背着孩子下地生产，要么母亲把孩子放在干活的地头、树阴下，要么把婴儿放在床或炕上，用被褥在床边或炕边"筑"起一道"防护墙"，或把已经会爬行的婴儿用绳子系在窗户上，以防掉下炕。如，1961 年 12 月对汉阴县太平公社中坝大队四、五生产队的调查显示：两个生产队共有婴幼儿 61 个，母亲出勤时，由大孩子带小孩子的 18 个，一些学龄的大孩子因此不能上学；由爷爷、奶奶及家中其他成人代领的有 20 个；由妈妈自己边生产边照看的27 个。②

现居商洛的任先生的回忆正反映了这种情况：

（母亲下地干活时），要是家里有七八十岁的老人，因为老人不能到地里做，就看娃。要是没有老人的话，一岁多、两三岁的娃，就引到地里，抱到地里，跟着（大人）。太小的，搁到家里，怕把娃绊了，就用布带带把娃往窗外的柱子上之类的一绑，只要（孩子）不绊了就行，（娃）他妈（放工从地里）回来了才给娃吃奶呀、做饭呀啥的。③

因子女无人照顾，必须自己带领的妇女劳力在各地非常普遍。如1958 年秋，柞水县太河乡峪兴社有 9 名妇女把孩子背上下地；营镇 10余名妇女把小孩抱上、把大娃引上到地里做活，小的哭，大的闹，很是

①　陕西省民主妇联 1956 年 7 月 23 日《通报》［总号（56）077，通字 032 号］，陕西省档案馆档案，全宗号—目录号—案卷号—存期：178—1—158—永久。

②　安康专区妇联、汉阴县妇联 1961 年 12 月 21 日《汉阴县太平公社中坝大队四、五生产队妇女参加农业生产及家务劳动的情况调查》，陕西省档案馆档案，全宗号—目录号—案卷号—存期：178—2—361—长期。

③　任丹利 2009 年 8 月至 2010 年 2 月对今陕西省商洛市商州区杨峪河镇庙坪村任兴华的采访记录。

影响生产。① 1959 年夏收后，兴平县马嵬公社李家坡几个妇女在锄玉米时都把孩子放在地头，庄头公社五四生产队有的妇女推水车时怀里还抱着孩子。② 平利县凤凰管区马鞍队第三小队 1961 年 13 户妇女有 27 个 1—6 岁的孩子拖累，其中有 7 户有公婆看护，剩下的 6 户无人看护，妇女下地时只能把孩子带到地头。③ 这些母亲最为艰辛。她们用背负着孩子的身体参加劳动本已不易，为了避免干部批评或别人有意见，还要和其他妇女保持基本相同的生产劳动进度。

由大孩子带小孩子的妇女虽然比自己带孩子的妇女在身体上稍微轻松一些，但心理上却一点儿也不轻松，她们身在田地，心却一直系挂着孩子的安全，干活的间隙，别人休息时，她们放弃休息时间奔跑回家，或给孩子喂奶，或看看孩子是否安全；一放工，她们更是第一时间冲回家做家务。

现居眉县的张女士对自己 1953 年生的"老二"和 1958 年生的"老三"幼年时情景的回忆让人听来备感辛酸：

> （我上工去的时候）娃在屋锁着呢……（我从地里回来忙着做饭，）我就记得我老三要吃奶哩，抱住我腿，我顾不得给吃，我走啊达他把我腿抱啊达，把我撺上，等到我把面擀开、锅里把水倒上，坐到灶火算烧锅算把娃奶上……有一段时间老二跟老三在一搭，老二看老三，让在屋里，我回来了，两个精溜子在屋里，我门一开，豆豆豆地就跑出去了。娃给屋里地上屙的、尿的……我就用土赶紧把那垫了，都顾不得把那铲出去。唉，两个精溜子就出去了！有时候，老二不（愿意）哄老三了，（或者后来）老二上学了，老三也大些了，他大走到啊达老三撺到啊达。妇女咬扎大

---

① 柞水县妇联会 1958 年 10 月 15 日《柞水县妇联会关于检查红岩寺蔡玉窑东川营盘四区中心工作与组织妇女群众参加工农业生产概况的汇总》，陕西省档案馆档案，全宗号—目录号—案卷号—存期：178—2—187—长期。

② 兴平县妇联 1959 年 7 月 28 日给县委并呼书记的报告，陕西省档案馆档案，全宗号—目录号—案卷号—存期：178—2—326—长期。

③ 平利县老县公社妇联会王秀英 1961 年 3 月 22 日写给老县公社党委并平利县妇联的报告，陕西省档案馆档案，全宗号—目录号—案卷号—存期：178—2—362—长期。

（注：指爱提意见），他跟上你蛮要吃奶，妇女就有意见呢，最后
了就叫他大抱上，（到地里）去扛个农具……抱个娃，回来扛个农
具抱个娃，娃瞌睡了他大把烂褂褂往地下一铺，另一半把娃一盖，
（娃）睡一时他大回来可把娃一抱。有的人说："老天爷，你看这
罪咋受呀!"……（娃没在我跟前，但我）操心么，远近都操心。
近处的地有半里路的，远处的地还有一里多路的，中间歇一点气，
撒脚就跑回来，给娃吃点奶，赶紧可往地里跑，（远远地）看人家
（歇气的人）立起了，撒脚就往地里跑，赶紧把锄扛上可给人家锄
地去。①

　　尤其是"大跃进"中，常搞"奋战"和"苦战"，有孩子的母亲也
不得不参与。如白河县药树公社朝阳生产大队 1958 年有一次风雨不避、
昼夜不分，连续苦战八天八夜大搞抬田，九个孩子的妈妈田凤治，不得
不丢下吃奶的孩子昼夜参战。②

　　有的地方在大炼钢铁和兴修基本建设工程时，不切实际地把婴幼儿
的母亲派出去参加，且实行军事化管理，在工地上安营扎寨，不准随便
请假回家，使母亲备受牵挂孩子的煎熬。有的孩子尚未断奶，母亲只好
把孩子带到工地上，一边做工，一边抽空给孩子喂奶。如，宜川县城关
人民公社圪崂生产队薛玉兰就曾带着吃奶的孩子出外到工地上做工。③
和薛玉兰有同样经历的妇女各地均有。

　　年幼的孩子因母亲下地而得不到良好的看护，孩子的身体容易受到
伤害。1957 年，紫阳中心社收二茶时，正是夏收及播种秋田的时候，
需要的劳力很多，女社员张根才有吃奶的孩子没人看管，干部却一定要
她出勤，她只好把孩子背在背上去采茶。五六天下来，孩子脸晒得脱了

---

　　① 李巧宁 2012 年 5 月对陕西省眉县金渠乡金渠村张氏的访谈记录。
　　② 中共安康地委 1961 年 11 月 27 日《中共安康地委批转专区妇联党组关于〈白河县药
树公社朝阳生产大队妇女疾病情况的调查报告〉》，陕西省档案馆档案，全宗号—目录号—案
卷号—存期：178—2—373—长期。
　　③ 中共宜川县委工作组 1961 年 9 月 5 日《在城关人民公社圪崂生产队"关于妇女生产
出勤和劳动保护等问题的调查报告"》，陕西省档案馆档案，全宗号—目录号—案卷号—存期：
178—2—361—长期。

一层皮。①

　　1943 年出生、现居陕西省蒲城县东杨乡三兴村三组的刘秀云这样忆起子女年幼时得不到照料的辛酸：“叫娃睡到屋里，有时候把娃放到草笼里带到地里，有时就没有人管，（把娃）锁到屋里，（大人）活做完，（娃）从炕上滚下来，夹到木床缝，差点夹死……（家里没人照看），有劲的都到地里干活去了，老的连自己都管不了。”②

　　现居陕西省礼泉县石潭镇杨铁村一组的田清珍女士五六十年代四个无人照看的年幼子女的一次遭遇虽有惊无险，但让人欷歔不已：

> 　　当时农业社出车时，会叫四个妇女烙馍，一天晚上我也去（参加烙馍）了，回来时后门的墙都倒了，是狼来过了。四个娃在家哭得厉害，一个抱一个。幸亏狼没有上炕，转了一会儿走了，把几个孩子吓得！我看到孩子之后就一下子软了。等天明了以后，一出门就看见院子里有好多狼粪，就很感谢神的保佑，相信是神封了口，狼才没有吃掉孩子。打这以后，每次出门我都把门锁住，房间里留一个尿盆，孩子就不用出门了。③

　　幸运的是，田清珍的子女只是一场虚惊，一场让父母再不敢掉以轻心的警示。有些无人照顾的子女的遭遇则令人心痛不已，尤其是给家庭留下了几十年难以消除的遗憾。如，1956 年，渭南县双王乡和平社李家队李俊花整天在田里生产，家里二岁半的小孩由七八岁的孩子照管，8 月 25 日下午，大孩子只顾贪玩，两岁半的小孩子掉入涝池淹死。④ 仅 1956 年 1—10 月，南郑县农村就因妇女下地，对孩子照顾不周，而导

---

　　① 陕西省妇联工作组、安康专区妇联办事处 1957 年 12 月《安康专区旬阳、紫阳、宁陕、汉阴等县关于妇女工作情况调查》，陕西省档案馆档案，全宗号—目录号—案卷号—存期：178—1—177—永久。

　　② 缑小敏 2009 年 7 月和 2010 年 2 月对陕西省蒲城县东杨乡三兴村刘秀云的采访记录。

　　③ 杨妙化 2010 年 8 月对陕西省礼泉县石潭镇杨铁村田清珍的采访记录。

　　④ 中共渭南地委秘书处 1956 年 9 月 20 日《中共渭南地委批转地委工作组的报告》，渭南市档案馆档案，全宗号—案卷号—存期：1—819—永久。

致孩子生病的 18 个、猪狗咬伤的 5 个、掉入水里的 15 个。① 1957 年 1—8 月,凤翔县发生了几起年幼孩子因得不到良好看护而受到伤害的事件。如,临阵坡乡白楼社刘家沟碾场时,刘兴林四岁的男孩从崖上跌下摔死了;白村乡三神社王天仁四岁的妹子,掉到涝池里淹死了;还有的孩子,父母在场里干活时,他们跟着在场里玩,被工具砸伤、撞伤。② 洋县 1959 年 1—6 月发生的因看护不当导致婴幼儿伤亡的事故有 8 起,有的是 2—5 岁的小孩没有大人照看,掉进尿坑淹死,有的是 10 岁以下的大孩子照看 1—5 岁的小孩子,导致小孩掉到河里淹死,有的因小孩无人照看,被火烧死。③ 1961 年夏收中,仅西安市、三原、凤翔、铜川、蒲城、韩城等地不完全统计,因婴幼儿安置不当,掉到井里、涝池里、水缸里淹死,跌到锅里烫死,触电打死,被狼咬死咬伤的孩子就有 93 名,其中 61 名死亡。④ 1963 年,西安市灞桥区席王公社郭家渠生产大队第三生产队社员李生华两岁多的孩子,因无人看管,掉到附近一口井里淹死;南牛寺队有三个六七岁的小孩到水泉边捞青蛙,把六岁多的张小女掉到泉里,差点淹死;还有的没人管的小孩成群结队地在庄稼地里玩耍,践踏庄稼,有的摘食麦穗,误食麦芒,遇到各种危险。⑤

有的小孩虽有老人照看,但能靠得住的不多:行动灵便的老人还要负担洗衣、做饭、拔猪草等家务,有时农业社或生产队有轻活了,老人还想去挣点工分;行动不便、眼睛或四肢有残疾的老人不用承担家务和挣工分,但他们连自己的生活都不能自理,看管孩子更是困难。如,商南县永清公社清油河生产队五队女队长王凤兰和她妯娌参加集体劳动时,两三个小孩都由她老公公看管,任由孩子到处爬,经常热一口、冷

---

① 南郑县妇联 1956 年 10 月 7 日《南郑县农村妇女参加生产关于在高级合作化后的新情况新问题》,陕西省档案馆档案,全宗号—目录号—案卷号—存期:178—2—100—长期。

② 凤翔县民主妇联 1957 年 9 月 1 日《关于发动组织妇女参加夏收工作的报告》,陕西省档案馆档案,全宗号—目录号—案卷号—存期:178—2—137—长期。

③ 洋县妇联 1959 年 7 月 6 日《洋县 1959 年上半年婴幼儿伤亡情况调查报告》,陕西省档案馆档案,全宗号—目录号—案卷号—存期:178—2—233—长期。

④ 陕西省民主妇联 1961 年 6 月 16 日《夏收妇女工作中值得严重注意的几个问题》,陕西省档案馆档案,全宗号—目录号—案卷号—存期:178—1—276—永久。

⑤ 《记取教训,管好孩子,保证父母安心生产》,载陕西省妇联《妇工简况》第 29 期(1963 年 6 月 8 日),咸阳市档案馆档案,全宗号—案卷号—存期:019—31—长期。

一口、脏一口、净一口地胡吃乱喝，1959 年夏季两个孩子肚子胀得像鼓一样，腹泻不止，后来孩子都两岁多了身体弱得还不会走路。①

妇女下地参加生产劳动，孩子得不到妥善安置，成为妇女们心头的纠结与重担。于是，一些多子女的母亲怨恨、咒骂子女，对怀孕充满恐惧和担忧，甚至想尽办法打胎。②

为解决妇女参加生产劳动与照看未成年子女之间的矛盾，政府一边大力动员各地组织托儿所、幼儿园，或者成立农忙抱娃组，一边宣传婆媳互帮、邻里互助，一边宣传母亲自己要勤快，多挤时间管孩子，以保证孩子的健康和安全。《陕西农民》在这一方面做了很多努力。如，一篇名为《来吧！叫你妈妈下地去!》③ 的剪纸，把政府倡导的这种和谐友好、婆婆帮助儿媳看护孩子以使儿媳安心去参加生产劳动的婆媳互助风尚用剪纸展示了出来：图上有三个人，一个是留着齐耳短发、穿着大襟花上衣的年轻妇女，一手抱个小娃娃，一手拿着锄头；一个是缠着妈妈的小娃娃；一个是后脑勺挽着发髻、围着围裙的老年妇女，伸开双手向年轻妇女要孩子。另一篇文章则是咸阳县石桥乡坡刘村妇女刘芝兰和婆婆两人既要管家务，又要下地生产，但刘芝兰很勤快，经常给孩子们搞卫生，把孩子们收拾得干干净净，很少生病。④

(二) 一日三餐

俗话说"人是铁，饭是钢，一顿不吃心发慌"。在陕西农村，1956 年以后，原本在家操持家务的妇女们普遍走出家门参加生产劳动。那么，一家人的一日三餐怎么办？粮食从晾晒到推磨谁来负责？刷锅洗碗怎么办？

尤其繁重的是推磨。陕西大部分农村的电化磨面是 20 世纪 70 年代出现的。在此之前，磨面、推米用的是石磨。如果有畜力，人就省事很

---

① 商南县妇联 1960 年 4 月 9 日《清油河家务劳动调查汇报》，陕西省档案馆档案，全宗号—目录号—案卷号—存期：178—2—322—长期。
② 陕西省妇联汉中专区分会 1956 年 6 月 16 日给"汉中地委并省妇联"的报告，陕西省档案馆档案，全宗号—目录号—案卷号—存期：178—2—106—长期。
③ 作者潘振扬，《陕西农民》1956 年 8 月 4 日 3 版。
④ 王沛文，连舫画：《妈妈勤快，娃娃干净》，《陕西农民》1956 年 12 月 24 日 1 版。

多,可是,1956年以后,农村牲畜因饲养、使用不当,乏瘦、死亡现象很突出。农业社、生产队不允许私人推磨借用集体的牲畜,推磨就成了纯粹的体力活。用人力去推动石磨一圈一圈地转动,何其困难!比如,陕西省妇联工作组、安康专区妇联办事处1957年12月对安康专区旬阳、紫阳、宁陕、汉阴等县的调查显示,人工推磨是妇女的主要家务负担之一,在旬阳县浅山一带,用的是大磨,五口之家,一年的口粮需要一个劳力推50天,其余各社80%的农户都是推的小磨,群众习惯吃一点推一点,差不多天天都要推。① 推磨成为家务中一项成年累月的负担。难怪彬县有小学生唱这样的歌谣:"毛主席,大个子,领导社员推磨子,头遍轻,二遍重,三遍要了社员的命。"②

有的妇女坐月子期间,营养缺乏,但硬撑着身子下床做家务,洒扫、做饭、看孩子这些轻体力活之外,她们也承担推磨工作。在产后身体没有得到完全恢复之前,这种繁重的体力劳动对她们的身体造成很大的摧残。如,略阳县白家坝大队油坊街生产队妇女罗素芳1960年生孩子不久,就下床推手磨,得了子宫脱出。③ 有些患子宫脱出的妇女得不到家庭的体谅,被认为"能吃能喝不能做重活"是懒病,因此她们不仅身体上因病痛苦,精神上也很压抑。

有婆婆或家里有大一点姑娘的妇女,婆婆和大一点的姑娘帮忙做饭。但这些妇女只要不下地,做饭依然是她们的义务;下地回来,只要饭没做好,她们就得立马上阵。家务上没有帮手的单手人,做饭只好见缝插针,硬挤时间。人口多的家庭,一顿饭吃完,又需要备下一顿的柴、菜,如果没有婆婆或大一点的姑娘的帮助,妇女就只好牺牲休息时间:早上早早起床,中午和晚上下工就往家冲,一路小跑回家去备饭,饭后连锅碗都顾不上洗刷又到了上工的时间,于是赶紧扛上工具下地,有时她们甚至顾不上吃饭。

<hr>

① 陕西省妇联工作组、安康专区妇联办事处1957年12月《安康专区旬阳、紫阳、宁陕、汉阴等县关于妇女工作情况调查》,陕西省档案馆档案,全宗号—目录号—案卷号—存期:178—1—177—永久。

② 中共彬县县委宣传部1963年8月17日《关于文教、卫生战线上阶级斗争情况和今后意见的报告》,咸阳市档案馆档案,全宗号—案卷号—存期:003—99—长期。

③ 陕西省妇联汉中专区办事处1961年7月19日《农村妇女健康状况综合调查报告》,陕西省档案馆档案,全宗号—目录号—案卷号—存期:178—2—373—长期。

"干活时，磨洋工，吃饭时，狗跑疯"。这句话不仅是对公共食堂时期群众状态的描述，应该也是对整个人民公社时期妇女尤其是单手妇女下工后赶时间做家务的情形的描述。

一位1931年出生于商县、1957年迁居眉县的妇女忆起初到眉县的十几年间的一日三餐，这样说：

> 早上了，你回去连忙把饭一做，你还没吃呢，刚舀到那，铃铛当当响了。早些是用锣，后截是打铃。你把那饭糊里糊涂一喝，锅、碗撂下，赶紧扛个农具可往地里走。晌午回来人家给你有两个小时的时间，赶紧把（早上的饭）锅一刮，锅（用水）焖下，赶紧揉面，把面揉下窝下，可去洗锅……我就记得我老三要吃奶哩，抱住我腿，我顾不得给吃，我走啊达他把我腿抱啊达，把我撵上，等到我把面擀开、锅里把水倒上，坐到灶火算烧锅算把娃奶上。"[①]

中午两个小时的时间，又要做饭、吃饭、洗锅刷碗，又要经管孩子，只有靠精心地统筹：用水焖难洗的上一顿锅碗的同时，赶紧把面初揉成型；因初揉的面放一放等它醒开了更容易揉光，所以趁醒面的机会赶快洗焖得差不多了的锅碗、收拾菜；菜收拾好，面醒开了，把面揉光、擀开，给锅里添好水，坐到灶火一边烧火一边给已经饥饿难忍、纠缠了好久的幼子喂奶……

这个巧妙的统筹是妇女们在无数次的实践中摸索出来的。她们并不精于计算，但生活的劳忙使她们学会了怎样把两个小时的时间精打细算！

有粮、有菜，生产劳动之余再做饭已经让人非常劳忙。更何况，自从1953年实行统购统销以后，对粮食的过度征购使农村留粮标准持续低迷，农民的吃粮一直不宽裕。再加上，1956年实行高级农业合作化后，农产品的产量基本没有提高，人口多、劳力少的家庭吃粮紧张更是明显而普遍。怎样用紧缺的粮食安排一家人的一日三餐，考验着妇女们的智慧。

---

① 李巧宁2012年5月对陕西省眉县金渠乡金渠村张氏的采访记录。

　　我们可以从《陕西农民》报的几则节粮宣传中看出妇女们浸透在一日三餐中的无限智慧与努力。潼关十里铺乡新民农业社女社员刘芳玲的《爱惜米面，节约粮食》[①]一文讲，为了不糟蹋一粒粮食，作者按照母亲的教导，在磨面上下功夫:麦子要淘净晒干，磨前放到做饭的锅里焙半晌，麦子就脆了，就能多出面;淘玉米春夏用凉水，秋冬用热水，淘下的玉米皮皮利，既能磨净，又出面多;淘麦的时候，把漂在上面的秕颗也弄净混到好颗里去磨;磨面时要多磨十几道，能多出面……同时，她有空就去挖野菜，和主食搭配着吃，白面与杂粮混着吃，以细水长流，不致断炊。陕西农民报编者的《节约粮食风气好》[②]辑录了一些读者寄去的节粮经验，比如:陆和邦介绍的富平刘集乡一带有些妇女和小孩在棉花地里捡拾落在地上的棉花花，拿回家拌些粮食蒸饭吃，又香又甜又省粮;侯俊财介绍的白河县康新农业社 1957 年因受灾减产，平均每人一年只能分到 196 斤粮食，当地社员们就想办法把青柿子贮存起来准备度年馑。罗根龙的文章《节约用粮的好媳妇》[③]介绍武功县桑镇公社上营大队罗家堡生产队共青团员、年轻媳妇党凤珍即使丰收年，也从不浪费一粒粮食，从不大吃大喝，从不蒸白馍，粮食分下后，她精打细算，每顿都是主副搭配、粗细搭配，保证一家人能吃得饱。

　　非正常年份，尤其如 1959—1961 年的三年饥荒时期，严重缺粮、缺菜，使一日三餐除了在劳忙中对时间的统筹之外，还需要妇女们用心思去做"无米之炊":如何找到可吃、可烹的材料，如何使有限的食物能尽可能长久地维系一家人的生活。因此，做饭除了正常的晾晒粮食、推磨、烹煮之外，还增添了一项新的内容——尽一切可能寻找可吃的东西。

　　以侯永禄日记中侯永禄的妻子赵菊兰为例。夏天一有空，赵菊兰就到地里去拾麦穗:

　　　　一遇天阴下雨，场里地里活不紧了，菊兰便跟上一些妇女出了

---

①《陕西农民》1957 年 6 月 27 日 6 版。
②《陕西农民》1957 年 10 月 17 日 6 版。
③《陕西农民》1965 年 10 月 12 日 2 版。

村，去空茬地里拾麦，有时一直拾到外村队的地里，像东边的习家庄，北边的大埝村，西边的乾字村，她都去过。有时刮大风回不来，有时下小雨，衣服湿透了，风一吹，冷得人直发抖，她却仍坚持着拾麦穗。如果不拾麦穗，全家老小光靠食堂舀的那点饭，是不够吃的。①

秋收后，菊兰又去拾豆子、挖野菜，为一家人充饥：

　　虽然她身怀有孕，仍时时刻刻想着全家人今后的吃饭问题。阴雨天，队里没安排活时，菊兰便提上笼，去收割完的豆子地拾豆角。只要是地上有的，不论是黑的、绿的她都拾回来，剥成豆粒煮着让孩子们充饥。后来菊兰又到埝头坟边挖野菜，蒸成菜疙瘩来吃。由于风雨不避，衣服湿透也不顾，久而久之，湿气入了内，身上便起了"风屎"（湿疹），又痛又痒，十分难受，用手搔破皮肤也不顶事。②

菊兰甚至跟别的妇女一起到生产队的苜蓿地里去偷喂牲口的苜蓿，到麦田里偷掐小麦叶子，回来用麸子一拌做成菜疙瘩当一家人的主食。

1961年夏天，连树皮都被人扒着吃光了，棉花壳也成了盘中餐。面对五个嗷嗷待哺的孩子，赵菊兰让两个男孩子去街上拾瓜皮。瓜皮拾回来，带瓤的地方让孩子们现吃，剩下的部分切成条状，在太阳下晒干后收藏起来，以备冬天缺粮时食用。

可以说，在粮食缺乏的年成，妇女们挖空心思为全家人找吃的，一日三餐，考验的不仅是主妇的勤劳，还有智慧。备餐的过程，既是大胆的尝试，也是危机四伏的冒险：把霉烂的东西、从没吃过的东西变成食物，这种尝试和冒险是无奈的，有时会付出惨重的代价。比如，1960年5月31日至6月10日，洋县谢村公社有五个管区先后发生食用枇杷

---

① 侯永禄：《农民日记——一个农民的生存实录》，中国青年出版社2006年版，第79—80页。

② 同上书，第81页。

籽致18人中毒的现象,其中中毒较重者11人,经过抢救,4人脱险,7人死亡;[1] 商洛专区从1960年12月2日至21日,连续发生六起代食品中毒的事故,共294人中毒,其中26人中毒较深。[2] 令人感叹的是,即使在这些中毒事件中,我们仍能感受到妇女们在家庭中的谦让:她们把想办法弄出来的有限食物让给家人,自己舍不得吃,不料因有毒而害了家人。

为"炊"备"米",需要无限的智慧和见缝插针式的勤劳。为"炊"备"柴"同样不是一件易事。集体化后,田、园、林、地都属于集体的,柴火几乎完全由集体分配。在关中平原和陕北的大部分地区,柴火主要是秸秆;在陕南,除了秸秆之外,农民也可以上山打柴,可惜集体劳动安排得相当紧张,可以上山打柴的时间不是很多。

秸秆被集体留下一部分作为牲畜饲料之后,分到农户的十分有限,且多耐火性差,如稻草、麦秸、玉米秆、糜子秆等。在植棉区,棉花秆是一种很好的柴火,只是各家各户分到的不多。柴火紧缺,尤其是耐火性好的柴火不足,增加了做饭的难度,不仅延长了做饭的时间,而且给妇女心理造成一定的负担。

1958年秋,伴随着公社化运动,陕西农村普遍办起了公共食堂。在公共食堂吃大锅饭,似乎把妇女从做饭的劳碌中解放了出来:每天干活回来再也不用去磨面、生火做饭,事实上,食堂里的饭分量少,很难吃饱,许多家庭不得不把从食堂打到的饭端回家加水、加菜、加代食品再加工后,一家人重新分配。很多时候,这样再加工的饭依然使一家人饥肠辘辘,妇女们只有再想办法做填饱肚子的东西。1961年春,陕西农村的公共食堂因缺粮普遍解散,做饭再次成为妇女们的显性责任。

(三) 做针线

穿衣是人类文明的重要表现。在传统社会,"衣"的做成几乎完全靠妇女。棉花收获后,纺线、经布、织布、缝补,每个环节都是妇女手

---

① 洋县人民委员会《关于我县谢村公社食枇杷子发生中毒问题的报告 [(60) 会卫字第105号]》,陕西省汉中市档案馆档案,全宗号—案卷号—存期:081—040—永久。

② 陕西省委代食品领导小组办公室1960年12月23日《紧急情况汇报》,陕西省档案馆档案,全宗号—目录号—案卷号—存期:(123—30)—1—16—永久。

工完成。妇女的纺织水平，在陕西民间很多地方，非常受重视，它是人们品评女性能力的重要指标，因为妇女的纺织不仅要供给一家人的穿衣、铺盖，而且出卖多余的纺织品也是贴补家用的重要方式，即所谓"以织助耕"。比如，在关中许多地方，男女订婚时，女方的纺织技术是男方考量女方的核心内容之一。纺织后的缝补水平，更是显示出一个女性是"拙笨"还是"灵巧"。纺织和缝补，民间统称为"针线活"。

　　1949—1965 年间，妇女虽然被号召走出家门，但做针线依然是妇女的人生责任与内容。一针一线中，所浸透的精力和心血是难以计算的。尤其是 1956 年高级农业合作化后一直到人民公社期间，妇女的针线几乎全是在参加生产劳动的间隙完成的：晚上、雨天不能下地时，生产歇息时，甚至在开会时，她们的手里从没放下针线。可以说，一切腾出双手来的机会，她们都做针线。一份 1959 年 10 月对蒲城县城关公社八付生产队妇女情况的调查正说明了这种情况：妇女普遍对针线活有"三带"：下地带活、开会带活、学习带活，或晚上熬夜；她们迫切要求每个月放两三天假，或两个主要劳动季节前放假，即麦收后的七月给放假让拆洗棉衣、打背子、收拾鞋、缝被子，三月小麦返青锄草前放假让缝些单衣、做些鞋等。[①]

　　做针线既需勤快，又需耐心和时间，因此，对于忙于挣工分养家糊口的妇女来说，如果不见缝插针、点灯熬油地做，就难以保证一家人蔽体，尤其是人口多的家庭，妇女的针线任务就更为繁重。这种情况从 1956 年高级农业合作化后就普遍出现了。如，南郑县妇联 1956 年对该县农村妇女的调查发现：高级农业合作化后，妇女因为参加农业生产，没有充足的时间做家务，针线跟不上，因而家里大大小小穿戴不上——在家打赤脚，出门穿个烂鞋袜，小娃则长年光脚板。[②] 1958 年"大跃进"开始后，这种情况更加严重。商洛专区妇联 1958 年 9 月的一份通报指出：镇安铁厂区黄龙乡新联社 1958 年夏季以来，80% 以上的女劳力都参加了背矿、背木炭，支援大炼钢铁，够不上劳力的也参加了

　　① 蒲城县妇联皎秀琴、万凤梅 1959 年 10 月《关于城关公社八付生产队妇女劳动保护的调查报告》，陕西省档案馆档案，全宗号—目录号—案卷号—存期：178—2—221—长期。

　　② 南郑县妇联 1956 年 10 月 7 日《南郑县农村妇女参加生产关于在高级合作化后的新情况新问题》，陕西省档案馆档案，全宗号—目录号—案卷号—存期：178—2—100—长期。

积肥，妇女们根本没有时间做针线活，孩子多的妇女只好让孩子光着脚板。① 针对这种情况，妇联呼吁各县、乡普遍成立机器缝纫小组，帮助妇女解决做针线的问题。

可是，大多数机器缝纫组只接单衣，不接棉衣，只缝新，不补旧，不做鞋袜，且收费高，技术差。因此，即使个别农业社或生产大队成立了缝纫组，妇女们的针线活依然没有明显的减少。以收入高、社员福利好的西安市灞桥区洪庆公社灞桥堡生产队为例。灞桥堡生产队是个蔬菜队，社员生活相对比较富裕，因此，社员新添衣服全送到缝纫组去做，大人、小孩穿的鞋有50%是买的，队里还有人专门负责缝被褥;可是，洗衣、拆洗被褥、补旧、做部分鞋仍占用了妇女仅有的一点休息时间，平时的洗衣，妇女多利用中午休息时间，补旧、做部分鞋多是晚上在电灯下做。②

一份1960年对商南县永清公社清油河生产队妇女做针线活的情况的调查很能反映当时妇女这种忙于做针线的辛劳:大部分妇女一个人要管四五个人的穿衣，虽然缝纫组可以替她们做单衣，但做棉衣、鞋袜和拆洗旧衣全是妇女自己做，因此妇女几乎每人每天下地除了带农具，还必须带上鞋底、麻绳等;集体劳动中途休息时，妇女们连头上的汗珠都来不及擦就做起针线来，队长叫上工时，妇女们总放不下手中的针线，做一针又一针;许多妇女晚上在家里还要做半夜针线，第二天下地无精打采地鼓不起劲。③

我们再以侯永禄日记中的赵菊兰为个案，微观地观察一下妇女的针线活负担。1952年以前，赵菊兰不常下地，孩子也只有一个，家里人口少，穿戴负担轻;1952年侯永禄组织起互助组后，赵菊兰除了一日三晌的和侯永禄一起下地外，"还和母亲做饭、引娃、喂牲口，晚上纺

---

① 陕西省妇联商洛专区办事处1958年9月30日的通报后所附李叔静、王桂方1958年9月20日《介绍一个群众热爱的缝纫组》，商洛市档案馆档案，全宗号—目录号—案卷号—存期:17—2—58—长期。

② 西安市灞桥区妇联1960年9月《关于在洪庆公社灞桥堡生产队对妇女劳力使用和劳逸结合的调查报告》(草稿)，陕西省档案馆档案，全宗号—目录号—案卷号—存期:178—2—317—长期。

③ 商南县妇联1960年4月9日《清油河家务劳动调查汇报》，陕西省档案馆档案，全宗号—目录号—案卷号—存期:178—2—322—长期。

线、缝衣、织布。她除了织全家人穿衣的布，还抽时间织布去卖"①。

1956 年以后，为了保证一家人的最基本穿着，赵菊兰见缝插针，只要坐下来就手不离针和线，甚至常常熬夜。且看侯永禄 1965 年的记述：

> 我家十来口人，穿衣穿鞋全靠手工一针针、一线线地缝，太费时间了。五六个孩子，一年比一年大，衣服一年比一年费。为了全家人的穿衣，菊兰确实把苦下大了，在家里没黑没明地做。1955 年除夕夜，为了给引玲缝成一件新遮遮，整整一夜没合眼，一针一针地一直缝到天快明。
>
> 解放入社以来，公社总爱开社员大会，几乎天天晚上都要开会。菊兰每天晚上开会时，总是手里不离针线活。她坐在干部不容易瞧见的地方，耳朵里听着干部们讲话，眼里瞅着从人缝中透过来的一线灯光，手里不停地纳着鞋底、鞋垫或凉袜底等。我的一双深暖鞋，硬是她在一次次开会的会场纳成的。白天，她参加队里的农活，只要是跟上牲口干按晌记工的活路，如打土块、锄杂草、溜化肥等，她总要带上针线活，趁大伙和牲口稍歇的工夫，赶快做上几针。我的一件白衫子，就是菊兰在地头休息时缝成的。②

妇女坐月子讲究休养，唯恐劳累了身体的哪一个部分，落下月子病，但赵菊兰有时就连坐月子期间，也没有停下手中的针线。比如，1949 年 1 月，赵菊兰生下第一个孩子后的月子里，仍然在按当地规矩给接生的老娘婆做鞋子，以表感谢："因为年关临近，姐姐又忙，看娃的那天，必须给接生的老娘婆一副枕头和一双鞋表示感谢。没有鞋怎么办？菊兰只好拖着虚弱的身子，赶看娃那天将新鞋缝好纳成，也不怕致下世孽！"③

直到 1965 年 12 月，侯永禄花 158 元（新币）买回一台"飞人牌"

---

① 侯永禄：《农民日记—— 一个农民的生存实录》，中国青年出版社 2006 年版，第 34 页。
② 同上书，第 141 页。
③ 同上书，第 23 页。

缝纫机，之后，赵菊兰靠手工一针一线为全家人缝缝补补十几年的状况才有所改变。

三　无奈中的劳碌

除了上述照顾子女、做饭、做针线之外，还要打扫屋里屋外的卫生、洗衣，要负责喂养家禽家畜等。

在传统社会，"主内"是妇女的天职，理好家务是贤妻良母的基本责任。新中国成立后，大力动员妇女参加生产劳动，并且把妇女走出家门参加生产劳动和"觉悟高"、"积极"、"得解放"等新的、代表进步的词汇紧密联系起来。然而，妇女的家务重担依然在身。

且看1953年，只在农忙时间下地劳动的南郑专区勉县赵家庄乡赵克都长年定型互助组六个妇女的家务重担。该组11户共有13个成年妇女（其中女全劳6个），大人小孩共计47口人，农忙季节6个女全劳力下田劳动，7个女半劳力带娃做家务，但是互助组给哪一家做活时，哪一家的女全劳力一般不能下地，一天要做四顿饭、烧两三次茶、看牛、喂猪、照顾场院；平时，每家妇女要缝补浆洗、起早睡晚地纺线织布，比如殷芙蓉等三户，16个人，5个是妇女（其中半劳力两个），三个全劳在农闲期要织布，供全家全年油盐零花外，还要供三个小孩上学用的笔墨纸砚等，同时，这三个妇女每年要做50多双鞋、缝补30多套衣服，各家喂两槽猪（一槽2—4头），每年出槽十三四头大肥猪。如果没有女人做好家务，家庭生活是非常艰难的。该乡贫农杨洪友的妻子去世了，他一个人既要做家务又要种庄稼，他说："我带上娃做这些庄稼硬苦得很。人家下了地，我还在屋里做饭又喂猪，庄稼没的别人务得好，吃、喝、穿、戴都困难得很。"也难怪当地人普遍说："女人是个宝，家家离不了"，"男人是个耙耙，女人是个匣匣"。①

尤其是1956年以后，出于挣工分以求生存的需要，甚至迫于基层干部的种种压力，妇女不得不一年到头挑起参加生产劳动的重担。然

---

① 陕西省妇联南郑专区分会1953年12月1日《南郑专区沔县赵家庄乡妇女参加农业生产中的几个问题》，陕西省档案馆档案，全宗号—目录号—案卷号—存期：178—2—35—长期。

而，社会与家庭并未能帮她们卸掉或减轻家务的责任，背着孩子干活、带着针线或打猪草的竹笼下地、放下农具就做饭、来不及吃完饭就扛着农具下地、给孩子喂完奶来不及系好扣子就往地里跑、熬夜做家务……是大多数青壮年农村妇女的生活写照，这样的生活劳碌而且无奈。1957年对山阳县小河口乡妇女和1961年底对商县金陵寺公社焦湾生产大队妇女家务负担的调查结果可以说明这一点。山阳县小河口乡主要是山大人稀的地区，大部分地很远，妇女每天要早起做饭，饭后和男子一样上坡，回来要做饭，饭做熟后自己先要给孩子喂奶，待自己还没吃饭，又到了上工的时间，晚上回来自己还要赶着磨面、做针线，有时还要开会，一天没有一点时间休息；妇女华菊梅家中三口大人一个娃，她总是半夜才睡，鸡叫就起，针线活做不及，只有过年时穿一双布鞋，其余时间只能穿草鞋。①商洛专区商县金陵寺公社焦湾生产大队妇女的家务负担有做饭、磨面、粮食翻晒保管、储存各种蔬菜和副食品、带孩子、做针线、饲养家畜家禽、编织等，同时还要耕种自留地、无闲地；特别是单手妇女，在做饭、磨面、带孩子、做针线等方面显得更忙，比如，五个小孩的母亲杨茶菊是单手人，除过每天做饭外，她还负责全家人的米面加工、穿鞋、缝缝补补等，因为人多，吃了早上的还要准备下午的米面、柴、菜等，很是繁忙。②

有的地方虽然成立了农忙托儿所或农忙抱娃组，甚至缝纫组，在一定程度上减轻了妇女的家务量，妇女仍然感到要在外出参加生产劳动之余承担的家务相当繁重。如，1956年下半年，镇坪县文彩社试办托儿所以动员妇女下地时，就有妇女说："有了托儿所把娃送去那，那家里的猪也送到托儿所，妇女都上坡去生产家里叫谁做饭呢？"③这位妇女的话道出了许多妇女的心声：家务不光是照管孩子，还有喂养家禽家畜、做一日三餐等，它们琐碎、繁多，仅靠生产劳动的间隙是难以解

---

① 山阳县妇联1957年10月24日《关于山阳县小河口乡妇女工作调查情况报告》，陕西省档案馆档案，全宗号—目录号—案卷号—存期：178—2—127—长期。

② 陕西省妇联商洛专区办事处调查报告1961年12月29日［总号（61）第11号］《关于解决妇女参加集体生产和家务劳动矛盾的情况调查》，商洛市档案馆档案，全宗号—目录号—案卷号—存期：17—1—43—永久。

③ 镇坪县妇联1956年8月10日《镇坪县妇联试办托儿所总结报告》，陕西省档案馆档案，全宗号—目录号—案卷号—存期：178—2—112—长期。

决的。

　　白天下地、抽空管孩子,晚上推磨、洗衣服、切猪草、做针线,经常一熬就是大半夜。正如 1960 年 7 月 10 日,夫妻吵架中,侯永禄出手打了赵菊兰一耳光,邻居对侯永禄的批评所反映的是:"你看,我二嫂身怀有孕,和正常人一样地参加劳动,天天晌晌不脱空,吊上四个娃,连一顿好饭都吃不成,哪个娃的穿呀戴呀,不要她缝呀洗呀? 身体都瘦成啥样子了? 你还看不见,还要打人,太没良心了!"侯永禄自己也清楚:"(菊兰)做了地里,做屋里的,忙个不停,还不等饭吃毕,下地的铃又响了,她只好把馍掰开夹点儿菜,赶紧先去看队长安排干啥活,不能等队长走了还不知干啥活,白白耽误一晌的工分。"①

　　1961 年 8 月西安市妇联农工部在雁塔区山门口公社杜城大队对妇女情况的调查也印证了这一点。该大队有 310 户,1540 人,男劳 328 人,女劳 352 人。从 8 月 1 日起实行社员可以自由选择是否吃公共食堂的制度后,295 户社员退出了食堂,在家起伙。这 295 户的女社员大部分都抽工余时间做饭,还要负担全家人的缝补浆洗。早饭,人口多、无老人的人家,女社员早晨四五点起床做饭,饭后下地;中午,女社员普遍没时间休息,只有少数人口少、家有放假回家学生帮忙做饭的,中午回来可以休息片刻;晚上下工后,女社员回家做饭,晚饭后收拾完就十点了。从早上五点半到晚上十点,妇女一天下地和家务一共劳动十六个小时,普遍反映太累。②

　　最让妇女们心寒的是,她们既下地又做家务的劳忙得不到丈夫和家人的理解与关心,在一些男性心目中,家务依然是妇女的第一职责,妇女虽然挣了工分,但如果不能及时做家务,他们就会发脾气,要态度。1954 年 11 月,渭南专区妇联召开农业社女主任座谈会时,临潼一个女主任反映,一个名叫胡凤莲的妇女下地拾棉花刚到家,就被男人拉住打了一顿,嫌她耽误了家务。后来经过讲道理,胡凤莲的男人才渐渐理解

　　①　侯永禄:《农民日记——一个农民的生存实录》,中国青年出版社 2006 年版,第 110 页。

　　②　西安市妇联农工部 1961 年 8 月 23 日《雁塔区山门口公社杜城大队妇女工作委员会根据食堂散后出现的新问题及时解决》,陕西省档案馆档案,全宗号—目录号—案卷号—存期:178—2—371—长期。

了妻子的困难,不再打妻子了。[①]

　　直到 1965 年,因妇女没有及时做家务而引起家庭纠纷的情况仍很多见。比如,大荔县朝邑公社新关大队,许多单手妇女白天下地劳动,下工后,要做一日三顿饭、负责大人小孩衣服、鞋袜的缝补与换洗,打扫房子,喂猪,喂鸡,担水,磨面等;为了保证出勤,妇女总是晚上加班蒸馍、缝衣服,直到深夜才能睡觉,早晨还得早起;而她们的丈夫对家务丝毫不管,连吃饭都要妻子一碗一碗地端上手。有不少妇女动员丈夫帮忙做家务,总是得到丈夫这样的回答:"算了,不要给我上政治课了","你赚那点工,我发个挣(注:指稍微多用点力)就出来了"。有的甚至说:你不做家务,"要你做啥?闲槽上养瘦马呀?"有些男子帮助妻子做家务,就有人讽刺说这样的男子是"婆娘孝子"、"怕老婆货"。[②]

　　一些单手的干部妻子在家务方面负担最重。本来单手人没有老人帮补家务,就需要忙里忙外,再加上丈夫作为干部经常忙于集体的事,不仅很少有时间和精力顾及家务,而且他们自己的生活还需要妻子照顾。1956 年,华县启圣宫党员王淼生的妻子温齐草的这种苦恼就在媒体上引起讨论。一篇题名为《听一听一个农村党员妻子的呼声》的文章这样讲:华县启圣宫党员王淼生"帽帽"多,是生产队长、高级社监察副主任、陪审员……今儿乡上叫开会,明个县上叫学习,成天不着家,留下妻子温齐草带着五个孩子里里外外地非常艰难。[③]

　　1964 年,媒体大力宣传周至县集贤公社赵代大队党支部书记雷保海的妻子秦秀珍的贤惠与勤劳:雷保海为革命负过伤,走路穿衣都不方便,秦秀珍不仅帮他穿脱衣服、擦洗身体,把家里里里外外的活计担起来,挑水、磨面、喂猪、管几个孩子,生产上还从不落后,一年至少能干 150 多个劳动日;1963 年夏收中,秀珍刚怀上第三个娃,队长让她休息,她看着黄亮亮的麦子,硬是下地割麦,说:"咱是干部家属,就

　　① 陕西省妇联渭南专区分会 1954 年 11 月 21 日《十一月间召开农业社女副主任座谈会纪录本》,渭南市档案馆档案,全宗号—案卷号—存期:20—10—长期。
　　② 渭南专区妇联、大荔县妇联 1965 年 11 月 30 日《朝邑公社新关大队男社员破旧立新管家务,促进粮棉双丰收》,渭南市档案馆档案,全宗号—案卷号—存期:20—60—永久。
　　③ 芦笛:《听一听一个农村党员妻子的呼声》,《陕西农民》1956 年 9 月 11 日 1 版。

应该带头劳动,给干部撑腰,不能给干部下巴底下支砖。"① 可是,换个角度,我们不难从媒体的宣传中读出秦秀珍的艰难——和温齐草一样里里外外操持一个家的艰辛。

本来在人们眼里,做家务就是妇女的天职,妇女坐月子期间不用下地劳动,做家务就更显得义不容辞。但是,过早地负担较重的家务,对妇女的健康极其不利。如,榆林县城关镇公社三岔湾生产队第三小队妇女杨明芝生第二个孩子后第三天,就忙着喂猪、做饭、提泔水桶,引起子宫脱垂;第六小队妇女黄生芳出月后三天,就到自留地锄地、灌水、追肥、担水,引起子宫全脱。② 这样的例子在各地不胜枚举。

最让人无奈的是,有的妇女因为在长期口粮不足、营养不良的情况下不避寒暑、不管轻重地干活而得了子宫脱出,治疗中需要药物治疗与患者休息相结合,许多患者可以克服经济上的拮据去买药,却因孩子多、拖累重、家务繁而挤不出足够的休息时间,影响治疗效果,这让医生很伤脑筋。③

也有一些妇女,身在福中不知福,自己参加生产劳动挣工分,婆婆在家料理家务,解除了她们的后顾之忧,她们不仅不领情,还不给婆婆好脸色,认为婆婆不挣工分在家吃闲饭,严重的,甚至打骂婆婆。

针对这种现象,政府运用相关媒体宣传夫妻互助和婆媳互爱。1956年,大荔东方红第一农业社的李武斌和刘爱琴成为媒体宣传的互爱夫妻典型。李武斌是农业社副主任、乡治安主任、乡人民代表,刘爱琴是积极分子;李平时工作忙,刘总是把家务和三个孩子照顾得好好的;刘作为积极分子,有时外出开会三五天,李就把家里和孩子管好,平时也总抽时间帮刘干家务。④

好婆媳的典型也不少。1957年,临潼县行者乡罗家村妇女孔秀莲结婚十年来,尊敬婆婆,和婆婆的针线从来不分开做,给公婆缝补衣

① 车应轩:《秀珍是干部家属好榜样》,《陕西农民》1964年9月5日4版。
② 陕西省妇联榆林专区办事处党组1961年6月3日《榆林县城关镇公社三岔湾生产队妇女疾病调查报告》,陕西省档案馆档案,全宗号—目录号—案卷号—存期:178—2—372—长期。
③ 陕西省妇联汉中专区办事处1961年7月19日《农村妇女健康状况综合调查报告》,陕西省档案馆档案,全宗号—目录号—案卷号—存期:178—2—373—长期。
④ 李自清、杜太升:《一个幸福的家》,《陕西农民》1956年9月4日3版。

服；婆婆也在秀莲下地时帮她看孩子、烧炕等。① 1964 年，眉县城关公社西关大队裴烈娥当了妇女队长，她婆婆王玉兰一心支持儿媳妇专心工作，自己在家做饭、看孙子、喂猪，把家务料理得妥妥帖帖；为了让为干工作常常吃饭不着点的烈娥能吃上热饭，王玉兰学会了认钟表；烈娥第二个孩子还不到一岁、没断奶的时候，烈娥要到武功去十几天学习张桂芳务棉组的经验，王玉兰也支持烈娥，让她把孩子留下来，她想办法喂养好。②

① 毛世文：《婆媳如母女》，《陕西农民》1957 年 1 月 1 日 6 版。

② 西北政法学院新闻系实习组、查振宝：《玉兰是个好婆婆》，《陕西农民》1964 年 5 月 20 日 4 版。

第六章　物质生活:低标准

一　从改善到低标准（1949—1957）

民国时期，陕西各地军阀林立，苛捐杂税名目繁多，农民负担沉重。尤其是吸食鸦片者众多，许多农民为吸食鸦片，卖田卖地，卖儿卖女，生活破落。再加上社会混乱，匪患严重，稍有家产者，即遭土匪抢劫。

此外，传统农业抗风险能力弱，一遇旱涝灾害，产量即受很大影响。尤其是1929年陕西大旱（民间称之为民国十八年年馑），粮价飞涨，民生几乎到了凋敝的边缘，平时有囤粮的，尚可基本度日，没有囤粮的，只好东凑西借，到处乞讨。

与"缺吃"相伴随的，是"少穿"。绝大多数农民，常年穿的是补丁衣裤。山区群众，更是缺少衣物，夏天尚且容易敷衍，冬天则因为没有棉衣而整日蜷缩在火堆旁。

1949年新中国成立，给贫苦农民带来无限的憧憬，他们渴望从此过上一种全新的生活。

1950年冬天，陕西新区农村开始土改，到1952年6月基本完成。土改使原来无地或少地的农民得到了土地，对改善他们的物质生活起了很大的推动作用。同时，农村原有的相对富裕的农民财产被剥夺，物质生活水平下降，甚至有相当一部分被划为"地主"的农户，因为要给以往的佃户"退押"①、"退租"② 而在经济上陷入了困境。从总体上

---

① 退押：民国时期，在陕西农村有这样一种租佃关系，即租户每年给地主交纳确定的地租（民间称为"定租"），无论收成如何，地租不变。在这种租佃关系中，租户需要在租地时向地主交纳一定数量的押金，农作物收获后，如果租户不能如数缴纳约定的地租，地主就从押金中扣除；租户退租时，地主把剩余的押金退还租户。土改中，政府认为"押金"是地主剥削租户的一种方式，因而要求地主给租户退还押金，当时称为"退押"。

② 退租：指土改中要求地主退还租户租种土地期间给地主交纳的地租（一般为粮食）。

看，土改后，农村的贫富差距大大缩小，赤贫者减少，富有者绝迹，绝大多数农户靠着土改后的土地过着虽不富足，但还可以维持的生活。

为了刺激农民的生产积极性，政府不断宣传"勤劳生产，发家致富"的观念，但土改中家道富足者被斗、被剥夺的事实使农民不再相信"发家致富"会有好结果，于是，他们学会了"今朝有酒今朝醉"，不愿意把勤劳生产的果实用于扩大再生产，而是用于消费。收获后，消费品市场空前繁荣，有吃喝的、添置家用物品的，也有闲逛的。

应该说，土改后到1953年底，陕西农民的生活水平在总体上是上升的。

1953年11月，中华人民共和国政府通过了对粮食、棉花等主要农产品进行统购统销的政策。一方面，主要农产品由国家统一购买、统一销售，不再允许自由流通；另一方面，基层农产品统购任务远远高出农民的承受能力，农村的留粮标准一压再压。

为了完成统购任务，基层政府以"卖余粮"的名义不断对农民进行动员。然而，农民"惜粮"思想严重，不愿卖给国家，尤其是许多农户根本无余粮可卖。针对这种情况，陕西许多地方的基层干部以强迫命令逼迫农民卖粮。比如，蓝田县1953年底到1954年初的统购工作中，干部的强迫办法就有好几种。其一是体罚，即罚站、殴打可能有余粮的农民。三区十四乡四政村一个农民因不接受干部指定的卖粮数字，被干部把鞋脱了放在院子里挨冻。该村主任在群众会上说："没关系，死一个背上，死两个挑上，死的多了挖上个万人坑埋了。"其二是恐吓，喊出"坚决打倒把余粮不卖给国家的人"等口号，声称卖粮任务"拿得起也得拿，拿不起也得拿，谁申冤诉苦，谁就是资产阶级的代理人，就把他押起来。要知道，这是阶级斗争"，甚至在群众会上讲"不卖粮食的人，我们要叫你吐出粮食、屙出粮食，反革命是谁，你们就是谁。小心你的脑袋！"六区区委书记王××就对群众大讲："政府有的是脚镣、手铐，有的是看守所，谁要是把粮不卖给国家，谁就是违反党的政策，当然得受人民的法办。"六区一个乡天天晚上开会，一开就开到鸡叫，硬逼农民报余粮数，把农民逼得痛哭流涕。一区一个乡在群众会上让余粮户自报，如果哪一户自报的数字不能满足干部的事先预计，就罚站，不准动一动，并乱给扣"反动思想"等帽子，讲"逃不出人民法网"、

"任务完不成了，你们就要受法"等。七区甚至把一个交不出余粮的农民关起来，为了怕他自杀，每天派人看着。其三是硬性摊派。大部分地区按每亩地年产一石为标准，每人每月预留一斗（30斤左右，个别地区仅有24斤）粮，牲畜不计饲料，其余全部统购，根本不管实产是多少、留的粮够不够吃。一区二乡让一个土改后翻身的雇农（缺粮户）带头卖余粮，起初让卖两石，后来又涨成三石，该雇农家里一共也没有这么多粮，弄得全家终日啼哭。① 在一些县、乡，开会让群众认购卖粮任务时，会场有持枪民兵把守，统购工作组的干部也把枪放到手边，给会场造成一种肃杀的气氛，把有些群众吓得都屙到裤子里了。②

逼卖，给群众心理造成了极大的负担，有的惶恐不安，有的因绝望而自杀。如，华县二区曹家巷中农王志龙，1917年生，解放后曾任人民代表等，土改后有土地23亩6分2厘；统购中，村干部给王志龙家派的任务是二石，他卖了一石七斗后再没有余粮卖了，但干部经常找他谈话逼再卖粮，而且开群众会让他立正、低头、举起双手，逼得他又答应再卖三斗，但家里实在无粮可卖，致恐惧无望跳井而死。③

更严重的是到农户家里搜粮。1954年1月12日上午，蒲城七区温汤乡河城塬村以乡农会主席徐祥瑞（共产党员，乡府委员）、村长徐相明为领导，十多个村干部参加，拿着一个铁铫、三个手电，对11个村干部和2个积极分子的家进行逐户搜查，所有暗地方如草房、红薯窖、案底下等，由自己打开别人看，别人有怀疑的地方也由本人打开接受检查。按照每人每月主杂粮一斗半（每斗25斤），牲口饲料牛每月一斗半，骡子每月二斗的标准，留够五个月，其余粮食全部装完，并在口袋口上以乡农协主席徐祥瑞、村文书徐映提的章子贴了封皮，以防捣鬼。④ 富平县九区永和堡村购粮干部，把全村挨户搜查一遍，还给各家

<hr>

① 中共渭南地委1954年1月11日、19日分别给"蓝田县委并李硕、黄聚武、姬超诸同志"的信，渭南市档案馆档案，全宗号—案卷号—存期：1—70—长期。

② 中共临潼县委会1954年7月17日《郭仪同志反映临潼第八区（关山）统购工作中发生问题的调查材料》，渭南市档案馆档案，全宗号—案卷号—存期：1—32—长期。

③ 陕西省人民政府委员会华县分会1954年5月17日《关于二区曹家巷王志龙投井自杀案查处材料》，渭南市档案馆档案，全宗号—案卷号—存期：1—70—长期。

④ 中共渭南地委1954年1月26日《通报》所附《蒲城七区温汤乡河城塬村村干部集体搜粮情况》，渭南市档案馆档案，全宗号—目录号—案卷号—存期：1—1—452—永久。

算家务账。群众反映："这是清算余粮户哩。"① 临潼县七乡山陕村由村长李青山负责，每家抽一人，共集合了 30 多人，挨门挨户地搜粮，坑、窖、箱、柜都搜。该县第八区七个乡 101 个自然村中，有 73 个村子不同程度地存在着搜粮现象，有的村重点搜，有的村挨家挨户都搜，有的村互相搜（东头搜西头，西头搜东头）；在搜的过程中，有的捎上梯子，有的拿上竹竿，把家里能藏东西的地方都搜个遍。②

结果，农民留下的粮食十分有限，根本不足以糊口。许多地方给农民算卖粮数的时候从秋收算起，根本不管农户在秋收后是不是因为家里用钱而卖了一些，或是还了旧债，也不管农户家里人口的年龄和身体情况，每人拉平一个月只留一斗或一斗半，青壮年人口和男性多的家庭留粮尤显紧张。甚至许多地方把农民逼得卖了口粮，家里没有吃的，只得到处想办法，比如买统销粮、吃野菜和杂粮、找代食品等。有些群众不满地说：过渡时期其实是"饿肚时期"；有些说："提起总路线，想起黑豆馍；总路线黄闪闪，玉米棒子轮得欢"；有的说："毛泽东，捉老鼠，他给人民吃稻黍（注：指高粱）！吃稻黍屙不下，多亏白米来救驾。"③ 所谓"过渡时期"是指 1954 年开始向群众宣传的"从中华人民共和国成立到进入社会主义，这是一个过渡时期。党在这个过渡时期的总路线和总任务，是实现社会主义工业化和对农业、手工业、资本主义工商业的社会主义改造"。

1954 年夏季的统购工作中，临潼县尖角村王正法只卖了干部给他定的卖粮任务的一半，就没有吃的了，乡文书又不给开购买返销粮的条子，买不到粮；他只好跑到别处去买豆饼，和苜蓿混着吃，全家 13 口人，半个月后又断炊了，他就把家里种的一百斤红苕秧子挖着吃，快吃

① 中共渭南地委秘书处 1954 年 1 月 12 日给"富平县委"的信，渭南市档案馆档案，全宗号—案卷号—存期：1—40—长期。
② 中共临潼县委会 1954 年 7 月 17 日《郭仪同志反映临潼第八区（关山）统购工作中发生问题的调查材料》，渭南市档案馆档案，全宗号—案卷号—存期：1—32—长期。
③ 妇联商洛分会 1954 年 10 月 20 日《妇联商洛分会 1954 年夏季统购中发动妇女的几点体会》，商洛市档案馆档案，全宗号—目录号—案卷号—存期：17—2—20—长期；中共陕西省委办公厅 1955 年 2 月 24 日《省级机关干部春节返家关于农村情况反映之三》，榆林市档案馆档案，全宗号—案卷号—存期：（1—1）—138—长期。

完的时候，他说：　"再买不上粮，我就要杀着吃牲口了，先杀着吃牛"①；渭南楼子张乡南芝草说："六个娃娃今年二三月都不吃杂粮馍，光吃红苕，真的，把罪受扎了。"②

1954年冬到1955年春，陕西省各级政府宣传建立初级农业生产合作社。基层干部口气强硬，讲"不入社，政府不给贷款，社里不借给农具"，"谁不入社，以后不准经过社里的地方"，"有些人不爱吃软，爱吃硬"等，有些建社干部甚至向群众说："谁不入社，就给谁脸上唾！"③

面对如此强硬的宣传，农民的心理是复杂而矛盾的：加入初级社吧，不如自己的地自己种着自由；不加入吧，产下的粮食国家无限量地征收，自己所剩无几，倒不如把地交到社里，公购粮让社里想办法去。于是，有的说："世事到这，人家（指政府）叫入就入，不然说你落后可受不了"；有的说："不入不行，人家把你往一块拽呢！现在不入，将来要限制，多交粮，那时难受才来不及呢。糊里糊涂入了，管毬它哩"；有的说"反正非入不可，迟入不如早入"；也有的不满地说："入社好，土地谢土神，牲口送给毛主席。"④

眼看着国家对建社的宣传越来越多，陕西农村轻生产、重消费的情绪迅速弥漫。比如，在三原、泾阳一带，1954年冬，一些村子的地里没人做活，人们说："咱村不是今冬，就是明春要建社，出的'咻'闲劲做啥呀？"有的人对防治小麦冬旺的乡邻说："等入了社再说。"有的村子的巷道中、大路上牛粪、猪粪、柴草、落叶遍地都是，无人收拾，若在往年，早有人把粪、草、叶捡拾干净用以积肥了。消费中的新现象也随之出现：首先是"盖房热"，群众普遍认为到社会主义房还是自己的，趁树木还没入社赶紧盖房。尽管砖瓦由于供不应求而价格上涨40%—50%，盖房的人仍很多。其次是买奢侈品如自行车、纸烟、皮袄

---

① 中共临潼县委会1954年7月17日《郭仪同志反映临潼第八区（关山）统购工作中发生问题的调查材料》，渭南市档案馆档案，全宗号—案卷号—存期：1—32—长期。

② 陕西省妇联渭南专区分会1954年8月16日《夏粮统购中妇女工作情况简报》，陕西省档案馆档案，全宗号—目录号—案卷号—存期：178—2—36—长期。

③ 中共陕西省委办公厅1955年2月24日《省级机关干部春节返家关于农村情况反映之三》，榆林市档案馆档案，全宗号—案卷号—存期：（1—1）—138—长期。

④ 同上。

等。三原四区四乡南相里村 30 多户人，仅有一辆烂土车子，自行车却有 20 多辆，附近的武家坡村一些农民结伙逛西安，买回 8 辆自行车和三大箱纸烟。渭南县交斜区兔家村 30 户人，1954 年底到 1955 年初，购买了 24 辆自行车。西安市三桥镇一个农民为了进城看戏也专门买了一辆自行车。泾阳三渠乡牌刘村汪冲银一次在三原买回阔被面两个、太平洋牌床单四条；家中共有四口人，一次买回羊肉 7 斤，大吃大喝。三原三区刘家沟刘兴世把一头牛卖了 100 多万元（旧币），买了一件皮袄，说："人了社有没有牲口都一样。"逛西安的现象尤其普遍。[①] 在农民心里：反正要入社，吃了、喝了、自己享用了就是落下了。

1955 年春节，虽然经过 1954 年夏天和冬天的统购，许多农户的粮食已经所剩无几，但他们还是尽可能地消费：往年春节中，农民对自养的猪，一般都是吃一部分、卖一部分，但 1955 年春节卖猪肉的人极少，大多都是自己吃；耀县五区七乡有的人连 20 多斤重的猪都杀了吃。[②]

统购统销政策实行后，除了粮食紧缺，棉布、煤油、食油等日用品也不仅紧俏，而且质量差。限量也罢，或多或少能买到一些对农民也算是心理安慰，可惜供应量太少，有些人每天早早地去排队守候，也很难买到煤油，只好买价钱昂贵的蜡烛照明。比如，临潼绳张村有个农民一个月多没有买到煤油，只好买蜡烛，四个晚上一包蜡就用完了。买一包蜡的钱可买二斤半煤油，可用一个多月。如此大的差异，让农民对买不到煤油充满愤懑。1955 年前后，泾阳六区西北垣一带的小孩传唱的歌谣很能反映买油难的情形："毛主席万岁，灌油站队，一下灌了二两，出门碰见乡长，还要谈我的思想，不如老蒋"；"×××买油站队，站了一晌，没买一两，见了社主任，嫌我乱嚷嚷，见了乡长，还要我搞通思想"；"×××买油要登记，油不够找乡长，乡长又叫找区长，区长只给四两"；"×××买煤油站队，低头一想，不如老蒋，碰见乡长，

---

　　① 《农村中砍伐树木、挥霍浪费及部分群众情绪不安现象》，载中共渭南地委秘书处《情况反映》第 14 期（1954 年 12 月 8 日），渭南市档案馆档案，全宗号—案卷号—存期：1—7—长期；中共陕西省委办公厅 1955 年 2 月 24 日《省级机关干部春节返家关于农村情况反映之三》，榆林市档案馆档案，全宗号—案卷号—存期：（1—1）—138—长期。
　　② 中共陕西省委办公厅 1955 年 2 月 12 日《春节省级机关干部返家关于农村情况反映之一》，渭南市档案馆档案，全宗号—案卷号—存期：1—60—长期。

看你的思想"。① 政府对煤油限量供应,农户一次买 2 两、4 两,就要被认为思想不够好,对国家过渡时期总路线支持不够!可见,限量之"限"多么严格。煤油的质量差也是农户的共同感受:油灯经常正燃着忽然就灭了。

就猪肉而言,政府对群众自杀自卖猪肉控制较严,而政府的供应十分有限,且价高。周至苏村堡 100 多户人,1955 年春节共供应猪肉 18 斤,平均每户不到 2 两。② 合阳县廉庄村供销社向农民收购毛猪牌价每斤 3000 元(旧币),给农户供应腌肉每斤 12000 元(旧币)、鲜肉每斤 7000 元(旧币);淳化铁王、官庄区社春节供应猪肉每斤牌价 7000 元(旧币),但收购群众的肉却每斤只给 3600 元(旧币)。难怪农民反映:"合作社还剥削人哩!"也有的说:"没炭自己拉,没油自己榨,要合作社日他妈!"③

生活困难,农户只好求助于农业生产合作社。尤其是粮食的缺乏造成了一种人人喊困难的气氛。朝邑伯士乡明星二社 1956 年春天一个上午 20 多户农民围着社主任要粮食,有的坐在办公室不走,有的一天来找四五次。④

然而,想得到政府的统销粮和其他物资很不容易,一些群众因此产生绝望情绪,自杀者各地都有。镇坪县农民梁光财家就是一例。据安康地委的通报,梁光财,男,1921 年生,贫农,镇坪县二区双坪乡梁村人,为人忠厚,劳动好,种有旱地三石五斗产量,1954 年因雨涝及野猪糟蹋只收了 12 花背苞谷(注:一花背约一斗左右),卖猪收入五斗苞

---

① 中共陕西省委办公厅 1955 年 2 月 12 日《春节省级机关干部返家关于农村情况反映之一》,渭南市档案馆档案,全宗号—案卷号—存期:1—60—长期;中共陕西省委办公厅 1955 年 2 月 24 日《省级机关干部春节返家关于农村情况反映之三》,榆林市档案馆档案,全宗(1—1)—138—长期。

② 中共陕西省委办公厅 1955 年 2 月 12 日《春节省级机关干部返家关于农村情况反映之一》,渭南市档案馆档案,全宗号—案卷号—存期:1—60—长期。

③ 中共陕西省委办公厅 1955 年 2 月 24 日《省级机关干部春节返家关于农村情况反映之三》,榆林市档案馆档案,全宗号—案卷号—存期:(1—1)—138—长期。

④ 中共渭南地委宣传部《检查朝邑伯士乡农业生产合作社关于勤俭办社方针贯彻执行情况的报告》,见中共渭南地委秘书处 1956 年 5 月 22 日《中共渭南地委批转地委宣传部"检查朝邑伯士乡农业生产合作社关于勤俭办社方针贯彻执行情况的报告"》之附件,渭南市档案馆档案,全宗号—案卷号—存期:1—819—永久。

谷，除了还所借邻居四斗五升苞谷外，实际留苞谷一石三斗左右。梁一家三口人（母、继父和他）吃用到农历 1955 年二月初即已断粮，每日以挖赖瓜度日；后银行贷给生活款五元（新币）、农具款三元（新币），梁家用这八元新币先后两次买回苞谷 130 斤，其继父又从老家背来苞谷八升（用其中七升苞谷换了籽种）、米二升。到农历闰三月中旬即又断粮，仍靠吃赖瓜度日。农历四月初一，县人民委员会组成的贷款检查组结合农贷员韩朝荣在该乡做贷款工作，初四日晚在梁村开会经群众评定给梁贷生活款五元（新币），并让五日到乡上领取。次日梁去领款，检查组因为领款人多，并且发现个别人不应贷，于是一律停止贷款发放，并借口乡上开了互助组长会议后再发。初六日会未开，检查组同志即匆匆回县了事。梁光财因未领到款，加之生活又十分困难，感到走投无路，于是回家对他妈说："这一下咱们不得活。那背时的乡上贷款同志，不是来贷款的，是来眼热我们的。现在只有死路一条，要死咱们死在一路。"四月初七，梁光财的母亲让他去挖赖瓜聊以度日，他说他懒得挖，他母亲说：你不挖咋办？他只好去挖，中午只挖了两个，下午继续去挖。第二天早上家人发现他吊死在自己屋里。此外，梁的母亲（60 岁）在梁死前十天左右，曾因生活困难上过吊，被发现后救了下来。①

　　像梁光财和他母亲一样，因生活困难而绝望求死的人不仅在镇坪比较常见，而且在陕西其他地方一点也不罕见。如，中共渭南地委 1955 年 5 月 25 日通报，渭南县、富平县、韩城县、潼关县等，1955 年春发生多起因生活困难得不到解决而自杀的事件。渭南县三区员区乡王明海，男，1928 年生，贫农，全家 3 口人（父 70 多岁，母 60 多岁），因生活困难，1955 年 3 月 15 日向信用社贷款 15 元（新币），也曾向邻居数户借钱均未得，直至 4 月 26 日仍未能得到救助，家中钱粮俱无，回家后正值饭时，其父未在，其母外出借面，王感到借贷无门，生活无路，上吊寻死，幸其父回家发现救起；富平县五区石阳乡林家农业社社员辛武胜，男，贫农，全家 8 口人，入社后经常顾虑不能随便外出做

---

① 《镇坪县委关于农民梁光财自杀问题及对有关人员初步处理意见的报告》，见中共陕西省委（55）0185 号通报《中共陕西省委关于安康地委〈关于农民梁光财自杀事件通报〉摘要》（1955 年 9 月 7 日）之附件，渭南市档案馆档案，全宗号—案卷号—存期：1—404—长期。

活,收入减少,加之 1955 年春季天旱,打下的粮食不够还以往所借的 160 元(新币)外债,辛先后向乡长和巩固社干部两次提出退社,想自己想办法改善生活,但乡长和巩固社干部虽口头上答应,实际上迟迟未决,辛愁眉不展,想不出解决之道,于 1955 年 4 月 11 日跳井自杀,后经急救未死。[①]

1956 年,各地纷纷建立高级农业生产合作社,到年底,陕西农村基本实现了高级农业生产合作化,但生活困难依然普遍存在。比如,在城固县,群众普遍反映手头没有零钱花,吃穿用都很紧张;滥坝乡的贫困户就占总农户数的 27%,许多家庭连吃盐、买火柴的钱都没有;社员陈秀珍将保存了 15 年的百家锁拿出来卖钱换油盐吃;有的社员讽刺说:"没油盐吃是幸福的生活",有的说"手头缺钱是社会主义",有的说"入社后是'净胸买草鞋','吃火米蒸饭'"(注:指一顿接不上一顿)。[②]

城固中坪乡回子坝社和石佛山社的情况很能反映 1956 年前后陕南山区农民的生活状况。1956 年高级农业合作化后,这两个社共有社员 72 户,粮食产量降低到 1955 年的 55%,即 72378 斤,以两社 288 口人计算,每人只有 185 斤原粮。用"糠菜半年粮"形容这里农民的生活一点儿也不过分:秋收刚过的 10 月,就没有人吃面条和干饭,大多数吃的是苞谷稀饭加一半野菜;回子坝社涂高寿家每顿饭都是把不去皮的苞谷米和萝卜、山间野菜煮到一起,王云祥家 8 口人平时只靠寻野菜度日,只要能吃到肚子里的东西全都找来吃;绝大多数社员晚上点不起灯,几个月吃不到盐。这里的农民衣服破烂,缺少铺盖:两个社 288 人中,只有 205 人有棉袄(包括破烂的在内),绝大部分人没有棉裤,冬天也穿的是单裤,大都是补丁摞补丁,有的破到不能再补,只好用绳子系在身上;还有的因为没有裤子穿,没法参加劳动和开会;这两个社 288 口人中,铺的和盖的被子共 120 床,一半以上破烂不堪;回子坝社罗纪生老汉一年四季铺盖的都是稻草,石佛山社邓有才母亲、儿子和儿

---

① 1955 年 5 月 25 日中共渭南地委通报(55)0079 号《关于连续发生农民自杀事件的通报》,渭南市档案馆档案,全宗号—案卷号—存期:1—404—长期。

② 中共城固县委员会 1956 年《关于重点调查访问农村情况的报告》,城固县档案馆档案,全宗号—目录号—案卷号—存期:1—1—85—永久。

媳三人只有一床烂被子。这两个社农民房屋大多破烂：72 户中仅有 8 户住的是瓦房，44 户住的是草房，20 户住的是茅庵；这些茅庵和草房大都狭小，也没有门窗，有的已经破烂到不能遮风挡雨；回子坝社肖绪林家的草房，半边靠山石作墙，雨天水便顺山石淌入房子；石佛山白元仁家，每逢下雨，家里就得挖沟排水，陈献曲家人多房少，一部分人只能在猪棚上面架几页板子睡觉。[①]

《陕西农民》1957 年初的一篇关于合理解决了农民吃油问题的报道从侧面反映了群众吃用的拮据。该报道讲，1956 年，陕西各地严格按照政府的标准给农民留够了食用油：产油区每人一年 3 斤，非产油区每人一年 2.5 斤左右。[②] 就拿产油区的吃油标准来说，每人一年 3 斤，每月仅 0.25 斤。这还是给农民留够的时候，是工作做得好的时候。我们完全有理由想到：基层干部在留油方面稍微不严格执行政策，农民的食用油就微乎其微了。

中共汉中地委 1956 年 9 月的一份指示反映了汉中地区群众因生活困难而非正常死亡的严重情形：据不完全统计，1956 年 1—7 月，汉中地区非正常死亡 777 人，其中因生活困难长期得不到解决的占很大比例。[③] 如，城固南坎营乡农民王培荣夫妻，60 多岁，曾于 1956 年 2 月上旬获救济款 7 元（新币），款买粮吃完后向信用社贷款未果，想买返销粮也没买到，夫妻二人生活无着，无奈之下同时上吊自杀。[④]

1957 年，陕西省规定的农村"三定"（即根据土地条件确定产量、并根据该产量确定征购数和返销粮的数目）留粮标准是人均每年约 400 斤毛粮（注：也称原粮，指没有经过精细加工的粮食，如玉米、小麦、谷子等，一般要经过去皮、去壳、去粗后才能食用）。如果严格按这个数字，大约可以保证每人每天吃一斤毛粮。当然，如果有红白喜事，一家人的吃粮就会非常紧张。

---

① 中共城固县委 1956 年 10 月 30 日《中共城固县委关于访问中坪乡的报告》，城固县档案馆档案，全宗号—目录号—案卷号—存期：1—1—85—永久。

② 曹晓山：《谈春节吃油问题》，《陕西农民》1957 年 1 月 17 日。

③ 中共汉中地委 1956 年 9 月 11 日《中共汉中地委关于制止非正常死亡的指示》，城固县档案馆档案，全宗号—目录号—案卷号—存期：1—1—89—永久。

④ 中共汉中地委 1956 年 5 月《中共汉中地委关于〈中共城固县委关于非正常死亡问题的报告〉的通报》，城固县档案馆档案，全宗号—目录号—案卷号—存期：1—1—89—永久。

即使如此，由于在经营管理方面缺乏活力，农业生产技术和操作方式没有改善，高级农业合作社没有给农民创收提供更多、更活的门路，粮食增产亦十分有限，所以大多数地区在完成统购任务之后，根本不能保证规定的留粮数。如，延安县延河社给群众的留粮是年人均 375 斤，群众普遍觉得低，有的说一些不满的话："375 斤粮不说吃稠的连稀的也不够吃，还叫上山生产哩，饿得连饭也做不了了。真是吃的猪狗食，受的牛马苦。"① 乾县的留粮标准是年人均 270 斤，群众说气话："农民生活这么苦，让毛主席下来看一看，毛主席把人整扎啦！"有的妇女说："人黑里明里挣死着劳动，挣的多了，却不得见，三打五扣都给扣完了，给人留 270 斤，咋能够吃？莫了，以后干脆少做些。"② 岐山高店乡的留粮标准仅年人均 220 斤，妇女对参加社内生产没有热情，更愿意想办法为家庭找粮食。一次在割麦时，八个劳力在地里割麦，而进地拾麦的妇女就有 37 名。有的妇女发牢骚："这样热还做啥哩，做也二百二，不做也二百二，我看政府将咱饿死呀！"③ 清涧县石嘴区一位妇女忧戚地说："合作化好倒好，就是打不下粮食要饿死人，惹得农民东山的太阳背到西山，打下一点粮食公家全买去了。"④

山区留粮标准更低。安康地区旬阳红星社、中心社，紫阳中心社，宁陕正光坪社，汉阴新河社都是当地条件较好的社，但 1957 年夏天的留粮标准有的人均不足 60 斤；有的农民讽刺说："生活改善，南瓜当饭，油盐不见。"⑤

---

① 延安专区妇联 1957 年 12 月 3 日《延安县延河社社会主义大辩论中妇女工作总结》，陕西省档案馆档案，全宗号—目录号—案卷号—存期：178—2—134—长期。

② 乾县民主妇女联合会 1957 年 7 月 11 日《乾县夏收妇女工作情况报告》，陕西省档案馆档案，全宗号—目录号—案卷号—存期：178—2—137—长期；乾县妇联 1958 年 2 月 7 日《整风中妇女工作汇报》，陕西省档案馆档案，全宗号—目录号—案卷号—存期：178—2—183—长期。

③ 岐山县妇联 1957 年 7 月 10 日《岐山县妇联夏收工作报告》，陕西省档案馆档案，全宗号—目录号—案卷号—存期：178—2—137—长期。

④ 清涧县妇联 1958 年 4 月 30 日《整风妇女工作总结》，陕西省档案馆档案，全宗号—目录号—案卷号—存期：178—2—183—长期。

⑤ 陕西省妇联工作组、安康专区妇联办事处 1957 年 12 月《安康专区旬阳、紫阳、宁陕、汉阴等县关于妇女工作情况调查》，陕西省档案馆档案，全宗号—目录号—案卷号—存期：178—1—177—永久；安康专区妇联 1957 年 7 月《必须加强对农村妇女思想政治教育工作》，安康市档案馆档案，全宗号—目录号—案卷号—存期：1—1—394—永久。

　　粮食的缺乏，使群众对留粮多少十分敏感。1957年底到1958年初，陕西农村普遍开展整风整社运动，妇女们一看有干部驻队，立马想到政府是不是又要压低农民的留粮标准。如乾县姜村乡团结农业社妇女们窃窃私语，有的说："县上下来了五个干部，不知干啥来了？"有的说："害怕得很！不得了！这可不知粮食留一百七呀还是一百六呀！"有的说："听说叫妇女社干开会呢，叫男社干带头把麦卖完了，又叫妇女社干卖麦呀！"① 整风整社运动开始后，妇女鸣放意见最集中的问题就是留粮多少问题。

　　入了高级社，生活却得不到改善，甚至收入还下降了，农民自然看不到高级社的优越性，闹退社的情绪很普遍。汉阴县蒲溪乡精团社农民徐文有对社主任发牢骚："天堂有路你不走，地狱无门你偏偏走进来！"他指着自己裤子上的烂洞说："这就是合作化对我们的优越性！"龙门乡虎兴社杨文斌说："入社有99个坏、1个好，好是懒汉二流子好。要叫我入社有两个条件：第一，三包到户，我收好多，要好多；第二，干部的工分、灯油、纸等一律由政府负担。"②

　　留粮标准低，政府就宣传节粮。1957年，各地妇联纷纷评选"勤俭持家"模范，评选的女"劳动模范"也要求具有勤俭持家的特点，"勤俭持家、人人有责"、"家家生活有计划，户户争取有节余"、"向勤俭持家能手学习"等，是随处可见的标语口号。报刊上经常介绍一些省粮经验。如《陕西农民》1957年10月17日6版刊登的咸阳苏家乡光明二社邵清莲的文章《我是怎样当家的》讲：她是一个八口之家的内当家，也是五个孩子的母亲，日常过日子，她细雨常下：夏、秋活多活忙，吃干些好些，冬春活少人闲，吃稀些糙些；丈夫做重活，给吃干些；妇女和孩子不干重活，吃稀些；平常把面擀薄切细，能多出饭。再如《陕西农民》1957年10月的一篇文章介绍的节粮经验：高陵通远乡红太阳农业社的张淑琴会省粮，黑面白面一齐吃；富平刘集乡一带妇女和小孩在棉花地里捡落在地上的棉花花，拿回家拌些粮食做蒸饭吃；白

　　① 乾县民主妇女联合会1957年12月30日《姜村乡团结农业社试办社会主义大辩论妇女工作总结报告》，陕西省档案馆档案，全宗号—目录号—案卷号—存期：178—2—134—长期。
　　② 中共汉阴县委1957年4月15日《关于蒲溪区退社情况调查及处理意见报告》，安康市档案馆档案，全宗号—目录号—案卷号—存期：1—1—380—永久。

河康新农业社 1957 年受灾减产，平均每人只能分到 196 斤粮食，社员们就想办法把当地产的青柿子贮存起来准备度年景，以向国家少买粮。[①]

虽然棉布的重要性远低于粮食，但 1957 年群众喊叫棉布不够用的呼声依然此起彼伏。报刊及时地刊登一些省布典型，一方面号召群众尽量省布，另一方面制止关于棉布不够用的喊叫。如《陕西农民》1957年 9 月 11 日 6 版署名为“易达”的文章《会省布的李表珍》称，南郑石杠桥郑爱国农业社的李表珍，是个数一数二的省布能手，每年布票一下来，她就和全家人商量怎样省布：一般，丈夫经常出去开会，大儿子在上学，他们两人的衣服要添置，下面几个孩子都用旧改新；包括她自己，除了一身走亲戚穿的新衣外，平常都是旧衣服；一件衣服孩子们经常是大的穿了二的穿，二的穿了三的穿；只要是能改做的和能缝补的衣服，她绝不扔掉。

政府和报刊的勤俭持家宣传并没有得到广大陕西农民的理解与支持。人们普遍认为政府留粮标准低，食油供应少，猪的饲料少又不好，省着都不够吃，谁还敢浪费；有的妇女认为勤俭持家就是叫人吃瞎穿烂；有的中农说：“合作化把人治死了，过去没有勤俭持家日子过得满谄，如今提倡勤俭持家，日子越过越难成”；有少数妇女甚至认为，勤俭持家应在城市多宣传，没必要在农村讲，因为城市妇女不劳动，光吃好的、穿好的，咧些人才需要节约，农村一年分两料粮食，用都没啥用，拿啥计划开支?[②]

“巧妇难为无米之炊。”作为家庭日常生活主要规划者的妇女，对合作化以后的生活非常不满。1957 年冬至 1958 年初的整风整社运动中，略阳县有妇女编了这样一首歌谣表达自己的不满情绪：“四月里来天气长，它给社员不给粮，一天四两面，饿得眼睛像花转，这个生产咋能干? 六月里，天气长，赶忙准备交公粮，今年粮食统购了，明年要把

---

① 陕西农民报编者《节约粮食风气好》，《陕西农民》1957 年 10 月 17 日 6 版。

② 陕西省民主妇女联合会 1958 年 1 月 3 日转发的咸阳县沣东乡五星一社整风工作组 1957 年 12 月 30 日写的“整风运动第一阶段结合开展勤俭持家宣传的情况”的通报［总号 (58) 001，通字 01 号］，陕西省档案馆档案，全宗号—目录号—案卷号—存期：178—1—193—永久；咸阳沣东乡五星一社整风工作组 1958 年 1 月 3 日《咸阳县沣东乡五星一社整风第一阶段——大鸣大放工作汇报》，陕西省档案馆档案，全宗号—目录号—案卷号—存期：178—1—194—永久。

社员饿断肠。八月里，八月八，家家户户把根挖（注：指挖植物的根来补充吃粮的不足），黄桶庵子一河坝，饿得社员死不下。九月里来天气长，家家户户没衣裳穿，今年布证特别少，还说社员穿不了。"该县何家岩灯塔社一位妇女则激愤地说："共产党好他妈的啥哩，好得连饭都不给吃。说毛主席好，我看没毬一点好处。"咸阳县沣东乡五星一社有妇女也说："合作社吃的瞎，使的扎，要起钱来要麻答。"蒲城县坡头乡路家社上中农路金山的女人说：政府留粮 220 斤是要把人往死的饿哩。城固县有的妇女鸣放说：这几年，共产党好比旧社会的恶婆婆，给人按吃按穿，大人做活没劲，小孩饿得遭孽，把人鞭遭得不如长年老妈。乾县长留乡钢铁社孙段村一妇女说："共产党把他妈日的，光拿嘴说呢，不给人吃。分那粮食数颗吃都不够。棉花从务到拾弄了半年给分了那一点。"[1]

    对合作化后生活的不满导致的农民闹退社事件此起彼伏。城固县是汉中地区比较富庶的一个县，据不完全统计，该县 1957 年 3—4 月份共发生农民闹事 25 起，5—6 月份发生闹事 46 起；有些地方闹得特别严重，如原公区仅 5 月下旬到 6 月上旬就发生 14 起闹事，其中要求多分一些口粮的 9 起、分社的 2 起、干部作风不良的 1 起、其他原因 2 起；妇女闹得最多、最凶，像城关镇合作二社河坎村 134 个妇女只有 13 个实在走不开的未去参加；一些妇女干部也参与其中，如城关合作一社生产队长朱桂芳也参加了，她说："共产党不如国民党，我们一天光吃稀的，上厕所裤带都解坏了。"[2] 平利县锦阳区柳林乡万能社是个平川社，耕作条件很好，但这里的群众 1957 年闹粮的很多，有的说："粮食统完

    ①   略阳县妇联 1958 年 2 月 4 日《略阳县妇联关于发动妇女参加第一期整风工作报告》，陕西省档案馆档案，全宗号—目录号—案卷号—存期：178—2—183—长期；咸阳沣东乡五星一社整风工作组 1958 年 1 月 3 日《咸阳县沣东乡五星一社整风第一阶段——大鸣大放工作汇报》，陕西省档案馆档案，全宗号—目录号—案卷号—存期：178—1—194—永久；蒲城县妇联 1958 年 2 月 5 日《蒲城县农村整风中妇女工作报告》，陕西省档案馆档案，全宗号—目录号—案卷号—存期：178—2—183—长期；城固县妇联 1958 年 2 月 6 日《城固县农村整风整社运动中的妇女工作报告》，陕西省档案馆档案，全宗号—目录号—案卷号—存期：178—2—183—长期；乾县妇联 1958 年 2 月 7 日《整风中妇女工作汇报》，陕西省档案馆档案，全宗号—目录号—案卷号—存期：178—2—183—长期。

    ②   城固县妇联 1957 年《当前农村妇女干部思想情况》，城固县档案馆档案，全宗号—目录号—案卷号—存期：34—34—29—永久。

了，还搞个毬的生产!"有的说："共产党好倒是好，就是肚子吃不饱。"还有的说："社会主义，饿得生气。"①

二　僧多粥少（1958—1965）

1958 年，人们期待粮食产量有大的跃进，生活水平有明显的改善。"人民公社是跨向共产主义的金桥"之类的标语给了农民这样的幻想和期待。1958 年秋冬，陕西农村陆续实现了人民公社化，随之建立的大大小小的公共食堂被认为是人民公社的"心脏"，家家户户都统一"吃食堂"。

在之前的宣传中，食堂里饭菜花样多，能让人吃得既饱又好。可是，农民们在食堂吃了不久，就发现食堂的饭菜在"质"和"量"两方面都不敢恭维，"饭稀"是最大、最持久的特点。商洛专区有农民编了这样一首快板描述公共食堂的饮食："端起碗光稀汤，饿得人心发慌，做活做不了，走路浪浪倒，有话说不出，你看社会好不好?"另一位农民也讽刺食堂饭的"稀薄"："进了食堂门，手中端个盆，盆中放个碗，碗中照见魂，不是我跑得快，吓得我头晕。"洛南县景村公社杨村管理区生产队张振有说：我长这么大，没吃过这样稀的饭，这就像把人绑住用箭射，慢慢往死折磨哩。② 为了增加分量，饭里经常掺杂各种只要能下肚的东西，有人称之为"不如猪食"。此外，食堂卫生差也是普遍现象。安康县有的农民说：食堂"饭跟猪食一样，盆盆子摆在地上，舀出来，添进去，尻子蹶到饭盆上，人从饭盆上夹尿骚。看不见为净，我硬怕去食堂端饭"③。

---

① 中共安康地委 1957 年 4 月 17 日《中共安康地委批转平利县委通报郝华山同志关于粮食工作问题的报告》，安康市档案馆档案，全宗号—目录号—案卷号—存期：1—1—380—永久。

② 中共商洛地委宣传部《商洛专区开展社会主义和共产主义教育运动的情况简报》（1958 年 12 月 28 日印发），商洛市档案馆档案，全宗号—目录号—案卷号—存期：6—1—52—永久；《目前广大干部及群众对公社和食堂的看法》，载中共商洛地委宣传部编《思想动态》总第 15 期（1959 年 4 月 8 日），商洛市档案馆档案，全宗号—目录号—案卷号—存期：6—2—40—长期。

③ 张运林 1961 年 5 月 16 日《关于食堂问题的汇报》，安康市档案馆档案，全宗号—目录号—案卷号—存期：1—2—78—长期。

　　食堂饭稀而少，一天只做两顿，但各级政府不断地要求农民在生产和劳动方面"跃进"。高强度的体力劳动、低质量的饭菜让农民心中充满怨气。商洛地区有农民说："一人一天一斤毛粮，吃两顿饭咋能有力气大跃进？"洛南县一个农民，干部叫他给公厕墙上写上"公共厕所"四个字，他故意写成"公共食堂"四字。①

　　"大跃进"表面上的轰轰烈烈，事实上的共产风、平调风等，一方面严重影响了农业生产，到1959年春夏季，各地的粮荒已经开始明显化，迫不得已，有的生产队和大牲口抢食，把牲口饲料也给农民分吃了，然而，粮荒继续蔓延，到冬季，锅里的粮食明显减少，野菜和代食品快速增多；另一方面几乎捆死了农民的手脚，使他们除了参加集体生产外，没有任何获得零用钱、提高家庭收入的机会和可能。正如镇安县云盖公社结子管区联合生产队中农刘义云所说："公社把人治死了，吃不上，穿不上，卖一捆柴称点盐都不行。"② 两方面的结合，使农民维持最基本的生活更加艰难。

　　再加上，有的基层干部浮夸严重，虚报粮食产量，上级根据虚报数确定粮食征购任务，致使农民辛苦一年的收获物在完成征购任务后所剩无几，生活无着。比如，安康县明珠公社1959年粮食实产为660万斤，公社书记刘××却谎报为740万斤，上级按740万斤总产确定了征购任务后，刘组织100多名干部通过"搜、逼、哄"，搞所谓的"献粮运动"，在群众家中翻箱倒柜，开坛揭罐，无论新粮旧粮，不管数量多少，一律搜走，弄得社员十室九空，怨声载道。③ 结果，农民的口粮标准只有一压再压。

　　以1959年4—5月的陕北为例。神木县瑶镇乡窑子圪村，1959年人

---

　　① 《当前一些干部群众对大跃进的认识》，载中共商洛地委宣传部编《思想动态》总第11期（1959年2月20日），商洛市档案馆档案，全宗号—目录号—案卷号—存期：6—2—40—长期；《目前广大干部及群众对公社和食堂的看法》，载中共商洛地委宣传部编《思想动态》总第15期（1959年4月8日），商洛市档案馆档案，全宗号—目录号—案卷号—存期：6—2—40—长期。

　　② 《关于当前农村形势问题的调查报告》，《思想动态》总第22期（1959年8月22日），商洛市档案馆档案，全宗号—目录号—案卷号—存期：6—2—45—长期。

　　③ 中共安康地委1961年1月17日《安康县明珠公社落后情况及原因的报告》，安康市档案馆档案，全宗号—目录号—案卷号—存期：1—1—733—长期。

均分口粮不到 125 斤，到春季，饿肿、饿死者有之，因吃粮而闹矛盾的家庭不少。① 4 月 13—15 日，神木古今滩生产队农民三五十人成群结队每天数次涌到生产大队部要饭吃，许多人生活无着，只好外流以期找一条活路。② 5 月，米脂县金明寺乡大面积缺粮，有些五口之家，一顿只有一小半碗黑豆面，里面全掺杂的是苦菜、苜蓿，有些地方连苦菜都已经被挖完了。③ 就连绥德县城关公社相对富裕的一个队——坑家沟队，到 5 月，群众家里也几无粮食；有些妇女实在无奈，就带着孩子睡在管理区的炕上不走，逼政府给孩子分粮。④ 榆林牛家梁公社海流滩区队 5 月 23 日从供销社买回 940 斤麻渣，让群众炒熟了拌糠吃，有的群众未经炒熟便迫不及待地下咽，以致发生中毒致死事件。⑤

陕南同样严重缺粮。紫阳县红椿公社深阳管理区从 1959 年春节过后，缺粮的生产队就逐渐增多，不少队的食堂断饭停伙，以青菜、野菜等度日，来早的还能吃到，来晚的就什么都吃不到了。如，复兴生产队 2 月 11 日到 3 月 24 日 40 多天内，每人每天平均 6 两粮；大坪生产队第三食堂 3 月份断断续续有 7 整天和 8 个半天断粮，全吃蔬菜和野菜；友谊生产队第三小队 3 月 6、7 日断粮，纯吃萝卜和漆子，3 月 8 日 80 个人吃了 28 斤粮，3 月 9—14 日每人每天吃 5 两多粮，3 月 15—24 日全吃野菜和代食品。⑥ 石泉县漩涡公社 1959 年 12 月共有 42703 人，其中

---

① 《神木瑶镇乡饿肿 9 人，死了 2 人》，载中共榆林地委整社办公室编《农村动态》第 3 期（1959 年 4 月 20 日），榆林市档案馆档案，全宗号—案卷号—存期：（1—4）—17—永久。

② 榆林专区神木检查工作组《关于神木古今滩生产队闹事问题的报告》，中共榆林地委整社办公室编《农村动态》第 6 期（1959 年 5 月 13 日），榆林市档案馆档案，全宗号—案卷号—存期：（1—4）—17—永久。

③ 《金明寺乡粮食工作没安排好，生产受到很大影响》，载中共榆林地委整社办公室编《农村动态》第 8 期（1959 年 5 月 19 日），榆林市档案馆，全宗 1—4（中共榆林地委整社办公室），案卷 17，永久。

④ 《绥德城关公社两个代表大会后的新问题》，载中共榆林地委整社办公室编《农村动态》第 9 期（1959 年 5 月 25 日），榆林市档案馆档案，全宗号—案卷号—存期：（1—4）—17—永久。

⑤ 《榆林牛家梁公社海流滩区队发生吃麻渣中毒事件》，载中共榆林地委整社办公室编《农村动态》第 10 期（1959 年 5 月 29 日），榆林市档案馆档案，全宗号—案卷号—存期：（1—4）—17—永久。

⑥ 陕西省、安康专区、紫阳县联合检查组 1959 年 8 月 28 日《关于紫阳县红椿公社深阳管理区今年前半年人口死亡情况的检查报告》，安康市档案馆档案，全宗号—目录号—案卷号—存期：1—1—492—永久。

月口粮在 20 斤以上者 3162 人，15—20 斤者 16365 人，10—15 斤者 11612 人，5—10 斤者 10166 人，5 斤以下者 1674 人，还有 6916 人无粮，需要供应。①

有一个典型事例很能说明 1959 年关中粮食的缺乏。蒲城县一个村子共 17 户人，1959 年端午节共发给一斤绿豆糕、一包进糕。一个村分一斤绿豆糕，没办法分，只好用水和开，每人喝一点点绿豆糕水。群众还为这一点绿豆糕水起了争执。②

粮荒一直持续到 1960 年、1961 年。"瓜菜代，低标准"是最基本的度荒措施，即降低口粮标准，以瓜、菜、代食品充饥。1960 年 9 月，陕西省委要求各地按人均年 310 斤的标准（每月平均不到 26 斤毛粮）给农民留口粮。然而，就连这样低的标准，很多地方都难以做到：从地里收回的粮食总量，除掉给国家上交统购粮、给生产队留籽种等，已经所剩无几，拿什么来保证农民人均 310 斤的口粮？低于 300 斤，甚至低于 200 斤的口粮标准在 1959—1961 年间很普遍。比如，白河县中山地带（注：全县分为前山、中山和后山）的药树公社朝阳生产大队 1959 年人均口粮 120 斤，1960 年人均 222 斤，1961 年人均 187.6 斤，1959 年冬季一个时期曾每人每天平均口粮 0.17 两。③ 即使能保证省委提出的 310 斤口粮，也不够吃一年。只有在瓜、菜、野生代食品成熟的秋季紧紧压缩农民的粮食消费量，多吃瓜、菜、野生代食品，把省下的粮食匀给其他季节。

粮食吃光了，瓜、菜吃光了，人们就想其他的办法果腹。一、普遍地吃青。地里的庄稼苗，能下肚的，如冬春季节的油菜、麦苗、豌豆苗等，都被农民偷走用以维持生命。1960 年底，渭南县、兴平县、乾县、蒲城、陇县、宝鸡等不少地方的油菜被群众连根挖食，有的整块地都被

① 中共石泉县委 1959 年 12 月 25 日《关于漩涡公社十月至十二月上旬人口死亡情况报告》，安康市档案馆档案，全宗号—目录号—案卷号—存期：1—1—492—永久。
② 中共蒲城县委组织部 1960 年 1 月 11 日给省妇联汇报县妇联干部整风中的右倾言论，陕西省档案馆档案，全宗号—目录号—案卷号—存期：178—1—33—永久。
③ 中共安康地委 1961 年 11 月 27 日《中共安康地委批转专区妇联党组关于〈白河县药树公社朝阳生产大队妇女疾病情况的调查报告〉》，陕西省档案馆档案，全宗号—目录号—案卷号—存期：178—2—373—长期。

挖光。① 二、想尽一切办法寻找其他可以下肚止饥的东西。为找吃的,各地的群众真是"八仙过海,各显神通"。平时不吃的、没有吃过的东西只要能磨细的,都想办法弄来吃,如枇杷子、麻渣、油渣、玉米秆、玉米芯、玉米包皮、棉花壳、树皮、麦糠、谷糠、野生植物的根、茎、叶,几乎无所不吃,甚至连观音土都有人吃。如,有的人把麦糠炒熟,磨成粉状后,和南瓜瓢和在一起,利用南瓜瓢的黏性把麦糠做成饼状,在锅里炕好,便成为一家人难得的美食。

因为饥不择食,引起的肠胃问题不绝如缕:便秘、腹胀、腹痛……中毒事件各地都有。如,商洛专区从 1960 年 12 月 2 日至 21 日,连续发生六起代食品中毒的事故,共 294 人中毒,其中 26 人中毒较深。②

更严重的是,长期的营养不良,使许多群众得了浮肿、干瘦病、痢疾或其他疾病,甚至因此而死亡。如,安康县吉河公社同心生产队从 1959 年 12 月 20 日后持续 20 多天断粮,全队没有粮吃,因肿病死亡 250 多人,其中有 3 家大人全部病故,剩下的几个孩子因没人照顾,乱吃东西,也生了病。③ 紫阳县农村从 1959 年 10 月 1 日到 1960 年 2 月底,因严重营养不良引起各种疾病者达 22472 人,占农村总人口的 9.1%;其中死亡 2211 人,占农村总人口的 0.9%,占发病人总数的 9.8%。④ 也是因为缺粮,老人、小孩等劳力弱的被嫌弃、虐待,使其少吃少喝,致残致死的不少。⑤

为了果腹,也出现了吃人肉事件。如,1960 年,白河县茅坪公社歌风管区新建生产队 26 岁的男青年潘绪周在其弟潘小毛因患浮肿病死后,用湾刀割食其弟尸体两天;白河县中厂公社西沟管区幸福生产队 46 岁的男子柯家和于元月二十四日被火烧死,其 14 岁的次子是个半傻

---

① 中共陕西省委 1960 年 12 月 24 日《必须立即制止群众随便挖食油菜根》,榆林市档案馆档案,全宗号—目录号—案卷号—存期:(1—1)—354—长期。

② 陕西省委代食品领导小组办公室 1960 年 12 月 23 日《紧急情况汇报》,陕西省档案馆档案,全宗号—案卷号—存期:(123—30)—16—永久。

③ 1960 年 2 月 10 日地委生活安排办公室整理《吉河公社同心生产队社员生活安排情况》,安康市档案馆档案,全宗号—目录号—案卷号—存期:1—1—730—长期。

④ 中共紫阳县委 1960 年 3 月 1 日《中共紫阳县委关于农村发病和死亡情况的报告》,安康市档案馆档案,全宗号—目录号—案卷号—存期:1—1—492—永久。

⑤ 岚皋县佐龙公社解放生产队调查小组史家瑞等 1960 年 3 月 3 日的调查报告,安康市档案馆档案,全宗号—目录号—案卷号—存期:1—1—730—长期。

子，将柯家和的手膀剥皮煮食；紫阳县红椿公社申阳管区平安生产队33 岁的男社员宋先喜 1 月 16 日随生产队 30 多名社员去毛家坝背粮，死于途中，当晚，一村民将宋的尸体煮食。① 1960 年初，安康县吉河公社财粮管区赵梁生产队第五小队约 30 岁的女社员刘坤发患了严重的浮肿病，她的一个子女冻饿而死后，饥饿难耐的她就把孩子的尸体煮着吃了。② 从档案材料看，陕西各地普遍出现此类事件，而且越是饥饿严重的地方，这类事件出现的频率越高。

掘墓割食尸体的事件也有发生。如，紫阳县红椿公社红十月管区第一生产队 51 岁的男社员孙祥志于 1960 年 1 月 6 日晚，与其 19 岁的儿子孙定朝携带背笼、菜刀、锄头，掘开几天前因干瘦病死亡的村民余世思之墓，将尸体上的肉割回，全家七口人吃了四顿；高滩公社白鹤管区农民杨成友也挖食尸体。③ 诸如此类骇人听闻的事件虽只是些个案，但各地不同程度均有发生。

合阳县有群众编了这样的儿歌描述这种腹中空空、朝不保夕的日常生活："你一我一，标准太低；你二我二，模糊泡菜；你三我三，红薯秆秆；你四我四，家家闹事；你五我五，肚子敲鼓；你六我六，顿顿忧愁；你七我七，唉声叹气；你八我八，拉糠拽耙；你九我九，不偷就敨；你十我十，吃饭积极！"④

群众对这样的生活非常不满，牢骚很多。靖边县红柳沟公社妇女雪锦莲在 1960 年 2 月的整社中就说："统购统销好什么啦？饿得我孙子整天哭，饿得我儿子、媳妇不能劳动，饿得我老婆子无处说。"还有些人因吃不饱肚子而谩骂领袖："毛主席活下是人民的害。"⑤ 神木县公草湾生产队女社员李兰兰说："把毛主席早些死了，把人受得没明黑，旧社

① 陕西省安康专员公署公安处 1960 年 4 月《关于三起煮食尸体的情况反映》，安康市档案馆档案，全宗号—目录号—案卷号—存期：1—1—765—长期。

② 中共安康地委 1960 年 6 月 2 日《关于任忠礼上吊自杀的调查报告》，安康市档案馆档案，全宗号—目录号—案卷号—存期：1—1—730—长期。

③ 中共紫阳县委 1960 年 3 月 7 日《中共紫阳县委关于红椿公社红十月管区发生掘墓吃人尸体的事件报告》，安康市档案馆档案，全宗号—目录号—案卷号—存期：1—1—492—长期。

④ 侯永禄：《农民日记——一个农民的生存实录》，中国青年出版社 2006 年版，第 82 页。

⑤ 靖边县妇联 1960 年 2 月 4 日《关于整社运动中妇女工作报告》，陕西省档案馆档案，全宗号—目录号—案卷号—存期：178—2—220—长期。

会不好还手中有钱，现在常说好，而穷得一年不如一年"；靖边县有些妇女说："大跃进把人往死整啦，妇女过去不劳动，现在大跃进了反而劳动更多了，没时间料理家务，跃进得我们吃不上、穿不上。"① 洋县谢村公社智果生产队社员谢家彬说："咱们这一辈子霉着呢，光说叫做活呢，吃不饱，腿困腰酸，做不成活；一说粮少，人家辩论，我看还是死了为好。"②

一些家在农村的中小学教师为农民鸣不平。安康县一些教师讽刺现实生活："共产党领导得好，一天两顿吃不饱，国民党不好，年年吃的饱"；"毛主席领导的好，领导人民吃不饱"。③

就连志丹县的基层干部都坦言，人民公社化以来农村是"驴没笼头，牛没缰，社员没粮受恓惶；驴耕地，牛卧下，婆姨受苦汉坐下，打不下粮食都饿下"，农民成天跃进，结果"拦羊的没肉吃，打粮的没粮食"，布证也供应得少，每人每年只给一尺八寸的布证，群众是"尺八布证缝了个围腰子，露上露下；媳妇看见公公，又发愁来又害羞"④。

1961年，政府允许划拨给农民少量的自留地，也允许农民小片开荒，农村经济开始慢慢复活，但农民的口粮标准依然很低。比如，商县夜村公社高桥生产大队位于丹江沿岸，有川、有塬、有山，在商洛地区经济状况属于中等，1961年的群众口粮标准是人均每月17.1斤。⑤

为了调动农民的生产积极性，陕西省1961年的夏粮分配实行多劳多吃的原则，分别规定强劳力、弱劳力只有每月完成自己的基本劳动

---

① 陕西省妇联榆林专区办事处1960年2月17日《榆林专区整社中妇女工作总结》，陕西省档案馆档案，全宗号—目录号—案卷号—存期：178—2—220—长期。

② 中共陕西省委宣传部1960年10月18日《中共陕西省委宣传部关于"洋县智果生产队向社员进行调整口粮标准的宣传经验"的通报》，榆林市档案馆档案，全宗号—目录号—案卷号—存期：(1—6)—62—永久。

③ 《安康县当前教师的思想动态》，载中共安康地委办公室编印《情况汇集》第三期(1959年10月29日出刊)，安康市档案馆档案，全宗号—目录号—案卷号—存期：1—1—575—永久。

④ 中共延安地委办公室《情况》(21号)(1961年10月13日)，延安市档案馆档案，全宗号—目录号—案卷号—存期：(1—1)—1—179—永久。

⑤ 陕西省妇联1961年11月29日转发的关于商县夜村公社高桥生产大队开展以计划用粮为中心的勤俭持家运动情况的"简报"[总号062，简字014号]，陕西省档案馆档案，178—1—274—永久。

日，才可以吃到自己的定量；否则，定量粮会被扣除一部分，用来奖励超过基本劳动日的人。这一政策的确激励了群众的生产积极性，为了多吃粮，群众普遍地抢挣工分，基层干部再也不用发愁出现派活没人做的现象。然而，这个政策使劳少人多的家庭吃粮数量下降，尤其是对妇女来说，能吃到的粮食数量明显下降。以西安市雁塔区春光生产大队为例。该大队从 1961 年 6 月开始，由劳力的定量标准中提取 22％的粮食作为多劳多吃奖励粮，规定凡男女强劳力每半月做够 18 个劳动日、弱劳力每半月做够 15 个劳动日，就可吃到自己的定量粮，超额完成劳动日的多劳多吃。实行这样的办法后，女劳力的劳动强度大大增强，她们为了吃够定量，顾不上家务，顾不上梳头、洗脸，成天抢活干，但还是因为完不成高标准的基本劳动日而普遍吃不够定量。如第一小队 60 个女劳力中，共有 44 人为女强劳力，43 人没有吃够自己的定量。妇女有的说："实行多劳多吃，可怜的就是妇女。娃娃的定量低，原来大人都要给娃补贴，现在做不够劳动日还要扣口粮，地里做一天，回来还要管娃、给一家人缝缝洗洗，把身子都累垮了。"有的说："到啥时吃亏的都是妇女，男人们回来不管定量不定量，吃饱完事，妇女要操心老的，还要操心小的。实行多劳多吃，表面上看来没有提取娃的粮，但是实际娃们的定量都低了。"也有的认为，妇女本来就比男的拖累大、体力弱、技术差，现在要求男女做够同样的劳动日才能吃够定量，不合理，"本来妇女骑上竹马也赶不上男人们的工分多，如果再休假，坐上火箭也赶不上了，妇女的口粮只好减低"[①]。

　　安康专区妇联工作组对紫阳县立新大队吃粮情况的调查同样反映了妇女口粮标准低的现实。1961 年 7 月，立新大队共 42 户，175 人，其中男 83 人（含男全劳 34 人、男半劳 8 人）、女 92 人（含女全劳力 30 人、女半劳 5 人），1961 年 5 月的口粮标准为人均 20 斤，其中男全劳力每人每月 28 斤，女全劳力每人每月 23 斤；由于对妇女吃全劳力粮的标准定得过高，35 个女劳力中，没有一个人能吃到全劳力粮，而 42

　　① 西安市妇女联合会《雁塔区春光生产队在实行粮食多劳多吃中有关妇女方面的问题》，载西安市妇女联合会《情况反映》第 1 期（1961 年 8 月 8 日），陕西省档案馆档案，全宗号—目录号—案卷号—存期：178—2—362—长期。

个男劳力中吃全劳力粮的 36 人。男女吃粮差别大，是因为队干部只考虑到妇女体力弱于男子，而没有考虑到妇女除了参加全队 90% 的活路外，还要负担繁重、琐碎的家务。①

吃粮标准低，妇女生产积极性很受影响，怨言也多。西安市阿房区巨家庄生产大队有的农民说："毛主席样样都好，就是锅头紧，光叫人劳动，给人吃不饱，过去没啥吃还能借下粮，现在借粮借不下，叫人咋过呢？"有些说：一天三顿饭，叫人发熬煎，早饭要端平（注：饭稀怕倒了），晌午饭是珍珠串翠花（注：稀饭下的绿菜），晚饭是吃渗（注：剩下的饭，划不来热，冷着吃了吃渗吃渗地打战）。有的说："人民公社好，顿顿吃不饱"；"人民公社是天堂，人民饿得遭饥荒"；"鼓足干劲，一天半斤"；"排除万难，一顿吃完"；"毛主席万岁，喝糊糊站队"。②

吃粮紧张，许多家庭围绕"吃"而生出不少矛盾。以韩城县西庄公社东王生产队为例。这是一个以往家庭比较团结和睦的生产队，然而，1960 年底到 1961 年，该生产队共 94 户中，和睦的仅有 20 户，占总户数的 21.3%，其余因在吃饭问题上产生纠纷导致离婚的 2 户、分居的 2 户、将饭票分开各自吃饭的 6 户、经常吵架的 8 户、其他家庭关系不和谐的 20 户。这些不和睦的家庭，有的是老人只心疼儿子和孙子，在吃粮上不关心儿媳，有的是嫌弃老人不挣工分还要多吃饭，和老人分伙，有的是丈夫只顾自己吃饱，不顾媳妇和孩子。③ 本来和睦的家庭，只因生存资源的稀缺而矛盾重重，令人不胜欷歔。

群众经过了 1959—1961 年的严重饥饿，对集体生产不抱希望，当干部讲人民公社的大好前景时，就有群众生气地说："好得很，蒸饭吃成萝卜了。"④ 农民普遍意识到只有单干才是解决吃饭问题的有效之道，

---

①　安康专区妇联工作组 1961 年 7 月 3 日《关于立新生产大队调整女劳力不合理的口粮标准的报告》，安康市档案馆档案，全宗号—目录号—案卷号—存期：6—1—46—永久。

②　西安市阿房区妇联 1962 年 1 月 2 日《巨家庄生产大队安排群众生活情况报告》，陕西省档案馆档案，全宗号—目录号—案卷号—存期：178—2—371—长期；侯永禄：《农民日记——一个农民的生存实录》，中国青年出版社 2006 年版，第 89 页。

③　韩城县妇联 1961 年 8 月 21 日《关于当前农村妇女工作情况的调查报告》，陕西省档案馆档案，全宗号—目录号—案卷号—存期：178—2—370—长期。

④　城固县妇联 1962 年 2 月 8 日《整风整社中妇女工作情况》，陕西省档案馆档案，全宗号—目录号—案卷号—存期：178—2—351—长期。

渴望单干的心愿因而越来越强烈。有的群众说："现在做活尽是胡搞哩，不如把地分了伶干（注：指利索），人家会睡觉就会翻身"；有的说："人合心，马合套，粮食要过关，非单干不可"；有的说："单干好，单干黑夜白日干，能吃酸汤面"；有的说："反正再劳动也吃不好，不如单干费些力，能吃饱肚子，也不看谁的脸。"①

为了调动农民生产劳动的积极性，1962 年陕西农村依然实行"基本口粮加奖励"的粮食分配政策，人少劳多的家庭吃粮标准有所上升，但劳少人多、孤独老弱的家庭因挣不回奖励粮，只能勉强吃上基本口粮，生活水平依然很低。如，城固县天明公社人多劳少和老弱多的家庭每天基本口粮都在 5 两以下，甚至时常断粮，不得不出卖衣物、被子、铁锅、蚊帐、床单、楼板等，换取一点食物果腹。②

1962 年 9 月中共八届十中全会提出了"千万不要忘记阶级斗争"的号召，对所谓"单干风"、"翻案风"、"黑暗风"进行批判。很快的，陕西省在全国的大背景下，对农民的所谓"单干风"进行了严厉制止，严格控制农民自留地的数量，不允许农民"开小荒"，农贸市场也管得更紧。农民生活的好转被抑制住，生活的低标准继续持续。1963 年春节期间，离传统春荒还有一两个月，延安专区、渭南县、富平县、临潼县等地就有一些社队反映，群众断粮已开始出现，渭南花园公社、华阴孟塬、富平雷村等地已经出现农民到处找粮、外出讨饭的现象，有的为了活命，卖儿卖女、变卖家产。③

也有的在缺粮吃的情况下，家庭成员之间互生嫌弃之心。据洋县妇联 1962 年 1 月调查，洋县谢村公社东韩大队有 16 起虐待遗弃父母的事

---

① 陕西省妇联咸阳专区办事处 1962 年 9 月 27 日《当前农村妇女思想情况及今后进行思想教育工作的意见》，陕西省档案馆档案，全宗号—目录号—案卷号—存期：178—1—312—永久；毛西公社妇联 1962 年 11 月 5 日《王家坡生产大队整社试点第一阶段妇女工作情况》，载陕西省妇联《通报》第 19 期（1962 年 12 月 15 日印），陕西省档案馆档案，全宗号—目录号—案卷号—存期：178—1—312—永久。

② 中共城固县委 1962 年《城固县天明公社生活安排检查报告》，城固县档案馆档案，全宗号—目录号—案卷号—存期：1—1—291—永久。

③《春节干部回家见闻》，载中共渭南地委办公室《情况反映》第 12 期（1963 年 2 月 11 日），渭南市档案馆档案，全宗号—目录号—案卷号—存期：1—3—1413—永久；《富平县群众生活安排情况》，载中共渭南地委办公室《情况反映》第 19 期（1963 年 2 月 22 日），渭南市档案馆档案，全宗号—目录号—案卷号—存期：1—3—1413—永久。

件。如，该队妇女田换珍嫌婆母只能吃、不能做，便与她分家另过，不加照顾；马畅公社马八队队长孙长青的爱人以离婚相威胁，迫使丈夫在吃粮上虐待公公。①

1963 年、1964 年、1965 年的粮食状况在徐徐好转，但陕西绝大多数农村的粮食增长依然非常有限。宝鸡县长寿公社新春生产队第三小队1963 年夏粮平均每人 67 斤，秋粮平均每人 18 斤，人均年分粮合计仅85 斤！秋收刚刚结束的 10 月，群众就已经普遍无粮可吃。②

加之，农户本身没有存粮，几乎赤贫，抗风险能力弱，稍遇旱涝减产，立马陷入无粮可吃的境地。因此，饥饿依然是每年大多数时间里群众不得不面对的现实。如 1965 年春季，榆林专区有的地方遭受大风、霜冻、病虫害，有的地方遭受旱灾，群众夏收以后不久即发生普遍缺粮、断粮现象，有的自 1965 年的 8 月开始即主要靠野菜、野草、树皮、树叶充饥，有些人得到了政府的粮食供应指标却无钱买粮，有的出卖衣物家具才勉强买回供应的粮食。据不完全统计，1965 年榆林专区有5000 多人外流，800 多人乞讨。佳县、吴堡、神木、府谷等县还发生出卖儿女和送童养媳的事件。③ 群众因饥不择食而中毒的事件也时有发生。如，1964 年 8 月 2 日，白河县桂花公社红春生产大队第二生产队贫农社员余定全一家七口人，有四人（一老三小）因误食毒苗，经抢救无效死亡。④

生活困难，得到政府的返销粮又不易，绝望情绪很自然地在弥漫。据安康地委生产救灾、生活安排办公室统计，1964 年 11 月至 1965 年 1 月 25 日，安康地区各县上报的非正常死亡人数为 31 人，其中因生活困

①　陕西省洋县妇联 1962 年 1 月 2 日《关于以生产队为基本核算单位宣传后妇女干群的思想情况报告》，陕西省档案馆档案，全宗号—目录号—案卷号—存期：178—2—351—长期。

②　长寿公社新春生产队第三小队队长高振财、王豆娃，社员代表杨万福、王焕娃 1963年 10 月 29 日给宝鸡专员公署的信，宝鸡市档案馆档案，全宗号—目录号—案卷号—存期：23—2—135—长期。

③　榆林专区合作办事处 1965 年 9 月 19 日《关于榆林专区灾情和今后生产救灾工作意见》，榆林市档案馆档案，全宗号—案卷号—存期：28—30—长期。

④　安康地委 1964 年 10 月 9 日《中共安康地委关于夏接秋农村群众生活安排工作的报告》（中共安康地委文件（64）安发 103 号），安康市档案馆档案，全宗号—目录号—案卷号—存期：1—2—308—永久。

难，冻饿、病饿、吃代食品中毒等而死的 19 人，占 61% 多。①

生活迟迟得不到明显改善，群众自然心中不满。丹凤县商洛镇公社老君大队有人在春节对联中表达自己的情绪："过一年又一年年年不富，盼一岁又一岁岁岁穷酸。"横联写的是："始终如一"。② 华阴县兴建公社上营大队一个妇女对政策把农民控制得过死很有怨言，她说："毛主席爷把人弄得死死的，我把江山社稷家业田产都入了社，现在叫人受难过。"③ 咸阳市双昭公社一位妇女给孩子教的歌谣是："毛主席，眼睛大，你看农民吃的啥？""毛主席下台，蒋介石快来。"④

口粮依然低标准，政府只好坚持宣传节粮、精打细算过日子。以渭南县为例。渭南县官底公社妇联 1963 年推广这样的节约粮食"四多四少四省"经验：多吃饭少吃馍省，多吃包子少吃蒸馍省，多吃泡馍少吃干馍省，多吃连锅面少吃出汤面省；同时，节约粮食要多加副食，麸子蒸麦饭省面又好吃；多搭些南瓜能顶粮食；把晒的萝卜干尽先吃完再吃粮；提早摘吃红苕叶秆。渭南县交斜公社来化大队王堡子生产队年约 60 岁的女社员王云侠被树为节粮典范之一，她料理全家三口人的生活，一点粮食都不浪费，不多做一点饭，擀面从来不用白面做面扑，做模糊饭的锅巴用清水泡软，铲了下一顿搭着吃，蒸馍有笼布既省笼油又省粮食，磨面后的麸皮都积攒下来，到冬天用它做菜饭或蒸麦饭吃；平时总是舍不得吃一顿白馍，蒸黑白两样馍，白的给客人吃，黑的自己吃；队里分的红薯，先吃小的、有伤的、有虫眼的，这样一直吃到秋冬，都吃的是鲜红薯；队里分的萝卜和菜叶，除了留一部分外，她把大部分晒成干菜，留着青黄不接时搭着吃；她顿顿做饭都少不了四成菜；鸡一年下的鸡蛋，一个都舍不得吃，卖给国家，卖下的钱解决家里的零用。此

---

① 安康地委生产救灾、生活安排办公室 1965 年 1 月 30 日《关于非正常死亡情况的汇报》，安康市档案馆档案，全宗号—目录号—案卷号—存期：1—2—367—长期。

② 陕西省妇联商洛专区办事处 1963 年《阶级斗争在妇女中的反映》，商洛市档案馆档案，全宗号—目录号—案卷号—存期：17—2—86—长期。

③ 陕西省妇联渭南专区办事处文件《当前阶级斗争中的妇女思想动态》［(63) 妇 37 号，报字 20 号］，渭南市档案馆档案，全宗号—目录号—案卷号—存期：1—3—1421—永久。

④ 咸阳市双昭公社社教工作团、市妇联工作组 1963 年 11 月 20 日《三干会期间如何做好妇女代表、干部的思想发动工作的情况反映》，咸阳市档案馆档案，全宗号—案卷号—存期：019—38—长期。

外,她总是找些其他活来贴补家用:1963 年二三月,她给人纺线挣了
24 元（新币）,自己舍不得花一分钱,用来给家里买了一头猪娃和一
张锨。[1]

三 偷:集体化时代的生存之道

自从 1956 年秋季陕西农村普遍实现高级农业合作化之后,农民参
加集体耕作,享受劳动工分带来的分配果实。1958 年秋季的人民公社
化,强化了农民的集体生活方式。

以传统的耕作技术进行集体生产,效率低下,农民年年辛苦,年年
吃不饱穿不暖。偷,便成了一种常规的、司空见惯的生存之道。人人
偷,不偷难以活命;什么都偷,粮食（包括成熟的和未成熟的）、菜、
青苗、棉花、饲草……只要能偷到的都偷。

1957 年夏收中,乾县妇女普遍地偷麦,偷麦穗、偷麦粒,甚至发
生在麦场里哄抢的现象,如,阳洪乡强西村 35 名妇女在场里抢麦十多
石。[2] 群众对"偷"集体的粮食有自己的解释:狗子偷吃搁得低,媳妇
偷吃肚子饿。[3] 也就是说,在群众看来,偷是因为饿,因为国家统购后
给农民留粮太少,是不得已。

此后,在饥饿的恐惧笼罩下,"偷"作为一种常规的生存方式在不
断地蔓延。1923 年出生的眉县妇女张凤仙谈及公社化后的最初几年时
这样说:

> 人家大脚（注:指天足妇女）到地里做活能偷下（玉米）棒
> 棒,我这（裏）脚到地里拐不成,在食堂做活（地）平平地,歹
> 着呢（注:很好,舒服着呢）……食堂换个人要出来呢,再换个人

---

① 渭南妇联会 1963 年 9 月 12 日"通报"[总号 043 渭妇,通字第 005 号],渭南市档案
馆档案,全宗号—案卷号—存期:20—44—永久。
② 乾县民主妇女联合会 1957 年 7 月 11 日《乾县夏收妇女工作情况报告》,陕西省档案
馆档案,全宗号—目录号—案卷号—存期:178—2—137—长期。
③ 城固县妇联 1958 年 2 月 6 日《城固县农村整风整社运动中的妇女工作报告》,陕西省
档案馆档案,全宗号—目录号—案卷号—存期:178—2—183—长期。

还要出来呢，（都不愿意在食堂做饭），出来在地里做活回来的时候能（给自己屋里偷着）拾下棉花。我这脚在地里拐不成么，我思量在屋里挣点工（分）对咧。①

可以看出，"偷"成为一种大家心知肚明、人人为之的生存行为。侯永禄日记中对妻子菊兰和孩子们掐生产队的麦苗与苜蓿的一段记述印证了这一点：

> 菊兰避过我，偷偷地跟上一些妇女去掐喂牲口的苜蓿。白天不敢去，因为人家种苜蓿的生产队专门派人看管，只能晚上去。她们去到公社办的养猪场后面，又到北党村头，来回十几里路也不嫌远。后来，我听人说，北党看苜蓿的人和偷苜蓿的妇女打过架的事，便给菊兰说："人家去偷苜蓿，咱可千万不能去。咱是干部家属呀！"菊兰却说："干部！干部！干部能不吃饭吗？你哪一顿不吃能行？若有粮食吃，谁还吃这牲口的草呀！你能弄下吃的，我才不愿当贼哩！"说得我无话可说……菊兰掐不到苜蓿，便偷偷地到地里埝下掐些小麦叶子，回来用麸子拌成菜疙瘩。引玲和胜天，星期天去西庄子看他外婆，回来时外婆送他们，在没人的地方，再掐上些麦叶，裹在袄子里拿回家，用面粉厂买回来的那一点麸子拌上做成菜疙瘩来吃，我们就这样一天天地向前拖着。②

实际上，即使严厉的制裁，也阻止不了群众求生的本能。偷盗行为的蔓延似乎成了基层干部管理的难题：不严加管理，集体的物资会被群众盗抢一空；然而，如何管理？因为群众不偷，无法活命。在此种情况下，一些干部为维护集体经济，采取了极其严厉的措施。比如在紫阳县，哪怕只偷集体的几个苞谷或几个洋芋，也要受到打骂、捆绑、搜查、吊起、劳改、关禁闭、罚款、扣工分、扣口粮、戴高帽子、游街、

---

① 李巧宁 2010 年 8 月对陕西省眉县金渠乡蔡家崖村张凤仙的采访记录。

② 侯永禄：《农民日记——一个农民的生存实录》，中国青年出版社 2006 年版，第 82 页。

挂牌子、背石头、开斗争会等几十种惩罚；红春公社江河管理区主任刘国春（党员）为了鼓励群众互相监督，给生产队规定"谁捉一个小偷给谁奖一块钱（新币）和廿个工分"；城关公社太平生产队支书任本顺，在社员大会上宣布"白天捉一个小偷奖 10 分工，晚上奖 50 分"；蒿坪公社大兴生产队支书叶国安规定"白天捉一个小偷给 3 元（新币），晚上给 6 元（新币）"，此款由小偷负担。也有的私设法庭，刑讯逼供，持枪威胁，游街示众。高桥公社五羊生产队洋芋被偷，支书代羡凤疑为贫农张先哲所偷，当即召开 50 余人的大会进行斗争，张不承认，代羡凤即命将张用绳捆索绑，吊在楼上，用"鸭儿扑水"的毒刑进行逼供，仍无结果，最后宣布劳改五天，交小队长执行。毛坝公社青荆管区主任何履中规定："捉到小偷就捆，捉不到就用枪打（注：枪里只装火药，不装铁子）。"双河公社中坝管区社员龚其贵路过前河管区搬了四个苞谷，管区主任乌金元（党员）便给龚戴上高帽子，敲锣打鼓将龚送回，令其沿途高呼："我真不要脸，我是偷苞谷贼"。蒿坪公社宝狮管区团员王隆喜，摘了集体两篮柿子、四个苞谷，被队干部捉到后，罚款 3 元（新币），并给脖子上挂一个小偷牌子。[①] 洛川县杨舒公社北谷生产队规定，社员偷生产队的物资，哪怕是一片菜叶、一颗粮食、一枝柴草，即"菜见叶"、"柴见枝"、"粮见颗"都要罚款。该队社员马永禄的母亲因为无粮吃，掰了队里 21 个玉米棒，被罚款 10 元 5 角（新币），玉米棒被收回，并在会上挨批判斗争；社员王文定之妻抱了队上一些柴草，被罚 30 多斤柴；王海荣因断了口粮，摘了队里一个南瓜，被罚款五元（新币），掰了一个玉米棒子，被罚款五角。[②] 城固县桔园公社西元管理区社员何荣告的女人，在生产队的地里给小孩摘了一把青豌豆角吃，当晚，生产大队支书指使生产队长将母子二人捆绑起来，让他们在社员会上当众认错。过了五六天，母子俩的手腕上还有被捆绑过

---

　　① 中共安康地委文件 1959 年 9 月 14 日《中共安康地委批转李景璧同志"关于紫阳县农村党员和干部在处理群众偷摸问题中发生的强迫命令违法乱纪问题的报告"》，安康市档案馆档案，全宗号—目录号—案卷号—存期：1—1—579—永久。
　　② 李金元 1961 年给洛川县委《关于杨舒公社存在问题的汇报》，延安市档案馆档案，全宗号—目录号—案卷号—存期：（1—1）—1—183—永久。

的紫印。①

对"偷"采取的粗暴对待方式，在有的地方还酿成妇女自杀、被杀的不幸事件。如，乾县西张堡公社白草村生产队 36 岁的女社员宁桂英 1961 年 5 月 20 日从娘家回去的路上，经过生产队的豌豆地，偷摘豆角 8 斤，生产队长李维约发现后，除了当面批评，还要求宁桂英在群众会上检讨，并声称要把她的偷盗行为登在黑板报上，宁桂英因畏惧而投井自杀；石泉县柳城公社新合生产队 42 岁的女社员柯发风 1961 年 5 月 6 日晚偷了生产队二升胡豆，社员何士文发现后，伙同食堂管理员谭傅美一起将柯发风捆绑在石磨上用树条毒打，致柯甲状腺被打肿气管闭塞，于次日死亡。② 平利县长安公社金华大队二队女社员龙方连 1962 年 10 月 4 日下午因偷掰一队四个苞谷，被一队社员抓住送至其娘家要求赔偿，其弟（党员、支部委员、团支书）认为丢人，用板锄将其打死。③

即使面对严酷的惩罚，也未能阻止偷盗行为的不断蔓延。1959 年 10 月至 1960 年 1 月 20 日，安康县长安管区 14 个生产队中的 12 个，被盗羊 13 只、猪 10 头、红苕种 3670 斤、粮食 650 斤，蔬菜被盗更普遍。④ 靖边县红柳沟公社有 14 个妇女 1960 年初偷了公社各种粮食 2350 斤，人均近 170 斤。⑤ 这样的情况在全省各地绝非个案。如，1961 年，洛川县杨舒公社北谷生产队北街小队 40 亩玉米被社员偷盗得只剩了 300 斤。⑥ 大荔县安仁公社龙门大队 1962 年共种棉花 1523 亩，据当时目测，亩产可达 34.7 斤，总产可达 52856 斤，然而，棉花收、晒、轧、卖各个环节上都程度不同地存在偷摸现象，偷摸方法达十余种：从衣

①　中共城固县委监委 1959 年《关于目前农村党员干部强迫命令情况的报告》，城固县档案馆档案，全宗号—目录号—案卷号—存期：1—1—202—永久。

②　陕西省妇联 1961 年 6 月 19 日《夏收妇女工作中值得严重注意的几个问题》，陕西省档案馆档案，全宗号—目录号—案卷号—存期：178—1—276—永久。

③　中共安康地委 1962 年 10 月 29 日《关于秋收中干部、群众违法乱纪造成严重恶果的通报》，安康市档案馆档案，全宗号—目录号—案卷号—存期：1—2—54—长期。

④　安康地委生活安排办公室 1960 年 1 月 30 日《检查生活安排情况汇报（摘要）》，安康市档案馆档案，全宗号—目录号—案卷号—存期：1—1—730—长期。

⑤　靖边县妇联 1960 年 2 月 4 日《关于整社运动中妇女工作报告》，陕西省档案馆档案，全宗号—目录号—案卷号—存期：178—2—220—长期。

⑥　李金元 1961 年给洛川县委《关于杨舒公社存在问题的汇报》，延安市档案馆档案，全宗号—目录号—案卷号—存期：(1—1)—1—183—永久。

袋、竹笼，到提水的茶壶，都成了偷摸工具。结果，卖完后计算，亩产只达到 24.7 斤，总产 33656 斤。其中，第六生产队 1962 年种棉花 325 亩，按生长情况，亩产可达 30 斤，结果由于偷摸，亩产只有 18 斤；劳动日值本来可达 0.53 元（新币），结果只有 0.24 元（新币）。[①]

普遍的饥饿，导致普遍的偷盗，但在群众心里，这样的偷盗不是常规意义上"对他人物资的非法窃取"，而是一种迫不得已的生存手段，是大家都能接受和认可的手段，它的对象仅限于集体的物资：本生产队或邻队的粮食、棉花、柴草等生活必需品。仿佛自己是集体的一员，集体的财产本来就有自己的一份，因而"偷"得心安理得。"牛哭哩，猪笑哩，饲养员老张偷料哩。"[②] 这种歌谣中把集体的"牛"饲料偷给自己家的"猪"的"饲养员老张"，群众在心理上是完全接受的，他们甚至把它当作一种生活常态。

然而，在农民们看来，如果"偷"的对象涉及个人的财产，"性质"就变了，就成为令人不齿的"贼"。

四 小结

土改后，陕西农村基本实现了"均贫富"，原来的无地或少地户财产增加，生活水平亦有所上升；中农因不是土改的对象，财产不增不减，基本保持原有的生活水平；唯有地主和富农，因为土改中的"退押"、退租和土地、房屋、粮食、大耕畜等所谓多余财产被没收，生活水平明显下降。1956 年实现高级农业合作化后，原有的初级农业合作社的"土地分红"被完全取消，工分成为唯一的分配依据。集体经营土地的体制缺乏生机和活力，再加上良种改进和化肥的使用十分有限，增产的空间微乎其微，稍遇旱涝，产量下降便成为常事。更何况，1953年以来的统购统销，陕西农村的粮食被大量统一征购，农民的留粮标准一降再降，大多数年成在人均 300 斤毛粮以下，1959—1961 年的严重

[①] 大荔县妇联 1963 年《关于棉花收获秩序工作的调查报告》，渭南市档案馆档案，全宗号—案卷号—存期：20—47—永久。

[②] 万星原作，莲舫改画《不同的待遇》（漫画），《陕西农民》1956 年 5 月 27 日 3 版。

困难时期则朝不保夕。

如何凭借有限的口粮维持一家人的生命？1956 年以来，这一直是陕西农村妇女每天要面对的难题。政府通过宣传"勤俭持家"把这一难题完全推给了家庭主妇：会持家的妇女能够以极有限的粮食让全家人既吃得饱又吃得好。这样的宣传隐含着一个命题：让全家人挨饿，责任在于主妇不会计划吃粮，不会勤俭持家。

再加上，妇女虽然和男子一样出门挣工分，但"男人是个耙耙，女人是个匣匣"的传统观念依然为人们所认同。女性挣的工分再多，理家永远是她们的天职，给全家人提供一日两餐或三餐永远是她们的本分。因此，妇女们在粮食极紧缺的 1953—1965 年所承受的精神压力之大可想而知。

常言说，"巧妇难为无米之炊"。然而，每一个农村妇女都必须做上等的"巧妇"，要经常变着花样烹出无米之炊。于是，她们寻找一切可吃的东西：捡拾一切可称为粮食的庄稼颗粒，收集一切可以煮的植物——所有可见、可食的植物的根、茎、叶、皮。即使做出的果腹之物稀薄无比，妇女们也要先让家里的男子和孩子、老人吃，剩下的，她们才吃上几口。常常，轮到妇女们时，锅已经见底，或只剩下清汤寡水。遇到不知体贴的丈夫，妇女只有经常饥肠辘辘。《陕西农民》1957 年 6 月 4 日 6 版的一组漫画（两幅）《独吞》（马林潘作）将这种日常生活中妇女的遭遇进行了淋漓尽致的刻画：第一幅，一男一女在往锅里添粮食做饭；第二幅是女的拿着碗筷到锅前准备盛饭，可是男的独自端着锅大嚼大咽，肚子吃得圆滚滚，对女的说："你歇歇吧！"

尤其是 1958 年下半年开始吃公共食堂时，食堂打到的饭根本不足以果腹，需要拿回家添些东西一起煮得稠一点、多一点，可是家里不许存放一点粮食，怎么办？妇女们只有利用一切劳动间隙找点可以下锅的东西。

无论妇女是自愿还是被迫，在粮食紧缺的情况下，在大多数家庭，主妇的营养状况总是最差，她们的健康受到的威胁最大。1947 年出生于眉县的妇女肖喜雀对吃食堂时期自己母亲的妯娌的一段回忆就非常有代表性：

（渭）河北的你二婆有一伙娃呢，到食堂买点饭了，都尽娃伙吃了，她吃不上，再一个她还要给碎娃吃奶，把她饿得脖子细细的。她到你舅家来了，你舅家婆说："你住上两天。"其他人你舅家婆还不敢叫住下，住下要吃粮呢，吃了我们就没啥吃了，你婆思量着以前你二爷当家着的时候，把你东省舅派过来养活我们嘞，她记你二爷的恩情呢。那天买了点白米米饭，里面下的番瓜多得把白米米饭弄得全是黄的，下番瓜就是为了把饭弄稠、弄多。饭买回来了，你二婆说："呀，你们（渭）河南咋这么好的，饭稠稠的！"我们说："里面全是菜。"她说："菜也罢，只要稠（就好）。"饭吃了，她说："我今儿还罢了，吃了饱饭，在屋里经常吃不上。"（天）黑了，你婆从食堂回来拿了点番瓜瓤给你二舅烙馍呢，给你二婆吃了一个馍，你二婆说："我今儿腿都有劲了！我平常吃不上，叫娃吃奶把我咂得！我们那边饭稀得，调和珍珍稀得！"①

① 李巧宁2009年8月、2010年8月对陕西省眉县金渠乡田家寨村肖喜雀的采访记录。

第七章　文化学习：人人都来学认字

民国时期，陕西农村有句话叫："再强的女子锅边转，再瞎（注：指没有本事）的男子游周县。"这句话包含两层意思：其一是，在农民看来，男子的天地是广阔的，如果读书长了见识，将来或可做官或外出做事，可以光宗耀祖。即使如此，除了少数人家送男孩子在私塾发蒙之外，大多数男孩子都不读书，去县城或省城读新式学堂的很少。其二是，女子的人生天地在家庭，她们的天职是生儿育女、操持家务，读书再多也不过如此。甚至有些人认为，女子读书不仅没有多大用处，反而会使她们心高气傲，不容易接受管教。因此，绝大多数女子从小学的是家务，练的是女红。更何况，民国时期战乱频仍，匪患四起，送女孩子出门读书人身安全令人担忧。只有极少数比较开明又有文化的家长或者让女儿就近读书，或者自己教女儿粗识文墨（民间所谓"干识字"）。

新中国成立后，政府对农村的社会动员不仅仅限于男性，还要把妇女群众动员起来，让她们了解新政权的各项政策、措施，并成为他们的支持者。这就需要妇女有一定的文化，能听懂会议、广播上的各种政策与时事宣传。加之，国家提出的口号是"男女平等"、"妇女解放"，在教育方面也主张女性和男性一样接受文化学习。因此，新中国一成立，就着手开展对农村妇女的扫盲工作。陕西省一方面在农村搞冬学、民校，一方面普及小学（包括初级小学、高级小学以及包含了初级小学和高级小学的完全小学，即"初小"、"高小"和"完小"），动员学龄女子入学。

一　普遍扫盲

冬学，即主要在农闲的冬季组织的针对非学龄男女的季节性教育组织，有的地方也叫"扫盲识字班"、"识字班"、"扫盲班"、"速成识字班"。一般的学员年龄在 14—50 岁。有的地方也组织专门的妇女识字班。在季节性的冬学识字到一定程度，学员就可以转入常年性的农民业余学校（简称"民校"）。也有许多地方虽建的是民校，实际上和冬学一样只是季节性的扫盲班、识字班。冬学或民校一般都设在村中一处比较宽敞的地方，如某家的堂屋、村中的庙宇等，每天上课 1—2 小时，大都在午饭后或晚饭后学习。

随着陕西的全面解放，陕西省政府响应中央人民政府的号召，在各个新区推广老区群众教育的经验，在各地办冬学，鼓励农民入冬学。为此，由陕西省人民政府副主席韩兆鹗任主任，陕西省委宣传部副部长甘一飞、陕西省政府文教厅厅长景岩征任副主任的陕西省冬学运动委员会于 1950 年 9 月成立，作为领导陕西省冬学工作的机构。各行署、分区、县、区的冬学委员会（有的称为农民业余教育委员会）相继成立，由各级政府负责人亲自主持。①

在陕西省政府的号召下，从 1949 年冬季起，陕西农村的冬学陆续办了起来。1950 年 11 月，陕西省民主妇联给它下属各级妇联会发出指示，要求广泛发动妇女入冬学，冬学中要联系妇女特殊问题来讲授，如妇幼卫生常识、婚姻、反迷信等。到 1951 年，有些冬学办得好的地方开办起了民校。

事实上，冬学和民校不是纯粹的扫盲组织，它兼有对农民进行政治和社会动员的职能。正如中央有关文件所说："利用冬季农闲季节举办的冬学，是从政治上和文化上教育农民的重要方法之一。"② 也就是说，冬学和民校的教学任务不仅仅是学文化、识字扫盲，它还有一个重要任务，就是进行政治教育，即结合当前中心工作进行时事教育。早在 1949 年 11 月 3 日，陕甘宁边区政府就指示西北各省、行署、直辖市"如果把开展冬学工作和冬季中心工作很好配合起来，通过冬学就可以进行各项中心工作的思想动员与政策教育，甚至商讨解决工作中所遇到

---

① 《陕西省人民政府关于今年冬学工作的指示》，《陕西省人民政府公报》1950 年第 6 期，第 77 页。

② 中央人民政府教育部、中央人民政府扫除文盲工作委员会：《关于 1953 年冬学工作的指示》，《山西政报》1953 年第 24 期，第 66 页。

的一些思想和政策上的问题，办冬学就可以作为协助与推动中心工作的一种有利的组织形式"①。陕西省人民政府 1950 年 10 月 27 日下发的《关于今年冬学工作的指示》把冬学既扫盲又进行政治动员与教育的方针明确为："在土地改革已经完成的老区，应以文化教育为主结合生产教育与时事政策教育，在土地改革正在进行和土地改革尚未开始的新区，应结合当地当前的中心工作，进行时事与政策的教育，以提高群众的政治觉悟和阶级认识。如在土改地区应结合土改工作并为土改服务。同时对文化教育，尤其是识字教育，必须重视……冬学的学习内容分为文化与政治两种，进行教学时必须使两者很好地结合进行，进行文化教学时必须充实其政治内容，进行政治教学时应结合识字教育。"② 陕西省人民政府文教厅 1951 年对民校的方针也做了类似的规定："已进行过土改的陕北老区和关中地区应以文化为主，以识字为重点，加强爱国主义的时事教育，结合生产、配合当地的中心工作；未进行土改的陕南、商洛地区应密切配合当地生产、减租、反霸、清匪、肃特工作，并认真进行时事教育与文化教育，尤其是识字，必须有计划进行。"③ 陕西省人民政府关于 1954 年冬学工作的指示说得更加明确和具体："今年冬学中的政治教育，应在总任务（注：指在从新民主主义社会过渡到社会主义社会的过程中，党的总路线和总任务）宣传教育的基础上，继续深入地向农民进行遵守宪法的教育，进行互助合作和发展生产的教育，进行冬季生产的教育，进行粮食、油料和棉布统购统销及棉花统购等政策的教育，进行保卫祖国，依法服兵役的教育；进行支援解放台湾的教育；以不断提高农民的社会主义、爱国主义觉悟，进一步巩固和发展互助合作运动，提高农业生产，并促进今冬农村其他各项工作任务的顺利完成……政治课以占总学习时间 20%—30% 为原则。文化教育仍以识字

---

① 陕甘宁边区政府 1949 年 11 月 3 日《关于 1949—1950 年冬学工作的指示》，载陕西省档案馆、陕西省社会科学院合编《陕甘宁边区政府文件选编（第 14 辑）》，档案出版社 1991年版，第 259 页。

② 《陕西省人民政府关于今年冬学工作的指示》，《陕西省人民政府公报》1950 年第 6期，第 77 页。

③ 陕西省人民政府文教厅 1951 年 1 月 8 日《关于冬学转为经常性民校的指示》，《陕西省人民政府公报》1951 年第 1 期，第 104 页。

为重点。"①

冬学和民校的招生原则是男女一起收。当时陕西对妇女广泛宣传的是"妇女们，学文化，最要紧。吃了饭，洗了锅，抱着娃娃上冬学"，"白天种庄稼，晚上来扫盲"等，同时讲：妇女要解放，男女要平等，妇女就要学文化。许多地方，干部家属、积极分子和年轻的党、团员带头入冬学或民校，并分片动员，很好地带动了群众的学习热情。

1950—1958 年，《群众日报》和《陕西日报》塑造的典型妇女和模范夫妻大都积极参加业余扫盲学习。比如，《群众日报》1952 年 8 月 9 日 2 版署名"陈星"的文章《李甲玉和邓桂清的美满婚姻》中，自由恋爱结合的李甲玉和邓桂清婚后勤学文化，积极生产，家庭和睦美满。《群众日报》1953 年 4 月 16 日 2 版文章《我和桂芳是怎样结婚的》（阎培文口述，冯云之记）中，长安县郭杜区市张村人阎培文和离了婚的 20 多岁女性桂芳结婚后白天一同下地，晚上一起到识字班去学习，日子过得很好。《陕西农民》1956 年 7 月 17 日 2 版李静、刘志农的文章《一对好鸳鸯》，讲述潼关县先锋农业社一对未婚夫妇刘中娃（21 岁）和苏艾芳（18 岁）不仅常在一起切磋农业生产技术，而且在劳动之余一起学文化。

农闲季节，一些拖累小的妇女，尤其是年轻女性，怀着新奇和渴望，晚饭后三三两两打着火把、提着油灯走进了冬学和民校。她们有的怕自己有文化的未婚夫或丈夫嫌弃自己没文化，有的想学点文化到城市和厂矿里去工作，有的想改变自己"睁眼瞎"的状态。比如，1936 年出生、现居商南县梁家湾镇梁家湾村三组的妇女李翠英 1955 年结婚后，虽然很多乡邻羡慕她嫁了一个有文化的基层粮食购销站干部，但她一直担忧自己是一个没有文化的农村女性，婚姻能否维持下去。尤其是 1956 年下半年，丈夫考上西北师范学校之后，她更加感觉到与丈夫之间的文化差距之大。为了保住婚姻，她加紧在扫盲识字班学习。且看她自己的叙述：

---

① 陕西省人民政府 1954 年 10 月 27 日《关于 1954 年冬学工作的指示》，《陕西政报》1954 年第 11 期，第 4—5 页。

1959年到1960年间，梁家湾东头办了一个扫盲夜校，我没有放弃这次学习机会。当时参加学习的男女青年40多人，我是其中的一个。担任扫盲班教员的是青年妇女李秀琴，她上过初中。我们用的教材是小学一年级课本，每晚学两个小时，中间休息十分钟。在扫盲班，我成绩最好时能认识上千个汉字。遇到开会讲话，别人用正楷为我写的发言稿，我熟悉几遍，就可以在会上读下来。①

有许多妇女像李翠英一样，因为在现实生活中感受到学文化的重要性，而走进了识字课堂。长安县有个妇女娘家在富平，每次回娘家时，总担心把火车站认错了，于是她上冬学后先要求老师教她"富平车站"等字；长安县另一个妇女因为一次去西安，急忙中找不到厕所的经历，在识字班先学"厕所"、"男"、"女"等字；华阴县一个中年妇女在街上买布，把两千元票子（旧币）当一千元（旧币）用，吃了大亏后，她迫切地去妇女识字班让老师教认钞票上的数字。② 富平县一区十五乡青年妇女高桂贞，因为不识字，她对象不喜欢她，于是冬学一开始她就报了名。③

《陕西日报》1950年的一篇短文用文学的方式描述了一位中年妇女因为现实生活的需要而支持女儿识字的故事：姑娘秀珠去上冬学，母亲不高兴，认为她一是耽搁了纺线的时间，二是认那几个字没什么用。第二天，秀珠在厨房做饭，母亲出去买菜回来，秀珠问："你买了多少钱的菜？"母亲说："一千元（旧币）。"可是她让秀珠看她剩下的钱时才发现她因为不会认数字，把一万元（旧币）当成一千元（旧币）给了卖菜的。她去找，可是卖菜的人已经走远了，追不上了。她这才认识到不识字、不识钱的坏处。心里的疙瘩终于解开了，秀珠母亲不仅支持秀珠去上冬学，还经常催促。④

---

① 段瑞、段存才2010年春对陕西省商南县梁家湾镇梁家湾村李翠英的采访记录。

② 陕西省文教厅1950年10月《陕西省一九四九年冬学总结》，载《西北教育通讯》第5卷第3期。

③ 富平县民主妇女联合会1952年4月2日《富平县妇联宣传工作简报》，咸阳市档案馆档案，全宗号—案卷号—存期：019—15—长期。

④ 何朴：《秀珠上冬学》，《陕西日报》1950年11月18日。

意识到识字重要性的妇女，总会克服种种困难去学字、认字，她们见缝插针，一有空闲就写、就问、就记。富平县刘集区八乡青年妇女胡秋风就是这样一个典型的例子。她识字热情很高，经常找老师给她起影格，她有空就练字、认字。①

曾在上小学期间担任过冬学老师的高陵妇女胡清贤对当地扫盲班的情形的回忆也展示了一些妇女为了与人交往、为了生活便利而认真地参加冬学学习的情景：

> 大队组织"夜校"，让村子里有文化的人给没文化的人教。我那会儿出黑板报，粉笔字写得好，给他们教上半天他们都不会写。那会儿人基本上是一个字不识，好多妇女都没有名字，姓什么就叫"什么氏"，如"胡氏"、"王氏"等。给她们教的都简单，先学写自己的名字，再学"××大队"、"第×生产队"，这效果挺不错的，她们在地里干活着就在地上写写画画，提高挺快的……我那会儿在上学，放学回去，我妈还让我们给她教，她也去上扫盲班。她会写她的名字，会写"中国"，她那会儿给前线的战士做鞋、做衣服，我们还教她写"鞋"这些字。因为有我们教，她认的字还挺多，学得也快。那会儿要与人交往，要认识钱，就必须认识一些最基本的字。②

的确，冬学和民校虽然在很大程度上是新中国把农民组织起来进行政治教育，是使农民响应政府各项号召的重要组织和方式，但它同时也在农民的文化学习方面起了不可忽视的作用。有许多妇女像李翠英、胡清贤母亲一样通过扫盲班学会了认字。

1956 年是陕西农村扫盲识字活动比较热闹的一年，报刊上刊登了一些公婆、丈夫支持和鼓励妇女参加扫盲的典型案例，从正面渲染妇女扫盲的气氛。如，《陕西农民》1956 年 1 月 11 日 3 版凤翔薛志超的文

---

① 刘瑛 1950 年 3 月 31 日《富平县刘集区二期土改中妇女工作报告》，咸阳市档案馆档案，全宗号—案卷号—存期：019—14—长期。

② 刘凡 2010 年 2 月对高陵县耿镇妇女胡清贤的访谈记录。

章《婆婆叫媳妇上学》，讲的是凤翔五龙区田家庄一位名叫拉凤的妇女，婚后三天，婆婆就抢着干家务，给拉凤腾出时间让她上民校，婆媳俩被村里人称为"模范婆媳"。

　　同时，在陕西省政府的督促下，各地在宣传动员妇女扫盲方面采取了一些切实可行的办法。比如，城固县曾肖营乡新光社运用快板发动妇女，该社俱乐部在动员中发现有的群众认为年纪大了学不下，俱乐部便编出了快板："大家赶快上民校，三年摘掉文盲帽，女的羞嫌自己年纪老，生产学习都能搞"和"记工算账并不难，入学半年就能干，若要读书把报看，勤学三年莫间断"；针对有的人怕学习耽误生产的想法，编了快板："抽空学，闲就练，挤出工夫把书念，坚持学习有半年，记账算工不熬煎。"这种轻松幽默的动员方式收到了很好的效果。此外，各地创造出了各种促进农民识字的活动。比如，除了大搞妇女识字班、冬学、民校之外，还给有拖累的妇女送识字卡片，由在校中小学生对村里的妇女包干教字、炕头识字、给实物上写上对应汉字的见物识字、田间地头插当季农活和农具名的"识字牌"、村口设"识字岗"等。通过集中推动扫盲运动，许多妇女认会了一些简单常用的字。比如，到1956年冬，商县黑山区原来一字不识的50多岁妇女赵得焕经过一个多月的学习，学会了130多个生字，并且做到了"会认、会念、会写、会用"；咸阳县光明第一农业生产合作社社员林秀云坚持学习三个多月，已经能认识1000多个字。①

　　识字，给妇女带来的不仅是会记账、会认钱等生活上的方便，还有精神上的满足，在一定程度上扩展了她们的生活空间，丰富了她们的生活内容。略阳县白石沟乡妇女、扫盲队长赵增兰本是文盲，1955—1956年经过七个月的认真学习，认识了1800多个字，学会了珠算的加减法，她运用自己所学的知识领导四个农业社的文化学习，创造了拆字法、同音法等适合群众的教学方法。她的故事在当地广为流传，她也因此出席了1956年陕西省举办的社会主义建设积极分子大会。② 前述商南县李翠

---

　　① 《陕西省农村学习文化的新气象》，《新华社新闻稿》1956年第2130期。
　　② 新华社：《陕西省举行农村妇女社会主义建设积极分子大会》，《新华社新闻稿》1956年第2360期。

英通过扫盲班的学习，不仅和在外地工作的丈夫之间的书信交流顺畅了许多，而且作为妇女干部，可以大胆地在大会上讲话了，工作上少了障碍，多了自如。① 武功县城关区营南堡农业生产合作社的姑娘樊晓霞从没上过学，但经过在冬学和成人速成识字班的认真学习，她取得了很大进步，农业生产合作社成立后，被推选为农业社的会计。这个以前只在家里摇纺车做杂活的姑娘，生活的天地一下子拓宽了许多。②

二　扫盲活动的局限性

冬学"妇女解放"、"男女平等"的宣传虽然在农村妇女们心中张起了一片片美丽的风帆，但要她们真正迈入冬学的门槛却不太容易：有的妇女成天要看娃、做饭、做针线、下地，根本无暇也无心学文化；有的感到妇道人家不好意思抛头露面去公共场所学习，更何况，多数冬学教师都是男性，受教于异性太容易引起人们的误解；也有的老人怕儿媳、女儿出去上冬学跑野了、不好管教了、不孝顺、闹离婚、误生产；有的老人甚至说男干部和男教师动员妇女上冬学是想看别人家的媳妇了；有的妇女嫌学文化麻烦，又要买书买纸，又要耽搁生产，认为过去不识字，也能生活，何必多用脑子。③

尤其是 1953 年春天的新婚姻法宣传贯彻运动月后，婚姻自由的观念被年轻人普遍接受，中、老年人心里更加恐慌，深恐冬学和民校里再讲婚姻法，鼓动青年妇女追求婚姻自由，于是极力阻挠青壮年妇女去识字。淳化县三区五乡张村姑娘韩惠霞的经历就是一例。韩惠霞 4 岁时，父母给她和三区梁家村 5 岁的梁应超订了婚。她 8 岁时，父母去世，她从此寄居在已婚的姐姐家。1952 年 9 月间，14 岁的韩惠霞和姐姐一起入了当地的妇女速成识字班。梁家恐怕惠霞有文化了不和他儿子结婚，就和媒人一起把惠霞骗到三区政府去登记结婚，区政府发现两人年龄都

① 段瑞、段存才 2010 年春对陕西省商南县梁家湾镇梁家湾村李翠英的采访记录。
② 永杰，苍龙：《摇纺车的姑娘成了农业社的会计》，《群众日报》1954 年 10 月 19 日 2 版。
③ 参考府谷县妇联 1956 年 2 月 8 日《一九五五年扫盲工作总结报告》，陕西省档案馆档案，全宗号—目录号—案卷号—存期：178—2—108—长期。

不够（梁应超 16 岁，惠霞 15 岁），不予登记，就让他俩回来了。惠霞回到了姐姐家，继续在识字班学习。梁家不放心，就托媒人到惠霞的姐姐家要惠霞和梁应超暗中结婚，或者到梁家"童养"。惠霞坚决不答应，提出她要继续在速成识字班学习，并让梁家给她一些生活上的帮助。媒人不仅不考虑惠霞的合理要求，还说惠霞姐姐和姐夫"挑拨是非"、"给惠霞撑腰"、"以后有什么问题，完全由惠霞姐姐和姐夫负责"。惠霞的姐夫很生气，又为了少一些是非，逼惠霞离开姐姐家，惠霞无处去，只好去了梁家。①

面对妇女对学文化的被动、犹疑和家庭的阻挠，陕西农村基层干部普遍觉得动员妇女实非易事，因为在 1955 年实行初级农业合作化之前，除了少数参加互助合作组织的妇女之外，绝大多数妇女都是个体劳动者，只在自己家的田地里、院落里劳作，一般的集会她们很少参加，有时即使被动员来到了会场，也因为操心家务和子女，往往会偷空溜走。

可是，上级政府要求妇女上冬学、进民校。怎么办？一些地方的基层干部就违背自愿原则，采取了强制性措施。如，1949 年 12 月对彬县的调查显示，当地妇女入冬学不是自愿报名，而是干部登记姓名，要求谁去谁就一定得去，否则罚做军鞋。② 同样的现象也存在于临潼和潼关。1949 年底办冬学时，临潼有的冬学教员对群众说："谁不上冬学就戴高帽子游街！"潼关规定成年妇女一律要上冬学，逼得一些脱不开身的妇女抱着婴儿、牵着幼儿去听讲，结果冬学教室里孩子的啼哭声和哄孩子的声音此起彼伏，不仅影响了教学质量，影响了婴幼儿及其母亲的健康，也引起了有拖累的群众对冬学的反感。③

1932 年出生、现居眉县汶家滩的妇女麻雪 20 世纪 50 年代就曾做过几天这样一个非自愿的冬学学员。她回忆说：

---

① 淳化县五区完全小学教员郭崇仁：《韩惠霞还不够结婚年龄，梁应超家不应强迫提早结婚》，《群众日报》1953 年 1 月 30 日 2 版。

② 1949 年 12 月彬县分区妇联《四乡冬学总结报告》，陕西省档案馆档案，全宗号—目录号—案卷号—存期：178—1—99—永久。

③ 陕西省文教厅 1950 年 10 月《陕西省一九四九年冬学总结》，载《西北教育通讯》第 5 卷第 3 期。

跟我们一拨的，（小时候）谁还念过书啊？念书是后来人家队里头叫上民校，我也没念过；到最后结了婚以后，来这家里，人家还叫念民校，村子里女的都去，我就去了……（民校）刚开始教的时候，先给你教自己的名字，莎莎（注：人名）她婆跟我一搭去，人家莎莎她婆还认的字多，我认不下，人家你白兴叔（注：民校教师）就说："嗨，你蛮记瞎（注：指记错）么，你看人家都知道（自）个儿的名字，认得字了。你（识字的程度之慢）能把人吓死。"我那会念不进去么，我不爱去。刚开始人家队长硬叫我这一拨去，你不去就不行，人家不停地叫。（去民校的）人多得很，跟我一（样年）龄的全是媳妇，都要去，人家不停地来叫。我记不下字，最后白兴叔还叫，我就说我不去，藏猫猫虎，最后人家没再叫我，我才没去。①

这样强迫的结果，许多妇女虽人在冬学，却心不在焉，有的甚至怀里抱着孩子，或手上拿着针线，听讲完全是有一搭没一搭；也有的让老人顶替自己去应付点名。正如白水县妇女梁云霞谈起当年村里办冬学的情景时所说："上课是生产队组织的，要是点名不到的话，在开大会的时候就会受到批评，所以许多没有劳动能力的老人就替自己的儿媳妇或邻居去应付上课。当时就有顺口溜说'婆婆替媳妇去支差，点罢名字跑回来'。"②

冬学和民校的教材层次不一，也是影响冬学教学质量的一个因素。陕西省要求各县根据实际情况自编教材，但很多地方编不出来，开学后没有课本，教员没有计划地教；有的虽然编了，但存在着各种问题：有的内容中有关生产、劳动的少，多是日常琐事，不能适应农民的迫切需要，如，农民入了农业生产合作社后，集体劳动，需要记账记工分，但冬学和民校的课本中对记账、记工的知识很少或根本不提及。有的内容脱离农民的生活实际，如，临潼一个课本里有一课是"农民生活真正谄，有高楼有大厦，有电灯有电话，内部设备也复杂"，农民觉得纯粹

---

① 王苗苗2011年7月对陕西眉县汶家滩麻雪的访谈记录。
② 张姣2010年2月对陕西省白水县雷牙乡卓子村梁云霞的采访记录。

是睁着眼睛说的瞎话，和现实生活差距太大；另一课是"要得身体好，早晨起来跑一跑"，农民说："早上起来忙着做活呢，越跑越累。"有的内容空洞，如"北风紧，大雪下，天寒地冻学文化。保边疆，卫祖国，青年责任不可推"。许多农民觉得这是说大话，没意思。有的不考虑冬学和民校的教学对象多为成年人的现实，课文内容完全是儿童口气，如长安县祝村民校多是三十多岁的壮年，甚至有五十多岁的人，但教材有一课是"爸爸、妈妈、哥哥、嫂嫂，都去开会"。有的内容非常生硬，只把生字、生词罗列下来而已，很少有完整、生动的句子，如褒城贾村坝乡的课本，有一部分全是把庄稼名、农具名、农活名罗列了67种，共148个生字。[①]

也有少数妇女识字班的教师作风轻佻，导致一些妇女退学。如，宜君县有的教师在课间对妇女做出一些暧昧的动作，说出一些暧昧的话；黄陵县有个别教师说："年轻的媳妇要上学念书，烂脏的妇女可以不上学。"群众反映说："先生要漂亮的媳妇念书哩，不好看就不要。"渭南个别教师甚至和女学员发生暧昧关系。[②] 本来，陕西大多数地方的农民对两性关系就比较敏感，一些家长唯恐年轻女性去上冬学后要退婚、离婚，教员的轻佻行为更加重了女性家人的忧虑，增加了年轻女性上冬学的阻力。

可以说，从1949年到1960年，中央和陕西省几乎每年冬季都重申农村扫盲工作，下发相关的文件和指示，但在陕西各县，普遍存在着上级催得紧时，冬学和民校就开办几天，催得不紧了，就停止的现象。如群众所说：冬学开始时热火朝天，结束时冷冷淡淡，年年学文化，一字记不下。[③] 之所以出现这种现象，除了上述妇女拖累大、男子活路多、冬学缺乏有效的教材、时办时停之外，还有一个重要原因，是1953年以来，农民即使冬季也不得空闲。1953年开始实行统

---

① 《陕西省教育厅关于编写第一、二步农民识字教材的通知（1956年1月11日）》，《陕西政报》1956年第2期。

② 陕西省文教厅1950年10月《陕西省一九四九年冬学总结》，载《西北教育通讯》第5卷第3期。

③ 城固县妇联1956年10月4日《城固县妇联关于妇女学习文化的报告》，城固县档案馆档案，全宗号—目录号—案卷号—存期：34—34—20—永久。

购统销政策以来，冬季的统购工作占去大量的农闲时间，尤其是基层干部的高征购，使农民人心惶惶；加之，1955 年冬季的农业生产合作化运动，1956 年冬季的整社（注：整顿已经成立的农业生产合作社）、转社（注：即初级社转高级社）、扩社（注：指扩大农业社的规模）和并社（注：指合并小农业社为大农业社），1957 年冬季的农田水利建设，1958 年、1959 年冬季的大炼钢铁，1959—1960 年冬季的大修水利、整风整社等都使农村虽有"农闲"，农民却毫无空闲，尤其是青壮年劳动力被普遍外调参加各种建设工程，基层干部和男女农民都无暇顾及冬学和民校工作。

1958 年的全面"大跃进"中，陕西农村开展了文化跃进，各县大搞扫盲运动，大办扫盲班，普遍搞识字岗、识字组、扫盲牌，大布识字阵，连六七十岁的老人也学要文化。可惜，这样运动式的扫盲表面上轰轰烈烈，实际上粗糙浮躁，没有太大的实际效果。

1961 年到 1965 年，陕西省政府很少下发有关农村扫盲的文件和指示，基层的工作总结和报告中也很少提及。可以肯定，这个时期由于冬季各种政治运动、生产建设运动此起彼伏，陕西农村的扫盲工作十分薄弱，虽有个别乡村在农闲冬季举办，但也只是小规模的。

因为这种应付式的、时办时停地办冬学和民校，许多农民虽上过几茬识字班，却没能认识几个字，有的虽当时学了几个字，后来由于没有巩固，又回生了。据略阳县妇联 1957 年在略阳县接官亭乡星光社的调查，全社 41 个妇女上过冬学的 21 名、上过小学的 2 名，其余 18 名均未参加过学习，在 21 名上过冬学的妇女中，仅极个别能认 400 个字，一般的能认 50 个字左右，少数仅能认下自己的名字。[①]

在山区，因为农户居住分散，晚饭后天黑不便集中，分散学习又缺乏师资，再加上物质生活极端贫穷，妇女无心学文化，识字班很难举办，即使办起来也难以坚持，因此，山区妇女的文化学习非常薄弱。如，据 1956 年 10 月对城固县中坪乡回子坝社和石佛山社的调查（这两社共 72 户、288 人），一字不识的人占到总人数的 95%，其中石佛山社

---

① 略阳县妇联会 1957 年 7 月 2 日《略阳县妇女工作调查报告》，陕西省档案馆档案，全宗号—目录号—案卷号—存期：178—2—127—长期。

识字的只有会计陈元清一人，他曾读过两年私塾。[①]

<h2 style="text-align:center">三   个案</h2>

1923 年出生的眉县妇女张凤仙 1958 年冬天上扫盲班的经历，是相当一部分农村妇女上冬学的一个缩影。在此，我们录下张凤仙和她 1947 年出生的女儿肖喜雀对张凤仙这段冬学经历的追忆，作为我们了解当时妇女上冬学的一扇窗口。

张凤仙的追忆：

（我 50 年代）上过（识字班）。我那阵额头上留的有头发，齐齐的，学字学不进去把我急得出（汗）水呢，额头上的头发都湿了，人家还表扬我呢，说我费了心机了。（我）连半个字都没学下。白天到地里做活，后来又到食堂做饭呢，黑了汤喝了可成半夜地开会呢，那时会多很。那时我还缠的有裹脚布呢，又没雨鞋，经常（天）黑了回来裹脚布和鞋都是湿的，一晚上睡觉把脚都在炕边吊着呢，天没明呢又走了，起来做活去了。我和宝强（注：人名）他妈一搭去学字呢。（识字班）在一家人屋里呢，没有学校。闲了黑了去学一下，忙了就不去了；黑了去（识字班），白天不去。（我现在只是）上厕所能认得（"男"和"女"）。[②]

肖喜雀的追忆：

扫盲班说起来就是妇女识字班，（我妈）她上过，那是（19）58 年，下雨时天黑了她给鞋上绑个带带（注：用来防止鞋子在烂泥路上滑脱），把我们（注：指张凤仙 11 岁的女儿和 3 岁的小儿子）引上去上妇女识字班。谁不去上识字班，人家还说（注：指批

① 中共城固县委 1956 年 10 月 30 日《中共城固县委关于访问中坪乡的报告》，城固县档案馆档案，全宗号—目录号—案卷号—存期：1—1—85—永久。

② 李巧宁 2010 年 8 月 8 日对陕西省眉县金渠乡蔡家崖村张凤仙的采访记录。

评）呢。妇女识字班就是天黑了给妇女教一些简简单单的字，像
"锄地"之类生活中常用的字，就这，许多妇女成月地学，学不下
几个字。如果上过一点学的人去上识字班，就有点基础，好学；像
我妈这些妇女从来没上过学，学起来没基础，再一个，她们黑了学
的字，白天顾了做活、顾了家务，可又忘了。我还记得我妈上妇女
识字班前后，生产队到各家各户搜你余粮，收你的金银珠宝，像我
妈那些年身上戴的一串银子做的牙签、掏耳朵的……一串串、每个
大约有二寸长，看起来好看得很，还有银镯儿……都叫人家收去
了。（我妈上识字班）积极么，但是上识字班就一两个月。到运动
期间了，人家说来检查呀，生产队就办起了，运动一过去，就撤伙
了。（上妇女识字班的）就十来个人，都是能脱开身的人。有的妇
女有碎娃呢，娃多，拖儿带母，事情多，黑了本该去识字班呀，她
又哄娃呀、蒸馍呀……才安顿家务呢，第二天要保证按时出工呢，
走不开么，不是说她不想上，她就是想上也脱不开身。（我妈还）
受过奖励。她是坚持得好，不管能不能学下，就是下雨也天天一双
碎脚（注：指裹脚）都去学，人家就给她送喜报呢啥呢，说她
（学习）精神好，能坚持。[1]

可以想见的是这样一幅图景：在漆黑寒冷的冬夜，一个身材瘦削、
裹着一双只几寸长的小脚、额前留着齐刷刷的刘海的 35 岁农村妇女，
拖儿带女，和同龄的妇女一起去识字。

1956 年丈夫去世后，张凤仙一人拉扯四个未成年的子女，虽然繁
忙疲惫，但她响应各种政策，对扫盲也是。她努力地想识字，天天坚持
上识字班，无奈白天既要参加集体劳动、做家务，又要操心子女，前一
天晚上学到的东西无暇巩固，只能边学边忘。更何况，生产队还常常挤
掉晚上的学习时间来召开群众会议。多年后，留在她脑海中的，只是最
切实可用的两个字："男"和"女"。

---

[1]　李巧宁 2009 年 8 月、2010 年 8 月对陕西省眉县金渠乡田家寨村肖喜雀的采访记录。

四 正规教育

新中国鼓励文化普及，除了在农村办冬学和民校，对妇女进行扫盲外，也动员学龄女性上小学、读中学，让她们接受正规的文化教育。可惜的是，许多家庭都是多子女，家务繁多，未成年的女孩子被留在家里做家务：做饭、照看年幼的弟妹、做针线活、喂养家禽家畜、打扫卫生等。1956 年陕西农村普遍实行高级农业合作化后，完全靠工分分红，十多岁的女孩子也成了家里挣工分的一分子。只有个别家庭家务负担稍轻的、家长重视文化教育的、女孩子坚持要上学的、男孩子上学需要陪护的，学龄的姑娘才得以走进学校，拿起课本，在学习中开始新的、不同于母辈的人生之路。

1941 年出生的佳县郭子珍女士 1951 年能上学在当地同龄的女孩子中也是稀罕的。忆起当时的情况，她说：

> 新中国成立后，女孩子上学的比以前的能多点，但是父母还是不让上，农村人就是重男轻女思想严重，看重男娃娃，说女娃娃将来嫁人了，是外姓人家的人了。我算是幸运的了，我大（注：指父亲）还比较有眼光，思想比较进步，刚开始我每天都跑去偷听那些男娃娃上课，我大看我爱上学最后就同意我上学了。那个时候上学不像现在这样方便，主要是上私塾，几个娃娃的家长合伙请先生教书，那时候还有教书的老先生，用的是土盘（注：木头做的方盘，里面装有黄土）、石板，用木棍棍在细黄土上写。当时的女娃娃们都特别想上学，大多数家长就是不让上学。记得我们村一个女娃娃也想上学，天天哭着闹着，他家人就是不同意，没有办法最后还是不让她去。唉，父母思想比较进步的还是少数。

1945 年出生的高陵县耿镇王家滩妇女胡清贤，也是当地同龄女孩中少有的能读书的幸运者。1956 年，为了保护去上小学的弟弟，她和弟弟同班入读小学。她学习好，1962 年小学毕业后本想继续升学，不巧碰上了国家动员农村小学毕业生回乡务农的政策，只好回家，后来担任过生产大队团支部、妇联主任兼计划生育专干、生产队妇女队长和政治队长。多年后忆起自己的求学经历，她既感激当年在村里70%的家长不愿女孩上学的情况下，母亲能让她上学，又慨叹自己命运不好，小学毕业刚好碰上了国家限制农村小学毕业生继续升学的政策，没能读中学、上大学。①

其实，在1962年国家政策性地动员家在农村的中小学毕业生回乡务农之前，经常会出现家长和农村基层干部随时让女孩子结束正规求学活动的现象。《陕西农民》1956年"大家谈"栏目的一篇文章就反映了家长随时中止孩子上学的情况。文章讲，有的乡亲为了在农业社多挣工分，或遇到一些小困难，就把孩子从学校叫回来不让上学了。② 应该说，相比之下，如果一个家庭同时有男孩和女孩在上学，家里遇到困难或迫切需要多挣工分时，女孩子被叫停上学的机会远远大于男孩子。

基层干部阻挠女生上学的现象主要发生在1958—1960年间。1958年冬季，陕西各人民公社下面的生产队普遍建立了公共食堂，且推行"吃饭不要钱，干活不记工"的政策，以前为了让子女挣工分或是帮助做家务而把他们留在家里的父母，纷纷让子女去上学。一时间，愿意上学的女童和少女陆续走进了当地的小学。然而，由于大炼钢铁和各种水利、基建工程大量调用男劳力，到1959年开春，随着农村各种活路的展开，农业劳力不足的现象日益突出。于是基层干部竭尽全力阻止学生去上学，让他们补充农业生产劳力的不足。

1947年出生的眉县肖喜雀女士这样说起"大跃进"时期自己上小学的情景："女娃到学校刚来几天生产队就派人又把她们赶回去了，叫回去到地里做活去呢，不叫娃伙上学，（生产队里）嫌女娃都去上学了生产队就没劳力了。女娃都从地里偷着往学校跑呢。"③

肖女士的叙述给我们复原了当时女孩上学的处境：终于因为不需要帮助家里挣工分而有了上学的机会，却被生产队阻拦到田间去干活，女孩们乘生产队干部不注意，又从田间偷偷溜走，到学校去上课。一追一

---

① 刘凡2010年2月对陕西省高陵耿镇王家滩胡清贤的采访记录。

② 《陕西农民》报"大家谈"栏目《不该叫娃半路退学》，《陕西农民》1956年4月14日3版。

③ 李巧宁2009年8月、2010年8月对陕西省眉县金渠乡田家寨村肖喜雀的采访记录。

逃，包含着基层干部的无奈，也包含着女孩子对学文化的渴望。

到 1961 年、1962 年，农村吃粮按劳分配的比重提高后，女孩子辍学回家劳动的比例上升。尤其是 1962 年陕西省对农村中、小学毕业生继续升学做了年龄限制之后，农村中、小学生升学的比例明显降低，一些女学生看到升学的希望渺茫，感到不如早点回家挣工分，就纷纷辍学。

同时，新中国成立后虽然国家在政策上鼓励女孩读书，但是在陕西农村，女孩子即使能上学的，也大都到十岁左右才入学，等到高小毕业，已经十六七岁，接近出嫁的年龄。在民间，女孩子早订婚的习俗在 20 世纪五六十年代一直延续下来，大都在十五六岁乃至十三四岁已经订婚，小学毕业后无论父母还是未来的公婆都不再希望女孩子继续读书，希望为她们早点安排婚事。

因此，据大略的估计，20 世纪五六十年代，在陕西农村，学龄的女性能正式入小学的不过 50%，能念完高等小学的不超过 20%，能读完初中的不高于 10%。

第八章 余论与结语

一 余论

有人说："人生是一个持续不断的时间过程，'何处是归程？长亭更短亭'。休闲即是在人生之路的'亭'中的小憩。"[①]的确，生命之道应张弛有度。然而，在1949—1965年间陕西农村成年妇女劳忙的生活中，尤其是1956年高级农业生产合作化之后，弛就是终于可以坐下来给孩子喂一会儿奶，可以在田间劳动时开开玩笑，可以在劳作歇息时边做针线边凑在一起说说话，可以在开完了会、加完了班、上完了识字班、做完了家务之后的深夜上炕睡一会儿。这样的"弛"只是放松，算不上真正意义上的休闲，因为她们无闲可休，一年从春到冬永远有干不完的活，田间劳动、家务、基建兴修、扫盲学习、开会……日复一日，没完没了。过春节时，孩子们可以在村中大场地中支起的秋千上荡一荡，男人们可以蹲在门外向阳的地方聊聊天，妇女们赶紧抽空做家务、做针线。

劳忙中的放松因为难得，更显珍贵，所以至今陕西农村妇女忆起20个世纪五六十年代的生活依然对集体劳动的热闹回味无穷，记忆犹新。

新中国成立初期，陕西农村医疗条件十分简陋，一些常见病的治疗往往颇费时日。家住合阳县路井镇的赵菊兰1953年1月2日，生育后的第三天，和婴儿胜天一起生了病：婴儿身上发烧，只是啼哭，不肯吃奶；赵菊兰眼睛、脸部肿胀，时而发冷打战，时而浑身发烧，迷迷糊

---

① 吕尚彬等编著：《休闲美学》，中南大学出版社2001年版，第3页。

糊。婴儿的病经两个人医治、用土法和西医历经近一个月才基本治好，
还留下了终身中指高度弯曲的遗憾。赵菊兰的病也治了一个多月才有好
转。且看赵菊兰的丈夫侯永禄日记中胜天和赵菊兰治病的记载：

> 我听说半巷中有一个人称一婶的人会瞧娃娃病，便请他来给娃
> 娃瞧病。一婶用缝衣针给娃"放四梢"，即每个手指和脚趾都用针
> 放出血。由于她下针过重，将娃右手的中指扎破，伤口几天不能愈
> 合。后来我又请来乾字村的外科医生侯种田给娃治疗，他每天来敷
> 药一次，治了半个月仍不见好。直到春节后，娃右手的中指还肿得
> 像玻璃一样。菊芳姐得知情况后，便给种田说："小娃指头上一点
> 小伤，你瞧了半个月，跑了十几回，至今治不好，还算咱村的名医
> 吗？你真的治不了的话，我就叫人家另请高手呀！"种田一听话味
> 儿不对，才认真看了伤势。他发现伤口内有扁豆颗粒大的一点儿碎
> 骨，便夹了出来，上了药，伤口才渐渐愈合了。大夫前后来看了
> 18次，我们每次给他1万元（注：指旧币）钱，共给了18万元
> （注：指旧币）钱。由于延误了娃的病情，虽然伤口后来愈合了，
> 但娃的中指高度弯曲，终究伸不直了，造成终生的遗憾……我请来
> 西医薛大然，给（菊兰）打了十多次盘尼西林针，但直到满月时仍
> 未好彻底……我只好请来中医李甫田，他说这是"蓐痨"。直到除
> 夕那天，他还来给菊兰瞧病。甫田共来四次，我花了四万元（注：
> 指旧币）医药费。①

直到1958年人民公社化时，卫生所才纷纷建立，平均每个公社有
一个卫生所，但病人多，设备差，医生少，看病仍不方便。1944年出
生、1973年之前一直居住在陕西省吴旗县白豹镇的妇女许青珍对20世
纪60年代给子女看病的一次经历的回忆可以帮助我们对当时看病难的
情形有所认识：

---

① 侯永禄：《农民日记——一个农民的生存实录》，中国青年出版社2006年版，第36—
37页。

我们那会（儿）小娃有病了，在卫生院，那会儿是公社医院，去检查，（医生）说（小娃是）感冒了……（第）九天头晌（小娃病严重得）不行了又背去检查，（医生）说（小娃）肝子胀大了，叫引到吴旗华池（注：即今甘肃华池县）透视去，白豹没有（透视的），就背上（小娃），步行到华池，走到华池坐到炕上脚疼得都扎不到地上。七十多里路呢。现在是想到哪里去就去了，你看多方便，去卫生院看病也方便。我们那会儿把小娃耽搁得，到华池还等着检查不上，人多得很。最后检查说是消化不好，正说抓药哩（医院）打下班铃了，人家不抓了，叫下午上班了来抓；下午上班了上午给检查的那个人又没来，另一个医生问：'你们这娃娃提前给你们解决了没有？'人家（把'检查'）叫'解决'。我给说消化不好么，医生说你们这娃不是消化不好，是肺上的病，我说那你给检查一下。（医生）检查一下说：'这娃娃可厉害呢，可能是肺炎，要晚上 12 点很快透视。'晚上 12 点就抱去透视么，我抱着呢，你苏爷（注：叙述人许青珍的丈夫）在单面（注：旁边）站着，叫快透视。……到晚上头半时（注：前半夜）给抓了些药，打了一针，到半夜起来黎明了又吃开了、喝开了，第二（天）早上起来还要坐起来，我们就把他扶起来叫坐下。①

山区的医疗条件更加原始。以城固县委 1956 年对城固县水碥区中坪乡的调查结果为例。中坪乡在秦岭深山地区，全乡只有一个中医，技术很差。回子坝社李成才是个半瞎子，吃了这个中医开的两副药就成实瞎子了；去请医生费用很高，一里路要出五分脚钱，群众生活十分困难，根本没有多余的钱去看病，只有硬熬，往往把小病熬成了大病。②

求医难、求医贵，群众有了病就求神保佑，平时也到处烧香磕头。据城固县妇联 1951 年的调查，城固县各乡每一个村，没有不烧香的老

---

① 杨永霞 2010 年 2 月对 1944—1973 年居住于今陕西省吴旗县白豹镇的许青珍的采访记录。

② 中共城固县委会 1956 年 10 月 30 日《中共城固县委关于访问中坪乡的报告》，城固县档案馆档案，全宗号—目录号—案卷号—存期：1—1—85—永久。

百姓，妇女尤甚。①1952 年，华县东赵乡一个浅沟里流出一股泉水，该乡郑福太老汉胳膊有病，用此水洗过之后常给人说："20 年前这里的水就治过病，民国十八年郑德玉（已死）在水里洗尿罐把神污了，水才干的。今年水又出来是神显灵哩，把我的胳膊都洗好了。"日子久了，这股泉水便被人们称为"神水"，不少老年人和妇女取此水治病。到 1953 年 5—9 月间，各地每天到这里提水的人平均在 300 人左右，每月逢三、六、九日有 500 人左右，逢初一、十五多达 800 人，最多的一次有 1500 人，其中农村妇女占很大比例。②1953 年阴历四月上旬，朝邑县二区、三区群众相传"合阳馍馍村活神"到朝邑县的一个破窑洞内，群众纷纷前去烧香、求神，在洞壁上摸出灰土、虫粪等当作神药，回家治病。③

　　妇联、青年团等各种组织对群众的迷信活动不断进行制止、教育，但由于群众在疾病、灾害面前的无助，迷信活动一直难以禁止。如，1962 年，咸阳有的老婆在群众中散布说："今年七、八月天降瘟疫，人有大难。"妇女们心里恐慌，纷纷去庙里烧香、敬神、还愿等；有的地方，群众还集资修起了庙宇，以迎接神仙下凡助人间灭瘟疫；还有一些群众背上干粮，远足数十里求雨、敬神，一去就是半个月。④1963 年，彬县文家坡生产大队的 7 名女干部中，4 名从 1962 年以来一直是"传符看病"；高里坊大队女社员胡群莲一看到长虫从崖背上掉下来，就请阴阳先生安神；一般妇女几乎人人都有"喝神水"、"吃神药"、"安神送儿"、"求菩萨、许愿、还愿"等迷信活动。⑤商洛专区 1962 年、1963 年以来到处都有巫婆算卦问卜的现象：商县四山庙大队富农王双

---

①　城固县妇联 1951 年给城固县委的一份报告，城固县档案馆档案，全宗号—目录号—案卷号—存期：34—34—3—永久。

②　王毓华、牛振义 1953 年 10 月 7 日《平息华县东赵乡闹"神水"事件的报告》，渭南市档案馆档案，全宗号—案卷号—存期：1—216—长期。

③　中共朝邑县委 1953 年 8 月给渭南地委刘书记及渭南地委的信，渭南市档案馆档案，全宗号—案卷号—存期：1—216—长期。

④　陕西省妇联咸阳专区办事处 1962 年 9 月 27 日《当前农村妇女思想情况及今后进行思想教育工作的意见》，陕西省档案馆档案，全宗号—目录号—案卷号—存期：178—1—312—永久。

⑤　彬县妇联 1963 年 11 月 24 日《社教运动第一阶段妇女工作汇报》，咸阳市档案馆档案，全宗号—案卷号—存期：019—38—长期。

苗在家设神位、摆香案，奉敬"天地三界，千圣万母"，经常有群众登门求神问药；商县祖师店大队巫婆黄拉娃1962年10月到四山庙巫婆黄月家，设香案搞迷信活动，一次就有20多名妇女前去烧香磕头；洛南县王挑大队1963年共178户人家，有115户妇女有机会就参加神会。①耀县下高堰公社阿堡生产队流行性感冒发病率高时，妇女纷纷画符避鬼，晚上在路边插香送神、取药。② 1965年，临潼县行者公社一个妇女的独生子病了，请了一个巫神治病，巫神说："鬼在炕边生，要吃糖馍。"这个妇女不给孩子吃药，却在家庭十分困难的情况下高价买了白糖馍给孩子吃，因延误病情，孩子死去了。大荔县婆合公社太山大队一个瞎子老婆经常在家里上神，说："太山下边水潭里有冰片，能治病。"不少妇女不顾潭中水脏，以为是神水，在里面洗眼治病，有的还提上瓦罐把水提回去治病。③

就着装来说，1949—1965年间，陕西农民保持着自给自足的生存状态，基本的生活资料主要靠自己生产，穿衣也是如此，布料的加工、衣服的缝制几乎全靠妇女动手，服饰主要以自己纺织、自己染色的家织布（有的地方也叫"土布"）为材料，也有少数青年妇女穿时髦的花布。女性衣饰所用的家织布，色彩以红、绿、蓝、黑为主。年轻女性多穿色彩鲜艳的红色和绿色，中老年妇女多穿蓝色和黑色。无论老幼，都是上衣下裳，且以宽松为主要风格。这样的穿衣风格，一方面与当时强调男女都一样，不张扬女性的身体曲线有关，一方面为了便于劳动与活动。

具体而言，中老年妇女的着装式样更新慢，带有民国着装的特色：上衣多为斜襟，裤子高腰、宽大，腰部和两个裤角处都用布带扎紧，走起路来干净利索。民间把这样的服装称为"大襟上衣、大腰裤"。40岁以上的妇女中，不少是裹脚，一年四季缠着裹脚布，蹬一双尖角小布

---

① 陕西省妇联商洛专区办事处1963年《阶级斗争在妇女中的反映》，商洛市档案馆档案，全宗号—目录号—案卷号—存期：17—2—86—长期。

② 陕西省妇联渭南专区办事处1963年［妇］字第37号文件《当前阶级斗争中的妇女思想动态》，渭南市档案馆档案，全宗号—目录号—案卷号—存期：1—3—1421—永久。

③ 渭南专区妇联1965年11月10日《当前阶级斗争在妇女中的反映》，渭南市档案馆档案，全宗号—案卷号—存期：20—60—永久。

鞋，一扭一拐、不停歇地奔忙在田地里、场院里。

青年妇女多穿对襟上衣，宽腿裤子，圆口布鞋。

妇女服装的基本式样一年四季基本不变，变的只是衣服的单、夹、棉，以及衣袖的长短。

陕西民间多称女性的发辫为"帽（或'毛'）辫"、"帽（或'毛'）盖"。解放前，农村妇女的发辫多为单辫。未婚女性多在脑后扎一根长帽辫，或编为麻花辫，或不编，结婚后或生育之后即在脑后挽一个发髻，可以用黑色的纱网收拢，直到老年。在陕北和关中的一些地方，中老年妇女习惯在头上顶一块毛巾、手绢或方布巾，既是装饰，也可以在劳动时擦汗，冬天又可以保暖。

1949 年以后，老年妇女的发髻依然。青少年妇女大多在耳后梳双辫，或编成麻花状，或只在发根处扎紧；双辫有长有短。也有的剪成齐脑勺的短发。所谓双帽辫，就是把头发分成两部分，每一部分在耳后编成一条花辫，在发梢处扎紧，甚至可以系上漂亮的蝴蝶结；双辫可以长至腰间，也可短至脖颈。也有的三四十岁的妇女留短发，即，把所有头发向后梳，在脖子处剪得齐刷刷的，耳后别两只小卡子。女童发式多样，以活泼可爱为特点。不少地方的女童喜欢在头顶两侧扎两个小辫，称之为"雀儿架"，意为麻雀可以站立其上。

1963 年，富平县一些不满人民公社体制的群众把双辫子看成是建国后新事物的一种代表，流传着这样的谣言："先死鸡，后死羊，双帽辫子你不要张（注：读二声）。"年轻女性听了以后心里非常恐慌，纷纷剪掉双辫。富平县白庙公社郭家队听了后，25 名妇女中有 19 人把帽辫剪了。[①] 但时隔不久，谣言即随风而去，妇女的双帽辫依然摇曳生姿，透着青春的亮丽与活力。

1949—1965 年在农村开展的历次运动中，妇女大多是被动的，或者说始终是被动的。1950—1952 年的土地改革运动中，妇女虽然和男子一样享有了土地所有权，但她们对出来开会，尤其是和男子坐在一起开会议事感到别扭、不习惯，更不要说发表什么见解。1953—1956 年

---

① 1963 年陕西省妇联渭南专区办事处文件 ［(63) 妇，37 号］《当前阶级斗争中的妇女思想动态》，渭南市档案馆档案，全宗号—目录号—案卷号—存期：1—3—1421—永久。

的互助合作运动，大多数农村妇女抱着"由男人做主"的态度，后来看到互助合作是国家政策，也就随波逐流。1953 年的婚姻法宣传贯彻运动，与妇女的日常生活关系密切，但许多女性早已经接受了"嫁鸡随鸡飞，嫁狗随狗叫，嫁个扁担顺墙靠"的观念，即使婚姻不幸福也很难迈出离婚这一步。只有少数个性较强的妇女在政府的帮助下摆脱了不幸福的婚姻。1957 年的人民公社化运动，妇女和男子一样在政府的号召下没有选择地成了人民公社的一员。1957 年以后，每年冬天的整风、整社运动和 1963 年开始的社会主义教育运动中，虽然工作组和驻队干部反复动员妇女发表意见，但妇女们怕得罪人、怕说错了遭人笑话，很少开口说话，她们即使身在会场，手上和心上也忙的是孩子、针线活和缺面少油的一日三餐或两餐。

二　结语

1949—1965 年，"男女平等"、"妇女得解放"的话语广泛传播，它激起了妇女们对新生活的无限憧憬，让她们油然而生一种新中国主人翁的自豪感。这种憧憬与自豪是以往任何时代的中国妇女所不曾有过的。

的确，在中华人民共和国政府的主导之下，妇女的天地宽了，从原有的锅台边、炕台边、磨台边扩展到田间地头、基建工程场地、炼钢炉边；妇女在各种事务中可以发表自己的意见，逐渐打破了以往"女人家不在人面前说话"的习俗；婚姻也自由了，可以退婚、离婚，可以自由恋爱，寡妇可以按自己的意愿再嫁；尤其是 1962 年开始，政府不仅像 1957 年一样地宣传计划生育的必要，而且给妇女宣传计划生育的具体措施，使妇女多生育的负担逐渐减轻。

当然，天地宽了，可以参与的领域拓展了，生产劳动和开会讨论的负担也就加重了。在家务劳动工具原始、社会化水平极低的情况下，在人们的计划生育观念还没有普遍确立、计划生育的条件还十分简陋的背景下，原有的家务、生育责任之外，妇女又不得不参加日常田间劳动和频繁的政治运动，劳忙的程度可想而知，甚至顾不上吃饭和休息。再加上有些基层干部工作作风粗暴，没有注意到妇女的特殊困难，因此有些妇女很有怨言，感觉到政府在讲妇女翻身，事实上却越翻越苦。

但也有些妇女因为获得了广阔的天地而由衷地高兴,在她们看来,人虽比解放以前劳动压力大了,但心是自由的,不再被男人看不起,也不再自己看不起自己。1931 年出生的洋县龙亭镇高原寺村妇女张秀兰对建国前与建国初近 20 年生活对比后的感受有一定的代表性。她说:

> (建国后妇女)解放了么,人们思想都解放了。唱歌、扭秧歌,人们心里高兴,妇女翻身了,婚姻上解放了,男女婚嫁自由了,自由选择对象,离婚也自由了;干活女的也有了工分,都抢着干;上学,男女平等,女孩也上学;在家里,妇女的地位提高了,有了话语权,没有封建思想了。解放前妇女在家干家务活,织布、纺线、经管娃……就是她们的活。我小时候,我姑们(被)关在一个屋里织布纺线,不准出来见人,不准姑娘出来问人(注:指和陌生人打招呼),解放了就没有那了啊。(政府)有(宣传)哩,单偏(注:意思是专门)有宣传政策,(说)男的能干啥工作,强女的就能干啥工作。①

1943 年出生的蒲城县东杨乡三兴村妇女刘秀云也有同感:

> (五六十年代妇女)得到(解放)了。记得小时候,我爹说解放了、女的自由了、可以自己找对象了,借着这话,(我)就给自己寻了一个对象。还有,像女的可以当干部、队长之类的,虽然很少。老早是(妇女)不能离婚,打死都不行,打死就打死了,解放了(妇女)不愿意就可以离婚。②

但是与今天妇女们既有广阔的天地,又有更多自由选择生活方式的状况相比,1949—1965 年间妇女的解放是有局限的:虽然在官方宣传话语中男女平等,在现实中也大大地扩展了妇女的天地,但这个天地和在这个天地里的活动是政府严格限定了的;农村妇女为了生存而不得不

---

① 熊乐 2010 年 8 月对陕西省洋县龙亭镇高原寺村张秀兰的采访记录。
② 缑小敏 2009 年 7 月、2010 年 2 月对陕西省蒲城县东杨乡三兴村刘秀云的采访记录。

按照基层干部的安排，承担繁重的、低价值的劳动。正如 1940 年出生、从 20 世纪 50 年代末到 80 年代一直做基层妇女干部的城固县柳林镇妇女陈素芳所说：

> （新中国）刚开始那阵说妇女翻身了、解放了，政府可重视了，重视得很，妇女也是高兴得很。现在（妇女地位）还是高。现在自己给（地位）高了么。原来是政府呀、干部呀，都把她（们）捧得高，可是她自己成天就是干活、吃饭、养娃，就是这么一回事。现在这社会，人家都想的是怎么样做生意，怎么样把家搞好，干些啥，就是政府不说（妇女地位），我自己生活好了，过得活泼得啥一样的。[1]

历史是需要不断回味、不断反思的，相信不远的未来，在档案资料的查阅更便利、对农村妇女口述史的重视大大加强的情况下，会有更多人从不同的角度、不同的层面去品味和思考 1949—1965 年陕西农村妇女的历史。

---

[1]　李巧宁、陈海儒 2010 年 4 月对陕西省城固县柳林镇陈素芳的访谈记录。

主要文字史料来源

一 档案

1. 陕西省档案馆档案：全宗 178（陕西省妇联）。

2. 宝鸡市档案馆档案：全宗 4（中共宝鸡市委宣传部），全宗 23（宝鸡市人民委员会办公室），全宗 69（宝鸡市妇联）。

3. 商洛市档案馆档案：全宗 6（中共商洛地委宣传部），全宗 7（中共商洛地委办公室），全宗 17（商洛专区妇联）。

4. 渭南市档案馆档案：全宗 1（中共渭南地委办公室、中共渭南地委秘书处、中共渭南地委、中共渭南地委宣传部），全宗 20（陕西省妇联会渭南专区办事处）。

5. 咸阳市档案馆档案：全宗 003（咸阳地委宣传部），全宗 019（咸阳专区妇联），全宗 005（咸阳地委农村工作部）。

6. 延安市档案馆档案：全宗 1—1（中共延安地委办公室）。

7. 榆林市档案馆档案：全宗 1.1（中共榆林地委办公室、中共榆林地委秘书处），全宗 1.4（中共榆林地委整社办公室），全宗 1.7（中共榆林地委农村工作部），全宗 1.6（中共榆林地委宣传部），全宗 10.5（中共榆林地委生产救灾办公室），全宗 7（共青团榆林地委宣传部），全宗 9（陕西省妇联榆林专区办事处），全宗 17（榆林专署粮食局），全宗 10.1（榆林地区专员公署），全宗 1.5（中共榆林地委组织部），全宗 11（榆林地区计划委员会），全宗 28（榆林专区合作办事处）等。

8. 安康市档案馆档案：全宗 6（安康地区妇联办事处），全宗 1（中共安康地委）。

9. 汉中市档案馆档案：全宗 001（中共汉中地委宣传部），全宗

002（汉中专署文化局），全宗 005（汉中专区妇联办事处）等。

10. 城固县档案馆档案：全宗 34（城固县妇联），全宗 1（城固县委办公室）。

11. 南郑县档案馆档案：全宗 003（南郑县民主妇女联合会），全宗 001（中共南郑县委统战部、南郑县农村工作部）。

二　报刊

1.《群众日报》（1949.5—1954.10）。

2.《陕西日报》（1950.7—1952.12；1954.10—1965.12）。

3.《陕西农民》（1953—1959，1964—1965）。

4.《陕西政报》（1950—1965）。

5.《新华社新闻稿》（1956）。

6.《西北教育通讯》（1951—1952）。

三　网络资料

"陕西省地情网"之"地情资料库"。

四　资料汇编

1. 彭珮云主编：《中国计划生育全书》，中国人口出版社 1997 年版。

2. 陕西省档案馆、陕西省社会科学院合编：《陕甘宁边区政府文件选编》（第十四辑），档案出版社 1991 年版。

3. 本书编写组：《新中国法制研究史料通鉴》（第6—11卷），中国政法大学出版社 2003 年版。

4. 陕西省教育厅《陕西教育志》编纂办公室编：《陕西教育志资料选编》（上卷），陕西人民出版社 1987 年版。

5.《中国计划生育工作手册》编委会编：《中国计划生育工作手册》，中国人口出版社 1996 年版。

后　记

　　书稿终于完成了，我们搁下手中的笔，却总感意犹未尽。

　　在几年前决定写一部关于农村妇女 20 世纪五六十年代生活的书稿时，我们满怀激情和信心，因为我们相信，在农村长大、接触过许许多多陕西农村妇女的我们，加上对档案资料和报刊资料的仔细翻阅，以及通过访谈广泛搜集口述史料，不难把 1949—1965 年陕西农村妇女的生活如实地、全方位地展示出来。

　　然而，在查阅了陕西省档案馆、陕西省各市级档案馆和部分县级档案馆的有关档案，翻看了 20 世纪五六十年代几种与农村和妇女有关的主要报刊，尤其是倾听了数十位农村妇女的口述和阅读了数百份访谈记录之后，我们才发现，原来生活本身的丰富性是难以用笔穷尽的，20世纪五六十年代陕西农村妇女历史的厚重是无法用语言描述的，妇女们在极度贫困和没日没夜的劳作面前所体现出来的坚韧是不可用常规思维来想象的。

　　古人云：千里之行，始于足下。知难而一步步向前迈进，总会有所收获。抱着这样的信念，用三年多的春夏秋冬，我们一点一点地写完了书稿。应该说，书稿到此只是暂时告一段落，容我们换一换思路，再整装续写五六十年代陕西农村妇女生活更多的点滴。

　　在写作开始的时候，儿子还是一个小学六年级的学生，今天，他已经成为一名高中生，在这一千多个日子里，我们和他互相鼓励，夜晚、周末、寒暑假，一家人常常各自伏案工作和学习。令我们欣慰的是，儿子不仅把自己的生活和学习打理得有条不紊，还做了我们的监工：每过一段时期，他总要问一下书稿的进度，然后或催促，或批评，或鼓励。有他这个小大人的不时监督，我们怎敢懈怠？

　　我们的领导兼良师梁中效教授在工作上给我们提供了不少方便，让我们能够有更充裕的时间完成书稿。我们年近八旬的老师秦声德和他的先生、著名的物理学家王沛一直默默地关注着书稿的进展，不时地给我们关心和指导。我们多年的好朋友田宝彦、梁可晶、李虹等用让我们享用不尽的友情陪伴我们写作的全程，生活因而更多彩、温馨。

　　我们的父母对我们因为写作而减少了陪伴与看望他们的次数虽心有遗憾，却从无怨言，每次都以"我们啥都好着呢，不用操心"来减少我们的内疚，让我们安心做自己的事情。

　　在前期的资料收集过程中，陕西省档案馆、宝鸡市档案馆、渭南市档案馆、榆林市档案馆、商洛市档案馆、咸阳市档案馆、延安市档案馆、安康市档案馆、城固县档案馆、南郑县档案馆、陕西省图书馆和《陕西日报》社资料室等部门的工作人员给了我们耐心、周到的帮助，在此深表感谢。

　　最后，我们还想感谢国家社科基金和陕西理工学院出版基金的资助。因为它们，我们得以有一定的经费去查阅档案、寻找旧报旧刊、采访生活在乡村的老人们，得以在写作的过程中少了许多生存的顾虑，得以使书稿顺利出版。

　　岁月匆匆，写作的日子平平淡淡，却让人回味无穷。

李巧宁　陈海儒
2013 年 8 月于汉中